해외옵션매도
월 10% 수익내기

이길 수 있는 확률에 배팅하라!

해외옵션매도 월 10% 수익내기

박명균 지음

한국경제신문*i*

prologue

벌써 10월 말이다. 원고가 마무리 된 때가 7월인데 이제야 세상 밖으로 나오는구나. 그 사이 세상은 그럭저럭 살아간다. 간혹 큰 이슈거리가 등장하지만 세계적으로는 큰 동요 없이 오히려 잠잠한 편이다. 미국의 금리 인상 건이 초미의 관심사지만 이마저도 무색 무취인 듯하다.

국내 선물·옵션시장이 힘들어지고 있다. 계속해서 많은 투자자들이 해외선물·옵션시장으로 진출하는 데 반해 번번한 교재하나 없는 게 현실이다. 특히 해외옵션매도에 관한 국내 도서는 전무하다.

무작정 해외옵션시장에 뛰어든 투자자들은 코스피옵션에서처럼 매수 위주로 거래할 것이 뻔하다. 그렇다면 손실은 예약하고서 거래를 한 것이나 다름없다. 분명 옵션매수에서도 타짜는 존재할 것이다. 그 영역은 인정해주고 싶다. 다만 여기서는 평균을 말하는 것이다. 대부분의 투자자들은 옵션매수에서 실패를 더 많이 경험한다. 분명 옵션은 제로섬게임이라 누군가는 수익을 내면 반드시 누군가는 손실을 보게 되어 있다. 그럼 누가 수익을 내는가. 바로 옵션매도 위주로 플레이를 이끌어가는 투자자들이다. 이 점 때문에 해외옵션매도에 관한 책을 집필하기로 계획을 세웠다.

국내 HTS상에서 해외옵션을 시작할 수 있을 때부터 줄곧 시장을 지켜봐왔다. 옵션매수가 아닌 옵션매도와 옵션매도 위주의 합성전략을 구사하면서 시장의 흐름을 지켜보고 있다. 초기에는 정보가 없어 지옥과 천당을 몇 번 다녀오기도 했다. 하지만 지금은 느긋하다. 혹 예상과 어긋나 손실이 나고 있는 상태에서도 절대 동요하지 않는다. 그만큼 자신감이 붙었다는 뜻일 것이다. 그러기에 이런 경험을 바탕으로 해외옵션매도에 관한 책을 집필해도 욕은 얻어먹지 않겠다는 생각을 하게 되었다.

이제 우리는 살기 싫어도 백 살까지는 살아야 하는 시대를 살고 있다. 하지만 노후 준비는 어떻게 하고 있는가. 이제는 40대만 되어도 명퇴를 걱정한다고 한다. 그 이후는 어떻게 살아야 하나. 시

니어들은 고사하고 청년들의 상황은 어떠한가. 더 심각하다. 취업 전쟁이 이루 말로 표현할 수 없을 정도다. 이런 상황에서 과감히 말하고 싶다. 누구든지 해외옵션매도시장에 도전하라. 그러면 경제적인 삶뿐만 아니라 정신적인 삶도 풍요로워질 것이다.

인생에서 돈이 전부는 아니지만 그렇다고 무시할 존재도 아니다. 태초부터 인간은 먹고 살기 위해 일을 해왔다. 정말이지 직업이 다양하다. 각자 자기가 맡은 일이 있기에 세상이 굴러가는 것이다. 이제 해외옵션매도 투자도 당당히 직업 반열에 올리고 싶다.

아직도 많은 사람들은 옵션 투자를 색안경을 끼고 들여다본다. 투기라고만 생각한다. 그저 한방에 끝장내려는 도박으로 간주하는 경향이 강하다. 왜 그런가. 주위에서 옵션 투자자라고 하면 거의 옵션매수 투자자들이기 때문이다.

이제는 선입견을 버려라. 옵션매수가 아닌 옵션매도에 답이 있다. 옵션매도거래에서 일확천금은 없다. 꾸준히 시간을 아군 삼아서 옵션매도를 하다 보면 자신도 모르게 곳간은 가득 차 있을 것이다. 다른 직업 부럽지 않다. 자신의 본업이 있는 상태에서 부업으로도 좋고 전업으로도 좋다. 어디 내 놓아도 남부럽지 않은 직종이다.

욕심을 버린다는 말이 공허하게 들리지만 옵션매도에서는 반드시 새겨들어야 한다. 누구는 주식시장에서 또는 선물·옵션시장에서 월 100% 수익률을 만들었다는 말들에 현혹되지 말아야 한다. 이길 확률이 75~90% 되는 옵션매도시장에서 전략만 잘 세우면 월 10%도 거뜬히 가능하다. 실로 엄청나다. 하지만 (해외)옵션 매수하는 사람들은, 또 (해외)선물을 거래하는 사람들은 월 10%도 우습게 본다. 이런 타짜의 존재는 용인해주자. 우리는 평범한 평민들이다. 이런 투자자들과 비교해서 옵션매도를 하는 투자자들은 욕심을 비우라는 말을 듣게 된다. 월 10%가 과하면 월 5%는 어떠한가. 월 5%도 과하면 월 1%면 어떤가. 지금같이 은행 금리가 바닥인 상태에서 월 1%도 훌륭한 투자일 것이다. 이길 확률이 평균 85% 정도 되는 게임에서 월 1~2%는 초보자도 쉽게 달성할 수 있는 곳이 옵션매도시장인 것이다.

이제 당당히 해외옵션매도시장에 도전하라. 직업으로도 좋고 노후 재테크 수단으로도 좋다. 일단 시작하면 해외옵션매도의 매력에 흠씬 빠져들 것이다. 옵션을 처음 공부하는 사람들은 좀 낯설수도 있지만 최대한 쉽게 옵션매도를 실전에서 응용할 수 있도록 내용을 전개해나갔다. 그런 점에서 기존 선물·옵션을 다룬 책과는 다를 것이다. 일반적인 선물·옵션 교재를 보면 델타니, 감마니, 세타니 라는 어려운 용어가 등장한다. 이런 복잡한 용어들을 알아야만 옵션을 거래할 수 있다고 생각하게 한다. 하지만 이런 용어를 몰라도 옵션매도를 실행하는 데 아무 어려움이 없다.

단순함 속에 진리가 있다. 옵션은 어렵다고 하는 고정관념부터 없애라. 이 책을 읽다보면 저절로 깨우치게 될 것이다. 이 책을 통해서 누구든지 훌륭한 투자자로 다시 태어날 수 있다. 특히 경제적인 걱정을 덜하면서 살 수 있는 길이 이 책 안에 있다. 해외옵션매도의 바이블로 삼아 궁금하면 읽고 또 읽으면서 완전히 자신의 것으로 숙지해야 한다. 이 책을 읽다보면 해외옵션매도는 배우자에게, 친구에게, 자식에게, 손자에게 배우도록 권장하고 싶은 분야가 될 것이다. 그럼 내 임무는 끝난 것이다.

이 책을 읽는 독자에게 양해를 구하고 싶다. 나의 불찰로 교재에 들어 갈 초기 그림파일의 원본이 분실되었다. 편집 과정에서 해상도가 흐려서 급히 그림들을 다시 작업했지만 일부 그림은 당시의 자료가 안 남아 있어 다시 만들 수가 없었다. 그래서 일부 그림들의 선명도가 약하다.

해외옵션매도에 관한 필자의 책이 세상 밖으로 나오게 된 점에 대해 여러 분들에게 감사의 말을 전해야 할 듯 싶다. 지금은 떠났지만 쿼터백 양신형 대표님과 김승종 대표님께 감사의 말을 전한다. 책을 쓸 수 있도록 직접적인 기여를 한 분들이다. 기꺼이 장소와 점심식사를 제공하지 않았던가. 한국투자증권 이기홍 차장님께도 감사의 말씀을 전한다. 차트를 쓸 수 있도록 도와주시고 교재구입도 약속하지 않았던가.

　여의도에 처음 입성해 처음으로 찾아뵌 삼산이수 정기원선생님께도 감사의 말을 전한다. 선생님의 책으로 선물·옵션의 기초를 다지게 되었노라고 말하고 싶다. 또한 아무것도 가진 것 없는 처음 만난 나를 어떻게든 도와주려고 애쓰지 않았던가. 리얼스탁의 문지인 대표님께도 감사의 말을 전한다. 이 책이 나옴과 동시에 온라인 방송을 할 수 있도록 물심양면으로 도와주신 점 너무도 감사하다. 나도 그에 어울리는 보답을 할 거라고 기대를 해도 되지 않겠는가.

　인고의 시간 끝에 해외옵션매도에 관한 책이 세상에 나오게 되었다. 아무쪼록 이 책을 통해 누구든지 경제적으로든, 정신적으로든 행복한 삶을 누렸으면 하는 바람뿐이다.

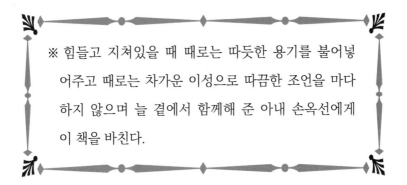

※ 힘들고 지쳐있을 때 때로는 따뜻한 용기를 불어넣어주고 때로는 차가운 이성으로 따끔한 조언을 마다하지 않으며 늘 곁에서 함께해 준 아내 손옥선에게 이 책을 바친다.

들어가면서

    일반적으로 개인(주식시장에서는 '개미'라는 표현을 쓴다)은 부동산 이외의 재테크 수단으로 주식, 선물, 옵션 중 주식에 먼저 접근한다. 주위의 지인들에 의해서, 혹은 매체에 의해서 주식을 접하게 된다. '누구는 주식으로 얼마를 벌었다'라는 애기를 들으면 괜히 자신은 뒤쳐진 것 같아 '나도 주식으로 돈을 벌어야지'라고 생각한다. 혼자 매매를 실행할 수도 있고, 전문가의 도움을 받을 수도 있다. 하지만 주변을 살펴보라. 주식으로 돈 벌었다는 사람들을 몇 명이나 본 적이 있는가. 처음 필자에게 주식을 전파했던 사람도 나보다 먼저 조용히 주식시장을 떠나 있다. 비록 누군가는 주식으로 많은 돈을 벌 수도 있지만 결국에는 손실로 끝난 개인들이 훨씬 더 많은 게 현실이다.

실패하면 개인들은 '다시는 주식 안 해야지'라고 다짐한다. 그리고 시장을 떠난다. 창피해서 주식해서 돈 잃었다는 말도 못하고 가슴앓이를 한다. 자금이 어느 정도 있는 거래자는 선물에 눈을 돌리게 된다. 선물은 방향만 맞으면 주식에 비해서 엄청난 돈을 벌 수 있다는 이야기를 듣는다. 잘만하면 주식에서 손실 난 자금을 모두 복구할 수 있을 거라고 생각한다. '나만은 잘할 거야'라는 생각으로 임한다. 실행에 옮기지만 이것도 만만치 않다. 운이 좋으면 많이 벌 수도 있지만 방향이 틀리면 엄청난 손실을 감당해야 한다. 이익은 찔끔찔끔 먹고 손실은 크게 가져가는, 하지 마라는 방법으로만 거래를 하고 있는 자신을 발견한다. 이익은 길게 가져가고 손실은 짧게 끊으라는 일반적인 진리를 다 알면서도 막상 실전에서는 그렇지 못한 것이 현실이다.

이제 주식에서, 선물에서 큰 손실을 본 개미들은 마지막 종착지인 '옵션'이라고 하는 대박을 꿈꿀 수 있는 무대로 자연스럽게 들어오게 된다. 선물도 엄청난 레버리지 때문에 솔깃했는데 옵션은 선물보다 더 큰 이익을 가져다 줄 수 있다는 말에 두말할 필요 없이 옵션이라는 배에 몸을 싣는다. 일부 개미들은 주식에서 실패 후, 선물이라는 과정을 거치지 않고 곧바로 옵션에 접근하기도 한다. 정말이지 대박을 꿈꾸면서. '아, 이런 시장도 있구나'라고 생각하면서 이제는 정말이지 여태껏 잃은 자금을 모두 복구할 수 있을 거라는 자신감에 흥분된다. 손실은 내가 진입 당시 지불한 프리미엄으로 한정되고, 이익은 무제한이라고 하는 '옵션매수'의 '진리(?)'에 현혹되어 정신을 잃을 지경이다. 말 그대로 별천지가 따로 없다.

옵션을 처음 접한 개미들은 옵션매수를 사막에서 오아시스를 만난 것에 비유하기도 한다. '왜 이제야 옵션매수를 알았을까' 하면서 거래를 시작한다. 처음에는 수익이 난다. 운이 좋을 때는 2~3일 만에 100만 원이 1,000만 원이 되기도 한다. 흥분을 가라앉힐 시간도 없이 계속해서 매매를 한다. 주변 지인들에게 과장해서 자신을 떠벌린다. "난 이쪽 파생시장에 재능이 뛰어난 것 같아"라고. 하지만 웬일인지 계속해서 손실만 본다. 이제 수중에 남아 있는 자금이 없다. 잠깐 시장을 떠났다가 다시 자금을 준비해와서 거래를 시작한다. 그때마다 생각한다. '열 번 실패해도 한 번 크게 성공하면 돼'라고. 하지만 이번에도 마찬가지로 신은 나의 편이 아니다. 또 다시 잠시 시장을 떠나 있던 동안 자금을 좀 여유 있게 모은다. '좀 더 많은 자금으로 지난 번 손실 본 것까지 가능한 빨리 만회해야지'라고 생각한다. 지난번보다는 약간 많은 돈을 초기 자본으로 삼아 대박을 꿈꾸며 거래를 한다. 이번에도 운이 좋아 일주일 만에 100% 이익이 난다. '거 봐라. 나는 할 수 있어. 지난 번 손실 본 것 다 복구하고 엄청나게 이익이 생겼어'라고 스스로를 축하하면서 쉬지 않고 옵션매수를 하게 된다.

간혹 '옵션매도' 얘기를 듣기도 한다. 하지만 이익은 한정되고 손실은 무제한이라는 말에 처음부터 거들떠보지도 않는다. 오직 옵션매수만으로 부자가 될 거라고 다짐한다. 하지만 이후 거래에서는 계속해서 손실만 보게 된다. 시작한 자금마저 바닥난다. 다시 시장을 떠난다. '왜 이러지' 하면서 나름대로 공부도 열심히 한다. 다음을 기약하면서. 다시 옵션매수에 필요한 자금을 모을 때까지 등골 빠지게 일을 한다. 창피해서 주변에 말도 못한다. 말 그대로 '와신상담'을 한다. '옵션매수, 너 반드시 복수해주겠어'라고. 어느 정도 시간이 지나 자금을 모은 후 옵션매수시장에 재진입하지만 이번에도 실패한다. 오히려 실패의 기간이 더 짧아질 뿐이다. 그 이후에도 이런 식의 진입과 퇴각을 반복한다. 급기야는 더 이상의 방법이 없어 완전히 파생시장을 떠난다. 개인적으로 황폐화되고 가정적으로도 불화가 만연한 채로 시장을 떠나게 된다.

지금까지 이야기한 내용이 개미들의 전형적인 주식시장, 파생시장에서의 행태다. 필자 또한 이 과정을 거쳤다. 실은 위의 내용은 마지막 부분만 빼놓고 완전히 필자의 내용이기도 하다. 이 책은 '옵션매도'를 설파하는 책이다. 주식과 선물, 그리고 옵션매수와는 구별이 되어야 한다는 의미에서 좀 길게 현실적인 이야기를 했다.

파생시장(일반적으로 주식시장과 대비해서 선물시장, 옵션시장을 일컫는다)에서 왜 '옵션매도' 또는 '옵션합성전략'이 대안인가? 주식, 선물, 특히 옵션매수와 비교해서 왜 옵션매도가 좋은지, 왜 옵션매도를 해야 하는지를 이제부터 이야기하고자 한다.

일단 옵션 자체가 어려운 개념이다. 일반 투자자들은 처음부터 겁먹고 접근을 꺼릴 수 있다. 그나마 옵션매수는 대충이나마 알겠는데, 옵션매도는 무슨 뚱딴지같은 소리인가 하면서 거들떠보지도 않는다. 하지만 정답은 어려워서 아무도 거들떠보지도 않는 옵션매도에 있다.

이 책의 특징은 지긋지긋할 정도로 반복이 많다는 점이다. 옵션매도만 하는 데는 개념이 별로 어렵지 않으나 좀 더 깊이 들어가면 자세히 알고자 하는 인간의 심리가 작동한다. 어려운 개념도 반복해서 읽다보면 스스로 깨우칠 것이라는 신념에 근거해 반복에 반복을 이어나갔다. 꼭 영어 단어 외우는 것과도 비슷하다. 영어 단어도 처음에는 잘 기억에 남지 않지만 반복해서 외우다보면 어느새 자신의 것이 되어 있지 않던가.

옵션매도에 대해 중점적으로 다루기 전에 먼저 선물과 옵션의 개념에 대해 집중적으로 공부한 후 옵션매도를 다루겠다. 선물과 옵션의 기본 개념을 잘 이해하는 독자들은 이 부분을 건너뛰어도 괜찮다. 하지만 일반적인 선물·옵션 기본서와는 달리 옵션매도를 실전에서 실행하기 위한 측면에서 선물과 옵션의 기초를 다루었기에, 시간 내어 읽어보는 것도 나쁘지만은 않을 것이다. 또한 우리가 목표로 하는 것이 해외옵션매도기 때문에 이 책은 해외선물과 해외옵션을 위주로 다루었다. 그래서 국내코스피선물, 옵션 개념을 어느 정도 아는 독자들도 읽으면 도움이 될 것이다.

선물과 옵션의 기본 개념을 끝낸 후 집중적으로 옵션매도에 대해 다루었다. 우리의 목표는 옵션매도에 있다. 어찌 보면 정말 쉬운 개념이다. 주식 분석보다 훨씬 더 쉬울 수도 있다. 그런데 왜 사람들이 옵션매도를 하지 않는가. 모르기 때문이다. "옵션은 무섭다", "옵션하면 패가망신한다"는 말만 들어온 터라 겁부터 낸다. 이제는 겁먹을 필요 없다. 이 책을 읽는 순간 여러분은 진정한 투자자로 변할 것이다. 투기꾼, 도박꾼이 아니라 건전한 투자자로서 다시 태어날 수 있을 것이다. 예전부터 파생투자를 해오던 분들에게도, 또 이제 처음으로 재테크를 시작하려는 사람들에게도 옵션매도에 관한 이 책의 내용은 훌륭한 나침반이 될 것임을 확신한다.

책을 쓰면서 고심한 부분은 한국의 실정에 맞는 해외옵션매도 투자에 관한 것이다. 미국이나 영국 등 본토에서의 옵션매도는 우리나라에서의 옵션매도보다는 많은 부분에서 훨씬 수월할 것이다. 우리나라에서 해외옵션거래가 가능하게 된 것은 불과 몇 년 되지 않는다. 그러다보니 해외에 비해 제약이 많다. 시스템 환경도 불리할 수밖에 없다. 서서히 개선되고는 있지만 아직도 갈 길이 멀다. 한국에서 해외옵션매도를 거래하면서 어떻게 하면 시행착오를 덜 겪게 할까에 초점을 맞추었다.

필자도 처음 해외옵션을 거래할 때 어려움이 많았다. 정보가 하나도 없었다. 오로지 혼자서 터득한 것이다. 안전하다고 진입한 거래에서 깨지기도 하고, 또 위험에 처한 옵션의 조치를 취하지 않고 방치하는 바람에 여러 번 지옥을 다녀왔다. 도움을 받은 것이 있다면 제임스 코디어와 마이클 그로스가 쓴《현명한 옵션매도 투자자》라는 책이다. 이 책을 읽으면서 서서히 자신만의 방식을 터득하게 되었다. 하지만 이 책도 미국의 상황에 맞는 책이다 보니 한국의 실정에는 안 맞는 부분이 많았다. 필자도 이 책에서 거를 것은 거르고 취할 것은 취하면서 한국의 실정에 맞는 해외옵션매도에 관한 책을 집필하려 노력했다. 나중에 시간 내어 반드시 그 책을 읽어보기를 권한다.

부족하지만 이제 드디어 한국의 실정에 맞는 해외옵션매도 안내서를 만들게 되었다. 이 책을 읽는 독자들은 아마도 재테크에 관심이 많은 사람들일 것이다. 이 책을 읽고서 재테크 게임을 하면 처음부터 이기는 게임을 시작하는 것이나 다름없다. 재테크 수단으로 흔히 부동산이 많이 언급된다. 하지만 부동산은 경기가 안 좋으면 속수무책이다. 하락하는 것을 그저 지켜봐야만 한다. 처분할 수도 없다. 이에 반해 옵션매도, 특히 해외옵션매도는 경기에 관계없이 언제나 수익을 만들어 낼 수가 있다. 단 이 책의 내용처럼 정석대로 했을 경우만 그렇다. 반드시 정독하고 이해가 되지 않으면 또 읽으면서 자신의 것으로 만들어야 한다. 욕심내지 않고 꾸준히 원칙대로만 하다보면 자신의 계좌는 어느새 풍족하게 가득 차 있을 것이다. 좀 더 구체적으로 연 목표 수익률을 20~50%로 설정하고서 해외옵션매도를 하게 된다면 리스크는 최소로 만들면서 진행할 수 있을 거라고 확신한다.

I / N / D / E / X

해외선물 개념
집중 특강

옵션매도를 공부하는데, 왜 선물을 배워야 하는가. 옵션은 선물을 주인처럼 추종하는 하인이다. 주인인 선물이 가는 방향에 따라 옵션의 방향이 결정된다. 그래서 일단 선물에 대해 개략적인 것을 알아두면 옵션매매가 좀 더 수월할 수 있다. 선물이 무엇을 말하는지 잘 몰라도 옵션을 매도하는 데에는 아무 지장이 없다. 기본적인 것만 알고 있으면 가능하다. 우리는 이미 만들어져 있는 선물만 보면 된다. 삼성전자 주식처럼 원유선물, 금선물이라는 것이 있구나 하는 정도만 알아도 충분하다.

하지만 제3자는 꼭 우리들에게 선물이 뭐냐고 물어본다. 그냥 선물이라는 것이 있다고 이야기하면 믿음을 갖지 않는다. 이런 면도 있고 스스로 지적인 범위를 넓힌다는 차원에서 선물과 옵션 개념을 최소한으로 살펴보자. 또한 이 책의 목적은 해외옵션매도에 초점을 두고 있기 때문에 해외옵션매도의 실전에 필요한 측면에서 선물을 다루고자 한다.

선물이란 무엇인가?

'밭떼기'라는 용어를 들어본 적이 있을 것이다. 필자가 어렸을 적 살던 곳은 목포에서 배를 타고 가는 어느 조그마한 섬마을이었다. 5월, 6월이면 지난 해에 파종한 마늘을 캐서 팔았다. 일손이 부족해 대학을 다니다가도 급히 가서 마늘을 캐곤 했다. 훨씬 더 어렸을 적, 기억 속에 가물가물하지만 그 당시 어르신들이 하시는 말씀 중에 '밭떼기'라는 용어를 들었던 것 같다. 육지에서 마늘 상인들이 내가 살던 섬까지 와서 마늘을 어떻게 사겠다고 말한 것 같다. 이 밭떼기가 일명 '선물거래'와 유사한 것이라고 생각하면 된다.

밭떼기는 밭 전체에 있는 작물을 얼마에 팔고 사겠다는 계약을 농부와 상인이 구두로 하는 계약이다. 계약을 구두로 하다 보니 상인이 약속을 지키지 않은 경우가 많았다. 당연히 피해는 농부가 감수하는 경우가 많았다. 그 피해의 주요 원인은 가격 인하였다. 일반적으로 농부가 '을'의 입장이기 때문에 어쩔 수 없이 낮은 가격에 계약을 처리할 수밖에 없었다. 이런 불합리한 상황을 좀 더 구체적으로 명시하고 약속을 꼭 지키도록 제도적 장치를 마련한 것이 바로 '선물거래'다.

밭떼기를 약간 변형해서 설명해보겠다. 5월말부터 농부는 마늘을 캐기 시작한다. 가능한 6월 장마가 오기 전에 팔아야 한다. 하지만 어떤 해는 마늘 가격이 좋을 때도 있고, 또 어떤 해는 마늘 가격이 좋지 않을 때도 있다. 2월말 현재, 마늘 가격이 1kg당 1,000원에 형성돼 있고 이 가격이 작년과 비교해서 적당하다고 생각한다면 농부는 6월에도 이 가격을 받고 싶어 한다. 혹시라도 있을 가격 하락을 미리 막아보고 싶어 한다.

한편, 상인 입장에서도 혹시라도 있을 가격 상승에 대비하고 싶어 한다. 현재 마늘 가격이 1kg당 1,000원에 형성돼 있다. 작년 가격과 비교하면 받아들일 수 있는 가격이다. 2월말 현재, 상인은 6월에도 1kg당 1,000원에 마늘을 사고 싶어 한다. 혹시라도 있을 가격 상승을 미리 막아보고 싶어 한다.

농부와 상인은 2월말에 만나서 6월에 1kg당 1,000원에 농부는 마늘을 공급하고, 상인은 대금을 치르기로 합의한다. 바로 이것이

선물거래의 기본 개념이다. 농부도 상인도 미래의 가격을 현재에 확정하고 싶어 한 결과물이다. 다만 이런 식의 일대일 대면 계약은 '선도거래'라는 용어를 사용하고, 주식처럼 일정한 거래소가 있어서 이 일을 추진하면 '선물거래'라고 한다.

현실적으로 우리가 주로 거래하는 Crude Oil을 예로 들어보자. 여기서는 Crude Oil을 그냥 '원유'라고 부르자. 원래는 원유의 종류가 다양하지만 현재 우리가 이용할 수 있는 원유에 관한 옵션은 Crude Oil을 기초자산으로 하는 옵션뿐이어서 그냥 간단히 '원유'라고 하면 Crude Oil을 일컫는다고 약속하자.

2015년 5월 현재 원유의 가격이 배럴(1배럴은 158.9리터)당 60달러에 거래되고 있다. A라는 원유 생산자는 현재 지하에서 끌어 올리고 있는 원유를 7월에도 배럴당 60달러를 받고 싶어 한다. 재고량, 세계경제 추세로 볼 때 7월에도 가격에는 큰 변동이 없다고 생각하는 것이다. 또 다른 측면에 있는 B라는 원유 상인도 현재 배럴당 60달러인 원유가 7월에도 60달러에 거래되기를 희망한다. 두 사람은 직접 만날 필요 없이 이런 업무를 관리해 주는 곳(거래소)에서 정해진 절차에 따라 계약을 한다. 거래소에서 A는 매도, B는 매수 행위를 실행하면 계약이 체결된 것이다. 이때 거래소는 부동산 거래 시 가계약을 할 때처럼 A, B에게 계약 이행에 필요한 최소한의 조건을 붙일 것이다. 이제 7월에(정해진 날에) 거래소는 스스로 알아서 - 아마 사전에 어떤 조치를 취할 것이다 - A에게는 돈을, B에게는 물건을 줘야 한다. 이것이 선물거래의 개략적인 설명이다.

요약하면, 선물거래는 '현재 시점'에서 '특정 상품'을 '미래 특정 월(일)'에 '특정 가격'으로 '특정 단위'를 인도하고 인수하기로 합의하는 거래다.

1. 거래소

선물, 옵션거래를 위해서 거래소가 반드시 필요한 이유는 계약의 실질적인 이행을 위해서다. 밭떼기처럼 구두로 계약을 체결한 경우 계약을 이행하지 않으면 그만이다. 그런 단점을 보완하면서 계약이행에 강제성을 부여하기 위해 거래소가 존재한다.

대표적인 선물거래소는 시카고상업거래소(CME : Chicago Mercantile Exchange)와 시카고상품거래소(CBOT : Chicago Board of Trade)가 있다.

자료에서 거래소를 확인할 수 있다.

[거래소를 확인할 수 있는 화면의 예]

ESZ15		E-mini S&P500-201512			
2064.25 ▼	0.75		-0.04 %	1,030,373	
CME	잔존 54 일		증거금 5,060	USD	

일자	막대	매도잔량	04:23:25	매수잔량	기본	체결
	152	622	2065.25	2,074.50(2015/10/23)		
	151	697	2065.00			
	144	591	2064.75			
	114	401	2064.50			
	36	121	2064.25			
시 가	2066.00		2064.00	340	103	
고 가	2068.00		2063.75	510	139	
저 가	2057.50		2063.50	502	148	
저가대비 ▼		1.75	2063.25	649	160	
전일종가	2065.00		2063.00	879	170	
	597	2,432	448	2,880	720	

체결 | 틱/분 | 일자별 | **종목상세**

거래소	CME	시가	2066.00
상품구분	지수	고가	2068.00
전일종가	2065.00	저가	2057.50
상장일	2014/09/05	최종거래일	2015/12/18
잔존만기	54	최초통보일	2015/12/18
위탁증거금	5,060	만기결제	현금결제
유지증거금	4,600	거래여부	거래가능
계약크기	50	거래통화	USD
틱 Size	0.25	틱 가치	12.5
장개시	07:00:00	장마감	06:00:00

2. 기초자산

"2015년 Crude Oil 7월물 선물을 기초자산으로 하는 2015년 Crude Oil 7월물 옵션을 콜옵션매도한다"라는 유형의 말을 자주 듣게 된다. 이때 '기초자산'이라는 것이 무엇인가. 이 용어는 옵션매도를 할 때도 너무 자주 쓰는 용어니 반드시 숙지하고 넘어가야 한다.

이미 앞에서 설명한 선물에서 언급한 개념이지만 다시 한번 살펴보자. 간단하게 생각해야 한다. A라는 원유 생산업자는 현재 원유의 가격이 배럴당 60달러에 거래되고 있는 시점에서 앞으로 한 달 후에도 이 가격에 팔고 싶어 한다. 한편 B라는 원유 상인도 이러저러한 이유로 한 달 후에 이 가격으로 사고 싶어 한다. 현 시점에서 특정한 가격에, 한 달 후에 원유를 사고판다는 계약을 한 결과 실물(원유)을 인도·인수하는 시점은 한 달 후가 된다. 이것이 선물거래다. 이때 거래되는 이 원유가 바로 기초자산인 것이다. 선물거래의 대상물을 기초자산이라 한다. 옵션거래에서 특정 선물을 대상물로 한다면 특정 선물이 기초자산이 되는 것이다.

얼마나 간단한가. 개념을 이해하는 데 처음부터 어렵다고만 생각하지 말고 차근차근 공부하다보면 어느새 완벽하게 파악할 수 있을 것이다.

3. 선물의 유형
(지수선물, 상품선물, 통화선물, 금리선물)

[선물의 유형이 표시된 화면]

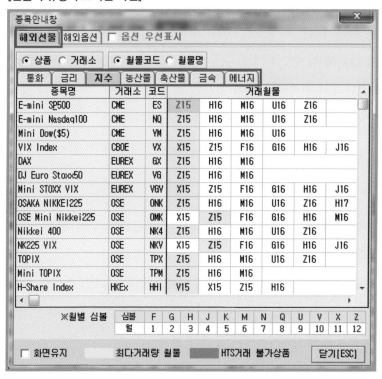

3-1. 지수선물

지수선물의 기초자산이 되는 주가지수는 개별 주식들로 이루어진 주식 포트폴리오로, 해당 포트폴리오의 수익률 변동을 일정한 수치로 계산한 것이다. 각 나라의 주가지수는 그 나라 대표 기업의 주식에 대한 포트폴리오를 단일한 수치로 표현한 것이다. 지수선물거래는 현물시장에서 실제로 거래되지 않는 계산상의 수치인 주가지수를 거래한다. 다시 말하면 지수선물은 실제로 존재하지 않는 주가지수를 대상으로 한다. 주가지수는 실물이 아닌 추상물이기 때문에 결제일에 기초자산(주가지수)을 인도 또는 인수할 수가 없다. 따라서 결제일 이전에 청산을 해서 포지션을 정리하거나 결제일에 차액을 현금결제해 거래가 마무리된다.

3-2. 상품선물

주가지수를 기초자산으로 하는 지수선물과는 달리 상품선물은 원유, 금, 밀 등 보관이 가능한 실물을 기초자산으로 한다. 상품선물에는 기초자산의 유형에 따라 다시 에너지, 금속, 축산물, 농산물을 기초자산으로 하는 선물이 있다. 일반적으로 주가지수 이외의 선물을 통칭해서 상품선물이라 한다.

3-3. 통화선물

미국에서 거래되는 통화선물은 해당 통화 1단위에 대한 미국 달러화의 크기로 가격을 표시하고 있다. 유로FX, 호주달러, 영국파운드, 스위스프랑, 캐나다달러, 일본엔 등 다양한 통화가 거래되고 있다.

3-4. 금리선물

금리선물은 장기, 단기 채권 또는 이자율을 기초자산으로 하는 선물계약으로, 다른 상품선물과의 차이점은 기초자산이 되는 현물에도 만기가 있다는 점이다. 대부분의 상품선물에는 만기가 있지만 기초자산이 되는 현물에는 만기가 없는 것과는 차이가 있다. 금리선물은 기초자산의 만기가 1년 이하인 단기금리선물과 기초자산의 만기가 1년을 초과하는 장기금리선물이 있다,

4. 계약단위(계약크기)

　모든 원자재상품, 통화, 금융상품의 선물거래에는 특정단위가 명시되어 있다. 계약단위는 상품을 측량하는 단위에 따라 다르다. 예를 들어, 원유선물의 최소 계약단위는 1,000배럴이다. 옥수수선물의 최소 계약단위는 5,000부셸(1부셸은 소맥과 대두는 27.2kg, 옥수수는 25.4kg)이다. 우리가 선물을 거래할 때 이런 계약단위를 알 필요는 없다. 필자도 수많은 선물의 구체적인 계약단위 모두를 아는 것은 아니다. HTS에 나와 있는 것만 보고 그저 숫자로만 이해하고 거래하면 된다.

　다음의 자료에 계약크기가 나와 있다.

[밀선물의 계약크기가 표시된 화면]

		ZWZ15		Wheat-201512			
	510.25 ▲	20.00		4.08 %	106,215		
CME		잔존	50 일	증거금 1,925		USD	
일자	막대	매도잔량	03:24:23	매수잔량		기본	체결
	5	5	511.50		511.75(2015/10/13)		
	3	7	511.25				
	11	74	511.00				
	5	9	510.75				
	1	5	510.50	25(2015/10/20)			
시 가	493.25		510.00	45		1	
고 가	512.00		509.50	5		1	
저 가	493.25		509.25	7		2	
저가대비 ▲	17.00		509.00	8		2	
전일종가	490.25		508.75	5		4	
	25	100	-30	70		10	

체결	틱/분	일자별	종목상세
거래소	CME	시가	493.25
상품구분	농산물	고가	512.00
전일종가	490.25	저가	493.25
상장일	2013/06/28	최종거래일	2015/12/14
잔존만기	50	최초통보일	2015/11/30
위탁증거금	1,925	만기결제	실물인수도
유지증거금	1,750	거래여부	거래가능
계약크기	5,000	거래통화	USD
틱 Size	0.25	틱 가치	12.5
장개시	09:00:00	장마감	03:20:00

[Crude Oil선물의 계약크기가 표시된 화면]

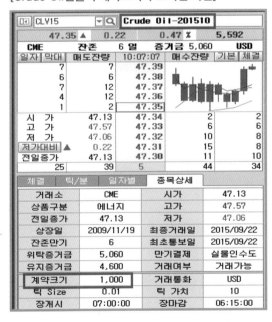

5. 결제월물

[결제월물이 표시된 화면]

해외선물 | 해외옵션 | □ 옵션 우선표시

○ 상품 ○ 거래소   ○ 월물코드 ○ 월물명

통화 | 금리 | 지수 | 농산물 | 축산물 | 금속 | 에너지

종목명	거래소	코드	거래월물					
E-mini SP500	CME	ES	Z15	H16	M16	U16	Z16	
E-mini Nasdaq100	CME	NQ	Z15	H16	M16	U16	Z16	
Mini Dow($5)	CME	YM	Z15	H16	M16	U16		
VIX Index	CBOE	VX	X15	Z15	F16	G16	H16	J16
DAX	EUREX	GX	Z15	H16	M16			
DJ Euro Stoxx50	EUREX	VG	Z15	H16	M16			
Mini STOXX VIX	EUREX	VGV	X15	Z15	F16	G16	H16	J16
OSAKA NIKKEI225	OSE	ONK	Z15	H16	M16	U16	Z16	H17
OSE Mini Nikkei225	OSE	OMK	X15	Z15	F16	G16	H16	M16
Nikkei 400	OSE	NK4	Z15	H16	M16	U16	Z16	
NK225 VIX	OSE	NKV	X15	Z15	F16	G16	H16	J16
TOPIX	OSE	TPX	Z15	H16	M16	U16	Z16	
Mini TOPIX	OSE	TPM	Z15	H16	M16			
H-Share Index	HKEx	HHI	V15	X15	Z15	H16		

※월별 심볼	심볼	F	G	H	J	K	M	N	Q	U	V	X	Z
	월	1	2	3	4	5	6	7	8	9	10	11	12

□ 화면유지   최다거래량 월물   HTS거래 불가상품   닫기[ESC]

선물거래든 옵션거래든 주식과 가장 큰 차이점 중의 하나가 바로 '결제월물' 개념이다. 많은 초보자들이 처음에 어려워하는 개념이다. 여기서는 옵션매도에 필요한 것 중심으로만 설명하려 한다.

이 부분은 옵션에도 똑같이 적용되는 것이니 반드시 알아야 한다.

모든 선물은 결제월물이 정해져 있다. 간단히 설명해보자. 2015년 5월 현재 시점에 어떤 상품을 8월에 특정 가격에 특정 단위를 사고팔기로 선물계약을 했다면 반드시 8월에 인수·인도가 이루어져야 한다. 즉 8월에 결제(인도·인수)가 이루어져야 한다. 이것을 '8월물'이라고 한다. 즉 '8월물 선물'이라고 한다. 이렇게 모든 선물은 기본적으로 '월물'이라는 용어가 붙는다. 여기서 주의할 점은 8월물이지만 7월에 결제가 이루어지는 종목이 있다는 것이다. 원유가 대표적이다. 원유 6월물 선물은 5월에 결제가 이루어진다. 즉 자신의 '월물'보다 한 달 전에 결제가 이루어진다.

또 하나 더 알아두어야 할 것은, 7월물 원유선물과 8월물 원유선물은 전혀 다른 별개의 계약이라는 점이다. 가격이 비슷할 수도 있지만, 가격 차이가 상당히 많이 나는 경우도 있기 때문에 유심히 살펴볼 필요가 있다. 그렇다면 각각의 월물은 언제 생성되는가. 일반 거래자들은 이 점을 신경쓰지 말자. 우리는 이미 생성되어 있는, 즉 이미 만들어져 있는 월물의 선물만 보면 된다. 옵션을 거래할 경우 필요한 선물은 앞으로 2~5개월 정도 만기가 남아 있는 선물이다. 개미들은 이런 선물들만 주로 참고하기 때문에 언제 선물이 생성되는지에 대한 근본적인 고민은 하지 않아도 된다.

6. 최초통보일, 최종거래일

모든 선물에는 최초통보일과 최종거래일이 존재한다. 예를 들어, 밀 2015년 7월물 선물의 경우 최초통보일은 2015년 6월 30일이고, 최종거래일은 2015년 7월 14일이다. 선물거래자들은 두날짜 중 먼저 오는 날까지만 또는 그 전날까지만 거래가 가능하다. 상품에 따라 약간씩 차이가 난다.

쉽게 생각하자. 실물이 오고 갈 때는 언뜻 보아도 복잡하지 않겠는가. 실물을 이동해야 하고 자금을 완납 처리해야 하는 등 처리해야 할 일들이 많을 것이다. 따라서 한국 시스템에서는 실물인수도를 원치 않는다. 그래서 최초통보일 또는 최초통보일 전까지만 거래를 하게 하는 것이다. 밀선물의 경우 최초통보일 전날까지만 거래를 하게 한다.

하지만 밀선물은 실물인수도 상품이기 때문에 실제로 밀이라는 상품을 팔고 사고자 하는 거래자가 있을 것이다. 이런 거래자들은 최초통보일 이후 인수·인도 절차에 들어갈 것이다. 그래서 최종거래일이 보름 정도 후에 있는 것이다.

한편, Crude Oil 2015년 7월물 선물의 최초통보일과 최종거래일은 2015년 6월 22일로 같다. 하지만 밀선물과 달리 원유는 최종거래일까지 거래를 할 수 있다. 원래 최초통보일은 5월 21일이라고 한다. 이 부분이 혼란스러울 수도 있다. 당연히 최초통보일이 먼저 오고 최종거래일이 나중에 오는 것으로 생각하기 쉬운데, 그렇지 않다고 한다. 실제 원유 실물을 인수도하기를 원하는 거래자들은 최종거래일 이후 실물인수도 절차를 들어갈 것이다.

날짜에 대해서는 이렇게만 알아두자. 우리나라에서는 경우에 따라 최초통보일, 최종거래일 바로 그날이나 바로 전날까지 거래를 할 수 있다. 혹시라도 이런 부분이 궁금하다면 해당 증권사로 반드시 문의를 해서 확인해야 한다. 증권사마다 조금씩 차이가 있다. 갑자기 강제 청산 문자나 전화를 받는다면 황당할 수도 있기 때문이다.

[밀선물의 최종거래일, 최초통보일이 표시된 화면]

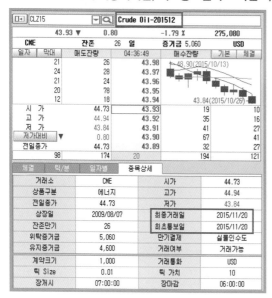

⟨▮◂⟩ ZWZ15	⟨▾⟩⟨🔍⟩	Wheat-201512

| 510.25 ▲ | 20.00 | 4.08 % | 106,215 |

| CME | 잔존 | 50 일 | 증거금 1,925 | USD |

일자	막대	매도잔량	04:34:32	매수잔량	기본	체결
6		10	511.75			
1		1	511.50			
1		3	511.25			
2		6	510.75			
1		50	510.00			

시 가	493.25	509.00	3	1
고 가	512.00	508.50	15	3
저 가	493.25	508.00	55	1
저가대비 ▲	17.00	507.25	10	1
전일종가	490.25	507.00	50	1
11	70	63	133	8

| 체결 | 틱/분 | 일자별 | 종목상세 |

거래소	CME	시가	493.25
상품구분	농산물	고가	512.00
전일종가	490.25	저가	493.25
상장일	2013/06/28	최종거래일	2015/12/14
잔존만기	50	최초통보일	2015/11/30
위탁증거금	1,925	만기결제	실물인수도
유지증거금	1,750	거래여부	거래가능
계약크기	5,000	거래통화	USD
틱 Size	0.25	틱 가치	12.5
장개시	09:00:00	장마감	03:20:00

[Crude Oil선물의 최종거래일, 최초통보일이 표시된 화면]

⟨▮◂⟩ CLZ15	⟨▾⟩⟨🔍⟩	Crude Oil-201512

| 43.93 ▼ | 0.80 | -1.79 % | 275,080 |

| CME | 잔존 | 26 일 | 증거금 5,060 | USD |

일자	막대	매도잔량	04:36:49	매수잔량	기본	체결
21		26	43.98			
24		28	43.97			
21		24	43.96			
20		78	43.95			
12		18	43.94			

시 가	44.73	43.93	19	10
고 가	44.94	43.92	35	16
저 가	43.84	43.91	41	27
저가대비 ▼	0.80	43.90	67	41
전일종가	44.73	43.89	32	27
98	174	20	194	121

| 체결 | 틱/분 | 일자별 | 종목상세 |

거래소	CME	시가	44.73
상품구분	에너지	고가	44.94
전일종가	44.73	저가	43.84
상장일	2009/08/07	최종거래일	2015/11/20
잔존만기	26	최초통보일	2015/11/20
위탁증거금	5,060	만기결제	실물인수도
유지증거금	4,600	거래여부	거래가능
계약크기	1,000	거래통화	USD
틱 Size	0.01	틱 가치	10
장개시	07:00:00	장마감	06:00:00

7. 만기결제(실물인수도, 현금결제)

[Crude Oil선물의 만기결제가 표시된 화면]

거래소	CME	시가	44.73
상품구분	에너지	고가	44.94
전일종가	44.73	저가	43.84
상장일	2009/08/07	최종거래일	2015/11/20
잔존만기	26	최초통보일	2015/11/20
위탁증거금	5,060	만기결제	실물인수도
유지증거금	4,600	거래여부	거래가능
계약크기	1,000	거래통화	USD
틱 Size	0.01	틱 가치	10
장개시	07:00:00	장마감	06:00:00

[E-Mini S&P500선물의 만기결제가 표시된 화면]

이 부분을 좀 자세히 설명하겠다. 완전히 이해하고 가야 한다. 많은 선물·옵션거래자들이 궁금해하는 부분이다. 나중에 옵션매매에서도 꼭 필요한 부분이기 때문이다.

선물거래는 특정 대상물을 현재의 시점에 현재의 가격으로 미래의 시점에 미리 정한 계약단위를 인수·인도하는 계약이라고 했다. 그렇다면 만기일(미래의 정해진 시점)에 특정 대상물을 실제로 인수·인도해야 하는가? 아니면 실제로 인도·인수하지 않고 처리할 수도 있는가? 두 가지 모두 어떤 방식으로 만기일에 결제(만기결제)가 이루어지는가?

초보 거래자들이 하는 질문들이 있다. 삼성전자 주식은 매수한 후 이익을 보든 손실을 보든 언제라도 팔 수 있는데, 선물은 만기가 있다고 한다. 도중에 사고팔고 할 수 있는가? 즉, 매수한 후 만기일 전에 매도할 수 있는가? 또는 매도한 후 만기일 전에 매수할 수 있는가? 결론은 언제든지 가능하다는 것이다. 사고파는 점에서는 주식과 차이가 없다. 어떤 면에서는 주식보다 거래량이 많아 호가 공백이 적어 사고파는 데 있어서 훨씬 수월할 수 있다. 요약하면, 선물을 매입한 후 만기일 이전에 호가만 있다면(사고파는 사람들만 있다면) 언제든지 청산할 수 있다. 다만 여기서 다루고자 하는 것은 만기일에 어떻게 처리되느냐다.

선물의 만기결제 방식에는 '현금결제' 방식과 '실물인수도' 방식이 있다. 현금결제는 E-Mini S&P500선물, DAX선물, 코스피200선물 등 지수선물이 이에 해당한다. 지수선물의 대상물(기초자산)인 주가지수는 실제 주고받을 수 없는 추상물이므로 실물 결제가 아닌 계약 시 정한 가격(실제 진입한 선물의 가격)과 만기가 된 시점의 주가지수와의 차이를 기준으로 하여 현금으로 결제한다. 그런데 여기서 주의할 점은 만기 전과 만기일에 손익을 계산하는 기준이 다르다는 것이다.

예를 들면, 코스피200선물의 기초자산은 코스피200지수다. 선물거래를 한 후 만기일 전에 청산을 할 경우는 코스피200선물 가격으로 손익을 계산한다. 만약 2015년 5월 4일, 6월물 코스피선물 1계약을 260에 매수 진입(코스피선물이 오른다고 배팅)한 후, 2015년 5월 29일 261에 청산하면 1포인트만큼 이익이다(261-260=1). 만기일 전에 코스피선물을 매입하고 청산할 때는 오직 코스피선물 가격만을 가지고 손익이 결정되는 것이다. 이는 해외선물도 마찬가지다.

하지만 선물거래를 한 후 청산하지 않고 만기일까지 가지고 갈 경우에는 어떻게 손익을 계산하는가. 만약 2015년 5월 4일, 6월물 코스피선물 1계약을 260에 매수 진입한 후, 2015년 6월 11일(두 번째 목요일) 만기일이 되었다. 즉, 청산하지 않았을 경우 손익은 어떻게 계산하는가. 코스피200선물의 기초자산이 코스피200지수라고 했으므로 만기 시 손익 계산은 코스피200선물의 가격이 아닌 코스피200지수의 가격으로 한다. 만기일에 코스피200선물의 가격이 262이고, 코스피200지수의 가격이 261이라고 하면 손익 계산은 코스피200지수의 가격인 261을 가지고 평가한다. 만기일 코스피200지수의 가격 261에서 처음 진입한 선물의 가격인 260을 빼준 1만큼이 이익인 것이다(261-260=1).

여기서 신경써야 할 것이 하나 더 있다. 코스피200선물의 만기일 결제지수는 만기일 3시 코스피200지수의 최종가격으로 결정된다. 하지만 해외선물은 다르다. 또한 해외선물은 종목에 따라 다르다. E-Mini S&P500선물의 경우 만기지수는 S&P500 구성종목의 시초가 평균으로 결정된다. E-Mini S&P500 6월물 선물의 최종거래일은 6월 19일이다(최초통보일도 같다). 만기지수는 6월 19일 S&P500 구성종목의 시초가(우리 시간으로 23:30) 평균으로 결정되는 것이다(썸머타임 적용 시 한 시간씩 앞당겨진다). 이처럼 주가지수를 기초자산으로 하는 선물의 경우 만기결제되는 시간이 다르니 거래자들은 반드시 확인하면서 거래해야 한다.

실물인수도가 수반되는 상품선물의 만기결제는 어떻게 이루어지는가. 2015년 Crude Oil 7월물 선물을 예로 들어보자. 최초통보일과 최종거래일의 날짜가 6월 22일로 같다. 만약 선물을 가지고 있다면 어떻게 해야 하는가. 현재 우리나라 시스템에서는 실물을 인수하지 않는다. 즉 실제 원유로 받지 않는 구조를 취하고 있다. 그래서 원유 등 에너지 상품선물은 최초통보일 밤 12시에 무조건 청산을 해야 한다. 만약 본인이 청산하지 않으면 증권사에서 강제 청산한다. 하지만 에너지 상품 이외의 선물들은 최초통보일 전날 12시까지 청산을 해야 한다. 따라서 실물인수도가 수반되는 상품의 경우 무조건 청산을 해야 하기 때문에 만기결제의 의미가 없다.

이렇게 강제 청산하는 이유는, 만에 하나 실물로 인도받을 상황을 사전에 방지하기 위함일 것이다. 따라서 해외선물을 만기일 부근까지 가지고 갈 예정이라면 정확히 알고서 대처해야 한다. 조금이라도 궁금한 점이 생긴다면 해당 증권사에 반드시 확인 전화를 해야 한다.

요약해보자. 선물거래 시 만기결제가 현금결제인 상품은 코스피선물이든 해외선물이든 만기일에 직접 본인이 청산하지 않아도 시스템이 알아서 해결해 주고 차액은 알아서 처리해준다.

만기결제가 실물인수도인 해외선물의 경우도 걱정할 필요가 없다. 본인이 깜빡 잊고 청산하지 않았다면 증권사에서 알아서 강제 청산해준다. 비록 청산 시점에 손실이 발생하더라도 이 정도는 감수할 수 있어야 한다.

머리도 식힐 겸 선물을 인도받는 상황을 상상해보자.

실제로 원유선물을 1계약 매수해서 실물로 받는다고 생각해보라. 우리 집에 창고를 만들어 그 곳에 원유를 보관하면서 필요할 때마다 꺼내서 휘발유나 경유로 만들어 사용하는 것이 쉽겠는가. 절차의 복잡성은 상상만 해도 머리가 아플 것이다. 비용만 해도 엄두가 나지 않는다. 설사 인도받았다 하더라도 원유 100리터를 가지고 어디에 가서 휘발유로 정제해주세요, 경유로 정제해 주세요 말하겠는가. 아마 이런 정제 시설이 동네마다 있다면 가능할지도 모르겠다. 그래서 증권사에서는 최초통보일, 최종거래일을 설정해 두고 때가 되면 무조건 청산하도록 한다. 거래자가 원유를 꼭 실물로 받고 싶어도 허락하지 않는다. 혹시 거래자가 깜박 잊고 청산을 안 한 경우라도 증권사 시스템이 강제로 청산한다.

결론적으로 말하면 개미들이나 기관들이 증권사를 통해서 원유선물을 거래할 경우 실제로 실물(기초자산인 원유)을 인수받을 수 있을까. 결론은 불가능하다. 절차가 너무 복잡하다. 비용도 만만치 않을 것이다. 개인들이나 기관들은 선물거래 시 실물로 받지나 않을까 하는 걱정을 하지 않아도 된다. 증권사에서 알아서 처리해준다. 아마 정유회사들은 다른 방법을 통해서 실제로 실물(원유)을 인도받는 거래를 할 것이다.

8. 선물의 증거금

[Crude Oil선물의 증거금이 표시된 화면]

CLZ15		Crude Oil-201512			
43.94 ▼	0.79		-1.77 %		275,345
CME	잔존	26 일	증거금 5,060		USD

일자	막대	매도잔량	04:41:39	매수잔량	기본	체결
21		26	43.98			
28		33	43.97			
24		38	43.96			
17		42	43.95			
15		33	43.94			
시 가		44.73	43.93		3	2
고 가		44.94	43.92		21	12
저 가		43.84	43.91		34	22
저가대비 ▼		0.79	43.90		72	41
전일종가		44.73	43.89		52	33
		105	172	10	182	110

체결 · 틱/분 · 일자별 · **종목상세**

거래소	CME	시가	44.73
상품구분	에너지	고가	44.94
전일종가	44.73	저가	43.84
상장일	2009/08/07	최종거래일	2015/11/20
잔존만기	26	최초통보일	2015/11/20
위탁증거금	5,060	만기결제	실물인수도
유지증거금	4,600	거래여부	거래가능
계약크기	1,000	거래통화	USD
틱 Size	0.01	틱 가치	10
장개시	07:00:00	장마감	06:00:00

    주식거래와 선물거래의 가장 큰 차이점 중 하나가 바로 증거금 제도다. 대체 증거금이 무엇인가? 두 가지 측면에서 볼 수 있다.

첫째, 선물거래의 활성화를 위해서 존재한다.

1주당 60달러인 A주식을 1,000주 매수했다고 가정하자. 총 자본은 60,000달러가 필요하다. 시간이 흘러 62달러에 매도(청산)했다면 주당 2달러의 이익을 본다. 총 이익금은 2,000달러다. 투자비용 대비 수익률은 대략 3.3%가 된다.

이제 원유선물 1계약을 배럴 당 60달러에 매수했다고 가정하자. 원래는 원유선물 1계약 당 1,000배럴씩 거래되므로 총 필요자금은 60,000달러다. 시간이 흘러 62달러에 매도(청산)했다고 하자. 원유선물 1틱의 가치는 10달러고, 틱 Size는 0.01이다. 60에서 62로 움직이면 200틱이 움직인 것이다. 수익은 2,000달러다 (10×200). 수익률은 대략 3.3%가 된다. 누가 이 정도의 수익을 얻으려고 이런 엄청난 자금(60,000달러)을 투자하겠는가. 그래서 탄생한 것이 증거금 제도다. 실제에 있어서 원유선물 1계약을 매수하는 데 필요한 자금은 4,675달러만 있으면 된다. 총 자금의 7.79%만 있으면 된다. 이 4,675달러를 증거금이라고 한다. 증거금 대비 수익률은 무려 42.7%가 된다. 거래자들은 이 레버리지 효과 때문에 선물거래에 열광하기도 한다.

둘째, 선물거래의 신뢰 확보 측면에서 증거금 제도가 탄생했다.

선물거래 시 누군가 손실을 부담하지 않으려 한다면 어떻게 될까. 이런 상황이 생기면 아무도 선물거래를 하지 않을 것이다. 누군가 손실을 보았을 때 성실하게 결제를 이행하도록 담보하기 위한 것이 바로 증거금 제도다. 쉽게 말하면 손실에 대한 담보형식으로 증권사가 잡아두는 자금이라고 생각하면 된다.

증거금 제도는 양날의 칼이라는 특성을 가지고 있다. 레버리지가 커서 방향이 맞으면 엄청난 수익을 가져다주지만 방향이 맞지 않으면 엄청난 손실을 가져다준다. 그래서 선물거래는 개미들에게 위험한 거래가 될 수도 있다. 기관들과 외국인들은 자금이 많으니, 혹 방향이 어긋나도 어떤 식으로든 손실 없이 이익으로 마무리를 지을 수 있지만 개미들은 자금의 한계와 전략의 부재 속에서 손실을 당하기가 쉽다. 개미들은 선물거래를 조심하지 않으면 안 된다.

증거금의 변동

해외선물거래 시 증거금에 대해서 알아야 할 것이 한 가지 더 있다. 증거금은 바뀔 수 있다는 점이다. 현재 2,000달러 하는 어느 종목의 증거금이 갑자기 4,000달러로 바뀔 수도 있다. 어떤 경우에 이런 일이 벌어지는가. 선물이 급등락을 할 때다. 하루에도 몇 번씩 급등과 급락이 나오고, 또 여러 날 이런 일이 일어나면 선물의 증거금이 갑자기 늘어날 수 있다는 점을 유념해야 한다. 이런 상황도 예측하고 선물거래에 임해야 한다. 나중에 배우겠지만 이런 상황이라면 당연히 옵션매도의 증거금도 늘어날 것이다. 그러다 선물이 안정화되면, 즉 변동 폭이 작아지면 서서히 증거금은 낮아진다.

해외선물의 장점

1. 양방향거래

주식과 비교해서 선물이나 옵션거래의 최대 장점 중의 하나가 바로 양방향거래다. 즉, 상승에 배팅할 수도 있고, 하락에 배팅할 수도 있다. 주식도 공매도라는 방식이 있기는 하지만 일반적으로 주식은 상승해야만 수익을 낼 수 있다. 하락할 경우 짧게 손실을 끊고 빠져 나오든지 아니면 가격이 하락하는 것을 눈물을 삼키면서 지켜보는 수밖에 없다. 하지만 선물이나 옵션은 상승하든 하락하든 상관없이 진입할 수 있다는 점이 최대의 장점이다. 대체 매도가 무엇인가? 현재 나한테 물건이 없는데, 어떻게 판다는 말인가?

선물이 상승할 거라고 생각하면 매수 진입, 하락할 거라고 생각하면 매도 진입을 하면 된다. 여기서 질문이 들어온다. 무언가를 사는 것이 매수라는 것은 알겠는데, 매도는 대체 뭔가. 일반적으로 매도라도 하면 내가 무언가를 가지고 있어야 파는 것 아닌가 말이다. 아무것도 가진 것이 없는데, 무엇을 판다는 말인가.

이미 앞에서 선물의 개념을 설명했다. 선물거래는 어떤 대상물의 특정 단위를 현재의 시점에 현재의 가격으로 미래시점에 인수·인도하기로 계약하는 것이다. 여기서는 확실히 파는 사람을 인지할 수 있을 것이다. 어떤 대상물이 있기 때문이다. 하지만 내가 현재 원유선물을 거래한다고 생각해보자. 매도하고 싶은데 어떻게 매도하지? 나한테는 원유가 없는데. 그냥 내가 원유 생산업자라고 생각하면 된다. 그러면 얼마든지 팔(매도) 수 있지 않겠는가. 그것마저 어렵다면 더 간단히 선물의 매매 방법에는 매수(사는 것), 매도(파는 것)라는 절차가 있어서 누구든지 HTS에서는 사고팔 수 있다고만 생각하자. 일정 조건, 예를 들어 증거금만 있으면 누구든지 거래할 수 있다고만 생각하면 그만이다. 증거금만 있으면 누구라도 매도자가 될 수 있다. 상승한다고 예상하면 매수하면 그만이고, 하락한다고 예상하면 매도하면 그만이다.

원래는 선물을 매수했다가 청산하면 '전매', 선물을 매도했다가 청산하면 '환매'라고 한다. 이 용어도 어렵다면 더 쉽게 생각하자. 선물을 매수했다가 청산하면 '매도 또는 매도청산', 선물을 매도했다가 청산하면 '매수 또는 매수청산'이라고 부르면 그만이다. 매수와 매도가 항상 쌍으로 움직인다. 누군가는 매수하면 누군가는 반드시 매도해야 한다.

카지노를 보자. 카지노 주인은 이미 장소뿐만 아니라 자금(자금은 아마도 밖에서 대부업자가 준비하고 있을 것이다)까지 준비하고 있지 않은가. 도박꾼들은 깔아진 판에서 게임만 하면 된다. 자금이 부족하면 대기하고 있는 대부업자에게 대출도 가능하다. 선물거래도 카지노와 약간 비슷한 면이 있다. 거래소가 선물매수자와 선물매도자들을 위해 판을 깔아주었다고 생각하면 어떤가. 이미 만들어진 판에서 거래자들은 매수와 매도 중에서 아무 거나 마음에 드는 것으로 진입하면 된다. 이 정도로 매수, 매도 개념을 정리하자. 필자도 엄밀히 선물거래의 세부적인 구석까지는 모른다. 나중에 지식의 확대 측면에서 알 기회가 있을지 모르겠다.

2. 분산투자

국내선물과 비교해서 해외선물의 또 하나의 장점은 다양한 포트폴리오의 구성이 가능한 것이다. 국내는 코스피선물 1개뿐이다. 열 번 성공하다가도 한두 번 실수하면 여태껏 벌어둔 수익금이 모조리 날아갈 수도 있다. 하지만 해외선물은 종목이 정말 다양하다. 그런 면에서 보면 해외선물은 한두 종목에서 실패해도 다른 종목에서 성공하면 된다. 전체적으로 계좌의 수익곡선을 우상향으로 만들 수 있는 확률이 높다.

또한 시장의 흐름과 상관없이 투자가 가능하다. 주식은 일반적으로 경기가 좋아야 수익을 낼 수 있다. 하지만 해외선물은 특정 경기 상황에 따라 모든 선물이 한꺼번에 연동해서 움직이지는 않는다. 해외선물은 종목이 다양하다보니 서로 연관성 없는 종목들이 있다. 밀과 천연가스는 서로 연관성이 별로 없다. 밀 가격의 하락이 천연가스 가격에 미치는 영향은 거의 없든가 또는 있더라도 미미할 것이다. 이처럼 해외선물은 다양한 포트폴리오 구성에 유리하다.

3. 낮은 증거금

국내코스피선물을 신규로 거래하고 싶은 투자자는 앞으로 쉽지 않다. 바뀐 규정을 간단히 살펴보자. 사전교육을 30시간 수료해야 하고 모의거래를 50시간 이상 해야 한다. 예탁금도 3천만 원이 있어야 한다. 코스피옵션을 신규로 거래하고자 하는 자는 선물거래 조건을 충족하고 계좌개설 후 1년이 경과해야 한다. 또 1년이라는 기간 동안 10거래일 이상 선물을 보유해야 한다. 예탁금도 5천만 원으로 인상되었다.

이런 조건을 충족해서 선물을 거래한다고 하자. 선물의 증거금은 증권사마다 다르지만 1계약 진입하는 데 2015년 5월 22일 현재 대략 1천만 원이 필요하다(264×500,000원=132,000,000×7.5%=9,900,000원). 전일 코스피200지수에 50만 원을 곱해서 7.5%를 곱한 것이 선물 1계약 진입하는 데 필요한 증거금이다. 이 7.5%는 증권사마다 조금씩 다르다. 아마 대부분 이 근방일 것이다. 이것만 봐도 국내코스피의 선물 증거금이 상당히 높은 편이다.

해외선물은 어떠한가? 한국에서 거래가 많은 몇 개의 종목을 보자. 2015년 5월 22일 현재 Crude Oil선물은 4,675달러, Gold선물은 4,400달러, E-Mini S&P500선물은 5,060달러가 필요하다. 이들 종목은 증거금이 높은 편이다. 증거금이 낮은 종목을 보자. 옥수수선물은 1,100달러, 밀선물은 1,430달러, 천연가스선물은 2,200달러가 필요하다.

이처럼 종목의 다양함은 고려치 않더라도 증거금 면에서 해외선물은 국내코스피선물과 비교해 상당히 낮은 편이다. 증거금이 낮으니 전략을 짜기가 훨씬 더 쉽다. 다만 해외선물의 증거금은 자주 변동하지는 않지만 급등락 시 증거금이 바뀔 수 있으니 이 점을 살피면서 거래해야 한다.

MEMO

해외옵션
집중 특강

"옵션하면 망한다"라는 말을 주위에서 들어 본 적이 있는가? 옵션이 뭔지 모르는 사람도 "옵션하면 패가망신한다"라는 말은 한번쯤 들어 본 적이 있을 것이다. 그래서 옵션은 절대 하지 말아야 할 것이라고 생각한다. 일반적인 개인들의 옵션 유입 경로를 알아보자. 처음에는 주식을 먼저 접근한다. 친구의 도움을 받든 매체의 도움을 받든 자기도 모르게(?) 주식을 거래하기 시작한다. 처음에는 수익이 나기도 한다. 하지만 시간이 흐를수록 계좌의 자금은 줄어들어 간다. 또 다시 자신도 모르는 사이에 선물 혹은 옵션매수에 자연스럽게 진입한다. 자본이 좀 있는 거래자는 선물을 먼저 맛본다. 그러다가 결국에는 '옵션'이라는 시장으로 들어온다. 그 중 '옵션매수'라고 하는 시장에서 고전한다. 옵션매수에서도 깡통만 몇 번을 반복한지 모른다. 그러다 시장을 영원히 떠난다. '나는 안 되나 봐'라고 생각하면서.

이제 이런 실패를 하지말자. 수익은 작지만 꾸준히 이익을 올릴 수 있는 시장이 있다. 이 글을 읽는 여러분은 이미 성공하는 거래자의 반열에 오른 것이다. 손실이 나면 오히려 더 이상한 시장이 '옵션매도'시장이다. 이제부터 옵션매도시장을 향해 떠나보자.

잠깐, 이상하지 않는가? 선물을 소개할 때는 매수, 매도 양방향 거래가 가능하다고만 설명하더니 옵션에서는 매수와 매도를 분리하는 이유는 무엇인가. 선물거래에서 선물매수, 선물매도는 기본적으로 5:5의 확률이다. 오를 거라고 생각하면 선물매수, 하락할 거라고 생각하면 선물매도로 진입하면 그만이다. 하지만 옵션에서는 옵션매수와 옵션매도를 분리해서 생각해야 한다. 이렇게 구분하는 이유는 성공할 확률 때문이다. 옵션매수에서 성공할 확률은 20%라고 한다면 옵션매도에서 성공할 확률은 80%라고 말할 수 있다. 그렇다면 우리는 무엇을 해야 하겠는가? 두말할 필요 없이 옵션매도를 공부해야 하지 않겠는가?

우리의 목적은 옵션매도다. 옵션매도만을 시작한다면 정말 몇 가지 기본만 알면 당장이라도 시작할 수 있을 것이다. 하지만 옵션매도를 하면 할수록 더 자세히 알고자 하는 욕구가 생기기 마련이다. 그래서 기왕이면 처음부터 옵션에 대해서 알고 가는 것도 한 방법이라 생각한다. 선물·옵션에 대한 기본적인 사항들을 잘 아는 거래자들은 이 파트를 건너뛰어도 된다.

우리가 앞에서 선물을 배운 이유도 옵션을 좀 더 편하게 이해하기 위함이다. 여기서는 옵션매도를 본격적으로 시작하기 전에 기본적인 옵션에 대한 사항들을 알았으면 한다. 선물·옵션의 개념은 어렵다. 선물옵션을 처음 접근하는 사람들은 혼자 이론 공부를 할 경우 무슨 말인지 모를 것이다. 따라서 필자도 가능한 초보 거래자의 입장에서 기술하려 노력했다. 기왕 옵션의 기본 개념을 알려고 한다면 집중해서 공부할 가치가 있을 것이다.

01

옵션이란 무엇인가?

'손실은 제한, 이익은 무제한'이라는 '옵션매수'라는 말을 처음 들은 거래자들은 당연히 이 말을 성배로 받들면서 실행에 옮기고 자 할 것이다. 그렇다면 많은 거래자들이 돈을 벌어야 정상이다. 하지만 주위를 살펴보라. 옵션해서 돈을 번 사람들을 본 적이 있는 가? 바로 이 점이 이상하지 않은가? 옵션은 제로섬게임이라고 들 었다. 누군가는 손실을 본다면 누군가는 이익을 봐야 한다. 그런데 내 주위에는 왜 한결같이 손실 본 사람들만 있지? 바로 옵션매수만 을 위주로 한 거래자기 때문이다. 옵션매도를 전문으로 한 개미들 은 주위에 별로 없기에 옵션에서 수익을 낸 사람이 거의 없는 것이 다. 당연히 옵션매수에서 타짜는 존재할 것이다. 어딜 가나 타짜는 존재하지 않던가. 이 책의 목적은 타짜의 영역을 침범하고자 하는 것이 아니다. 타짜가 아니라도 옵션에서 수익을 낼 수 있다는 것을 보여주고자 하는 것이 이 책의 존재 이유다. 이제부터 옵션의 기본 개념부터 자세히 살펴보자. 어렵지만 정독해서 옵션에 대해 알아가는 것도 나쁘지만은 않을 것이다.

1. 옵션의 정의
(옵션매수와 옵션매도의 개념)

지긋지긋할 정도로 반복적인 설명이 많을 것이다. 참고 또 읽어야 한다. '옵션'이라는 말만 들어도 처음부터 머리가 아프다. 그런데 그 말에 추가로 '콜옵션(call)'은 무엇이고, '풋옵션(put)'은 또 무엇인가? 또 거기에 '콜옵션매수', '콜옵션매도', '풋옵션매수', '풋옵션매도'라는 용어들이 등장한다. 또 '살 수 있는 권리'는 무엇이고, '팔 수 있는 권리'는 무엇인가? 실은 이것만 알면 옵션 개념은 모두 마스터한 것이다. 필자도 옵션을 설명할 때마다 약간 혼동스러울 때가 있다. 반복해가면서 설명하고자 한다.

옵션은 특정 주식이나 상품을 특정 가격에 사거나 팔 수 있는 권리다. 콜옵션은 주식이나 상품을 살 수 있는 권리고, 풋옵션은 주식이나 상품을 팔 수 있는 권리다. 옵션매도자는 매수자에게 옵션이라는 권리를 제공하고 옵션매수자는 옵션매도자에게 그 대가인 프리미엄을 지불하는 것으로 거래가 이루어진다.

옵션매수자는 프리미엄을 지불하는 대신 대상자산을 '미리 정한 가격(행사가격 또는 행사가)'으로 살 수 있거나 팔 수 있는 권리를 보유한 자다. 옵션매수자는 자신에게 유리한 경우에 한해서 권리를 행사하면 된다.

옵션매도자는 옵션을 발행해 매도함으로써 의무를 지는 자(writer)로서 프리미엄을 받는 대신 옵션매수자의 요구가 있으면 즉시 대상자산을 행사가격에 팔거나 사야 할 의무가 있다.

이를 간단히 표로 정리해보자.

콜옵션매수	특정 상품을 살 수 있는 권리
콜옵션매도	콜옵션매수자의 요구가 있으면 특정 상품을 팔 의무
풋옵션매수	특정 상품을 팔 수 있는 권리
풋옵션매도	풋옵션매수자의 요구가 있으면 특정 상품을 살 의무

아, 아직도 무슨 말인지 모르겠다. 다시 한번 정리해보자. 옵션에서 '매수'와 '매도'라는 용어는 단지 거래자가 취한 포지션을 나타낼 뿐이다. 옵션매수는 주식이나 상품을 특정 가격(행사가격)에 사거나 팔 수 있는 권리를 사는 것이다. 옵션매도는 그 권리를 매수자에게 파는 것이므로 매수자가 권리를 행사하면 시장의 반대

편에 있는 매도자는 반드시 응할 의무가 있다. 옵션매도는 매수자에게 특정 시장(기초자산시장)을 특정 가격(행사가격)에 사거나 팔 수 있는 권리를 부여하는 것이다. 그런 이유로 옵션매도를 '옵션부여' 또는 '옵션발행'이라 일컫기도 한다.

이해하겠는가? 아직도 어려운가? 이제는 예를 들어가면서 살펴보자. 해외옵션 중에서 가장 거래가 활발한 'S&P500지수 콜옵션매수'를 가지고 살펴보자.

'콜옵션매수'는 간단히 말해서 '특정 상품을 살 수 권리'라고 했다. 이 말을 다음에 적용해보자. "2015년 5월에 행사가격이 2200인 S&P500 6월물 콜옵션 1단위를 매수(콜옵션매수)한다"는 뜻은 옵션이 거래되는 동안 콜옵션매수자는 언제라도 S&P500지수선물 6월물 1계약을 2,200에 살 수 있는 권리를 갖는다는 것을 의미한다. 즉, 콜옵션매수자가 콜옵션매도자에게 만기일 전에는 언제라도 "저에게 S&P500 6월물 선물 1계약을 주세요"라고 요구할 수 있다는 뜻이다. 그러면 기존 콜옵션매수자는 이제 옵션이 아니라 선물 1단위를 '매수' 상태로 보유하게 된다. 이때 반대편에 있던 '콜옵션매도자'는 '선물매도' 포지션 상태로 바뀐다.

이번에는 '풋옵션매수'를 예로 들어보자. '풋옵션매수'는 간단히 말해서 '특정 상품을 팔 수 있는 권리'라고 했다. "2015년 5월에 행사가격이 2000인 S&P500지수 6월물 풋옵션 1단위를 매수(풋옵션매수)한다"는 뜻은 옵션이 거래되는 동안 풋옵션매수자는 언제라도 S&P500 선물 6월물 1계약을 2,000에 팔 수 있는 권리를 갖는다는 것을 의미한다. 즉, 풋옵션매수자가 풋옵션매도자에게 만기일 전에는 언제라도 "저에게 S&P500지수 6월물 선물 1계약을 파세요"라고 요구할 수 있다는 뜻이다. 그러면 기존 풋옵션매수자는 이제 옵션이 아니라 선물 1단위를 '매도' 상태로 보유하게 된다. 이때 반대편에 있던 '풋옵션매도자'는 '선물매수' 포지션 상태로 바뀐다.

이 정도에서 이해를 하는 사람도 있을 것이고 아직도 헷갈려 하는 사람도 있을 것이다. 헷갈려 하는 사람도 말 그대로 헷갈릴 뿐이다. 아는 것도 같고 그렇다고 완전히 아는 것 같지는 않고. 처음 옵션을 접한 사람들이 느끼는 공통적인 생각이다. 다 이해한 것 같은데, 설명하라고 하면 말문이 막힌다. 이게 정상이다. 실망하지 마라. 완전한 개념을 이해 못해도 옵션매도하는 데는 이상 없다. 서두에서 말했듯이 옵션매도를 하는 데에 있어서는 이 정도만 알아도 괜찮다.

다시 요약해보자.

콜옵션매수자	권리행사하면 ⇒	선물매수 포지션 보유
콜옵션매도자	콜옵션매수자의 권리행사에 응하면 ⇒	선물매도 포지션 보유
풋옵션매수자	권리행사하면 ⇒	선물매도 포지션 보유
풋옵션매도자	풋옵션매수자의 권리행사에 응하면 ⇒	선물매수 포지션 보유

2. 옵션의 구분(콜옵션, 풋옵션)

이미 앞에서 언급한 내용이다. 자신이 매수한 권리의 내용이 살 수 있는 권리면 콜옵션(call option), 자신이 매수한 권리의 내용이 팔 수 있는 권리면 풋옵션(put option)이다. 지금부터 다시 시작한다고 생각해도 된다. 여기서도 그저 옵션에는 콜옵션과 풋옵션이 있다는 것만 알아도 된다. 다음 자료처럼 모든 옵션에는 콜옵션과 풋옵션이 행사가격을 기준으로 존재한다.

[콜옵션, 풋옵션이 표시된 화면]

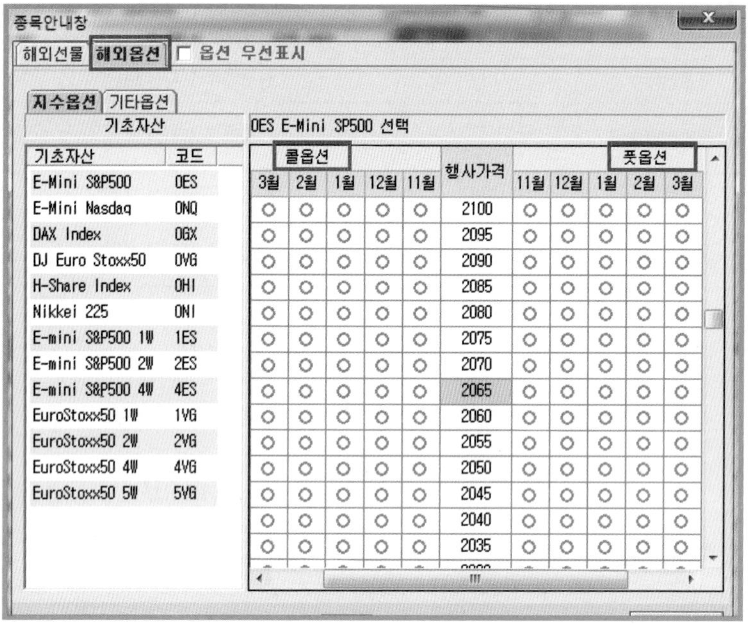

3. 옵션의 유형
(주가지수옵션, 상품선물·옵션)

[주가지수옵션이 표시된 화면]

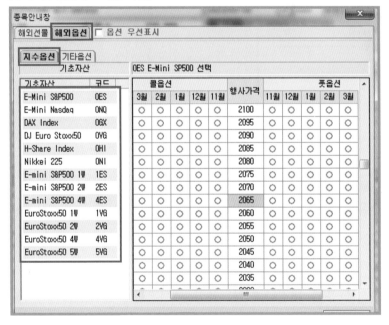

[상품선물·옵션이 표시된 화면]

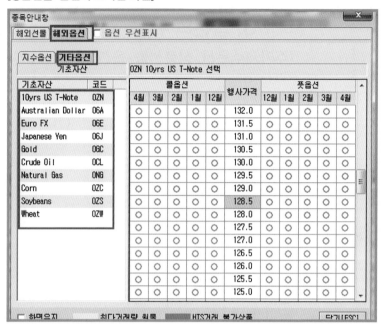

옵션에는 주가지수를 매매대상으로 거래가 이루어지는 '주가지수옵션'과, 특정 상품을 매매대상으로 거래가 이루어지는 '상품선물·옵션'이 있다. 원래 '상품선물·옵션'은 '통화선물·옵션, 금리선물·옵션, 지수선물·옵션, 농산물선물·옵션, 축산물선물·옵션, 금속선물·옵션, 비철금속선물·옵션, 에너지선물·옵션' 등으로 세분할 수 있다. 또 '통화선물·옵션'만 해도 '호주달러선물·옵션, 유로FX선물·옵션' 등 다양한 옵션이 존재한다. 여기서는 편의상 주가지수선물과 대응하는 용어로 나머지 옵션을 모두 상품선물·옵션이라고 칭한다.

주가지수옵션에는 우리나라의 코스피200옵션이 대표적이다. 해외로 넘어가보면 S&P500옵션, 나스닥옵션, DAX옵션, Euro Stoxx50옵션, Nikkei225옵션 등이 있다.

우리나라는 상품선물은 몇 개 있지만 아직은 상품선물·옵션이 없다. 해외로 눈을 돌리자. 원칙적으로 모든 선물에 옵션이 있을 것이다. 여기서 필자가 '있을 것이다'라고 표현한 이유는 실제로 는 직접 모든 옵션을 본 적이 없기 때문이다. 현실적으로 우리나라 에서 거래할 수 있는 상품선물·옵션은 제한되어 있다. Gold옵션, Crude Oil옵션, Natural Gas옵션, Corn옵션, Euro FX옵션 등 10여 개에 불과하다. 해외옵션거래자들이 많아지면 국내 증권사 들도 서서히 옵션의 종목을 늘려 나갈 것이다.

02

옵션의 기본 개념

1. 옵션의 월물

[옵션의 월물이 표시된 화면]

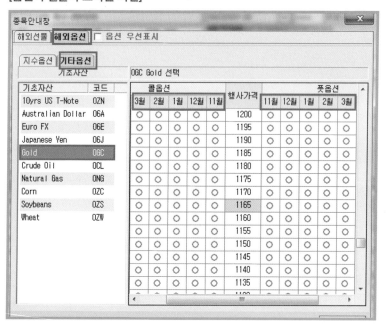

해외옵션매도 월 10% 수익내기

선물에서 설명한 부분과 유사하다. 모든 옵션은 월물의 형태로 존재한다. 자료처럼 1월, 2월, 3월, 4월, 5월, 6월, 7월, 8월, 9월, 10월, 11월, 12월의 형태로 존재한다. '1월'이라고 표시된 것은 '1월물'이라고 읽는다.

선물처럼 옵션도 거래 대상의 표준화를 위해 만기일을 일정한 날로 미리 정해두고 거래한다. 모든 옵션은 한 달에 한 번 만기가 다가온다. 만기일에 자신의 수명을 다한다. '소멸한다'는 용어를 사용한다. '2015년 Gold 7월물 옵션'은 2015년 6월 25일이 만기일이다. 이 날까지만 거래가 이루어진다는 뜻이다. '2015년 E-Mini S&P500 6월물 옵션'은 만기일이 2015년 6월 19일이다. 옵션이 언제 탄생(생성)하는지는 신경쓰지 말자. 우리는 이미 만들어진 옵션만 가지고 거래하면 그만이다.

여기서 우리가 눈여겨봐야 할 부분은 명칭의 월물과 실제 만기일이 서로 차이가 나는 경우다. Gold옵션을 보자. 6월물인데, 만기는 5월에 있다. 실제 거래에서는 반드시 이런 부분을 점검하고 진입해야 한다.

2. 옵션의 기초자산

[기본자산이 표시된 화면]

◄	ESZ15 C2065	▼ Q	E-mini S&P500 C2065-201511

	28.00 ▼	0.75	-2.61 %	833
CME		잔존 0026 일	증거금 3,000	USD

일자	막대	매도잔량	04:52:25	매수잔량	기본	체결

31.50(2015/10/23)

		2	7	29.00		
		8	500	28.75		
		11	900	28.50		

25(2015/10/14)

시 가	28.50	27.75	815	15
고 가	29.25	27.50	722	6
저 가	27.00	27.25	2	1
저가대비 ▼	0.50			
전일종가	28.75			
21	1,407	132	1,539	22

체결	틱/분	일자별	종목상세

기초자산	ESZ15	2,064.00 ▼	1.00	-0.05 %

기초자산	ESZ15	역사적변동성	미제공
옵션Type	American	내재변동성	미제공
만기결제	실물인수도	내재가치	0.00
거래통화	USD	시간가치	28.00
승수	50	델타	미제공
틱 Size	0.05	감마	미제공
틱 가치	2.50	세타	미제공
위탁증거금	3,000	베가	미제공
최종거래일	2015/11/20	로우	미제공
장개시	07:00:00	장마감	06:00:00

E-Mini S&P500 2015년 11월물 옵션의 기초자산은 ESZ15다.

"2015년 Crude Oil 7월물 선물을 기초자산으로 하는 Crude Oil 7월물 옵션을 행사가 65.0으로 프리미엄(옵션가치) 0.50에 매도 진입한다. 즉, 콜옵션매도 진입한다." 앞으로 옵션매도하면서 지긋지긋하게 듣는 말이다. 옵션의 개념에서 이미 다룬 이야기지만 여기서 기초자산을 다시 한번 살펴보자.

옵션은 특정 주식이나 상품을 특정 가격에 사거나 팔 수 있는 권리라고 했다. 콜옵션은 주식이나 상품을 살 수 있는 권리고, 풋옵션은 주식이나 상품을 팔 수 있는 권리라고 했다. 여기서 특정 주식이나 상품이 바로 기초자산이다. Crude 7월물 옵션의 기초자산은 Crude Oil 7월물 선물이다. E-Mini S&P500 6월물 옵션의 기초자산은 E-Mini S&P500 6월물 선물이다. 7월물 옵션의 가격은 7월물 선물의 움직임에 따라 움직인다. 8월물 선물과는 별개다. 6월물 선물과도 별개다. 오직 7월물 선물과만 관계가 있다.

모든 옵션은 자신의 기초자산이 있다. 코스피옵션의 기초자산은 코스피200지수다. E-Mini S&P500옵션의 기초자산은 E-Mini S&P500선물이다. Crude Oil옵션의 기초자산은 Crude Oil선물이다.

3. 옵션의 행사가격(행사가)

[E-Mini S&P500옵션의 행사가격이 표시된 화면]

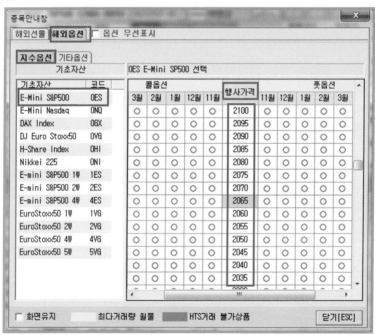

해외옵션매도 월 10% 수익내기

[Crude Oil옵션의 행사가격이 표시된 화면]

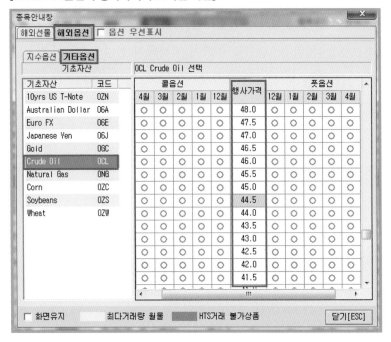

　선물과의 두드러진 차이점이 바로 행사가격(행사가)이다. 옵션은
거래 대상의 표준화를 위해 권리행사가격을 미리 설정해둔다. 자
료의 E-Mini S&P500옵션을 보자. 기초자산은 E-Mini S&P500
선물이다. 각 월물별로 행사가격이 5단위로 촘촘히 있다. 또한
E-Mini S&P500옵션 11월물 하나에도 콜옵션, 풋옵션별로 행사
가격이 각각 있다. 선물은 하나인데 옵션은 각 행사가별로 엄청나
다. 우리는 흔히 '행사가'라는 용어를 "2015년 E-Mini S&P500
11월물 콜옵션 행사가 2090을 매수(콜옵션매수), 또는 매도(콜옵션매
도)한다"라는 말로 표현한다.

각 옵션별로 행사가의 단위는 상이하다. E-Mini S&P500옵션은 5씩 차이를 두고 행사가가 있지만, Crude Oil옵션은 60.0, 60.5, 61.0, 61.5처럼 0.5단위로 행가가가 정해져 있다. 아마 이 부분도 자주 HTS창을 보다 보면 머리 속에 기억이 될 것이다.

4. 옵션의 등가격, 내가격, 외가격

선물과 달리 옵션에만 있는 고유 용어지만 당연히 선물의 가격을 기준으로 한다. 앞으로 옵션매도를 진행하면서 이 용어는 자주 사용한다. 반드시 익혀둬야 한다.

[Crude Oil옵션의 등가격, 내가격, 외가격이 표시된 화면]

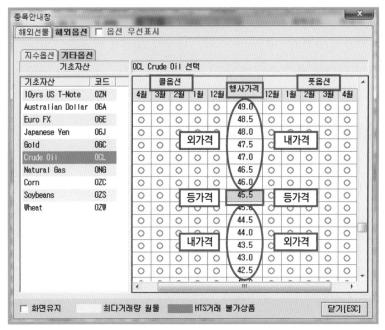

등가격 옵션(at the money)은 행사가격이 기초자산의 가격과 가장 가까운 옵션을 말한다. 현재 Crude Oil 2015년 12월물 옵션의 기초자산인 Crude Oil 2015년 12월물 선물의 가격이 45.5라면 45.5가 등가격이 되는 것이다.

내가격 옵션(in the money)은 지금 권리행사를 하면 매수자가 행사차익을 받을 수 있는 옵션으로 콜옵션의 경우 등가격인 45.5보다 아래에 있는 가격을 말한다. 풋옵션의 경우는 등가격인 45.5보다 위쪽에 있는 가격을 말한다.

외가격 옵션(out of the money)은 내가격 옵션과 반대로 지금 권리행사를 하면 매수자가 행사차익을 받을 수 없는 옵션이다. 콜옵션의 경우 등가격인 45.5보다 위쪽에 있는 가격을 말하고 풋옵션의 경우는 45.5보다 아래쪽에 있는 가격을 말한다.

내가격, 외가격, 등가격의 개념은 옵션거래에서 정말 자주 사용하는 용어니 확실히 파악해야 한다. 진입 당시는 외가격였는데 어느 순간 내가격이 될 수 있고, 진입 당시는 내가격였는데 어느 순간 외가격이 될 수 있다. 등가격을 '등가', 내가격을 '내가', 외가격을 '외가'로 표현하기도 한다.

예를 들어, 2015년 10월 22일에 Crude Oil 12월물 선물의 가격이 45.50일 때 Crude Oil옵션 12월물 행사가 46.5을 콜옵션으로 프리미엄을 1.00 받고 매도 진입했다고 가정하자(콜옵션매도). 이 당시는 나의 행사가는 외가격이었다. 그런데 다음 날 원유선물이 급등해서 47.00이 되었다면 나의 행사가 46.5는 기초자산(원유선물 : 47.00)보다 낮으므로 내가격이 된다.

또한 2015년 10월 22일에 Crude Oil 7월물 선물의 가격이 45.50일 때 Crude Oil옵션 12월물 행사가 44.5를 풋옵션으로 프리미엄을 1.00 받고 매도 진입했다고 가정하자(풋옵션매도). 그런데 다음 날 원유선물이 급락해서 44.00이 되었다면 나의 행사가 44.5은 기초자산(원유선물 : 44.00)보다 높으므로 내가격이 된다.

옵션거래에서 내가격, 외가격, 등가격이라는 용어는 빠질 수 없는 필수 용어다. 반드시 숙지해야 한다.

나중에 다시 언급하겠지만 우리의 목표는 옵션매도에 있다. 옵션매도에서 수익을 내는 방법은 콜옵션이든 풋옵션이든 외가격을 공략하는 것이다. 진입 당시에 당연히 외가격을 공략한다. 만기일에도 외가격으로 남아있을 종목을 고르는 것이 우리의 목표라는 것을 알고서 공부를 계속해야 한다.

5. 옵션의 권리행사 유형
(미국형, 유럽형)

[E-Mini S&P500옵션의 권리행사 유형 : 미국형이 표시된 화면]

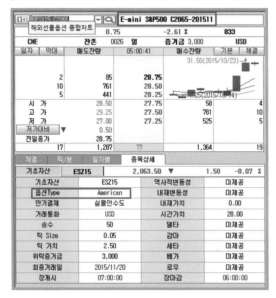

[EuroStoxx50옵션의 권리행사 유형 : 유럽형이 표시된 화면]

기초자산	DJ유로50지수	역사적변동성	미제공
옵션Type	European	내재변동성	미제공
만기결제	현금결제	내재가치	0.0
거래통화	EUR	시간가치	0.0
승수	10	델타	미제공
틱 Size	0.1	감마	미제공
틱 가치	1.00	세타	미제공
위탁증거금	1,923	베가	미제공
최종거래일	2015/11/20	로우	미제공
장개시	17:00:00	장마감	01:30:00

옵션의 권리를 언제 행사할 수 있는가에 따라 미국형과 유럽형으로 구분할 수 있다. 미국형은 만기일 이전이라도 언제든지 권리행사를 할 수 있고, 유럽형은 만기일에만 권리행사를 할 수 있다.

앞에서 우리는 권리행사라는 말을 자주 했다. 그 이유는 일반적으로 우리나라에서 이용하는 선물·옵션은 미국의 거래소를 이용하다보니 자연스럽게 미국형으로 설명을 많이 한다.

유럽형은 어떤 특징이 있는가? 결론부터 말하면 유럽형은 만기일에만 권리행사가 가능하다. 우리나라 코스피옵션도 유럽형으로, 만기일에만 권리를 행사할 수 있다.

미국형은 콜옵션매수의 경우 만기일 전이나 만기일에 행사가격이 주가지수보다 낮으면 권리를 행사한다. 만기일에 콜옵션매수의 행사가격이 주가지수보다 더 높으면 권리를 포기하면 된다. 무슨 말인가? 미국형은 아니지만 쉬운 설명을 위해서 코스피옵션으로 설명해보자. 2015년 5월 1일, 2015년 코스피선물 6월물이 260.00일 때 6월물 옵션의 행사가 261.00을 콜옵션매수로 프리미엄 3.00을 주고 진입했다고 가정하자. 즉 261에 6월물 선물을 살 권리를 매수한 것이다. 다음 날 선물이 급등해 264.00이 되면 콜옵션매수자는 콜옵션매도자에게 "6월물 선물을 261에 주세요"라고 요구할 수 있다. 그 결과 콜옵션매수자는 이제 선물매수 포지션으로 바뀐다. 하지만 코스피옵션은 만기일 전에는 권리행사가 불가능한 유럽형이기 때문에 만기일 전에는 권리행사를 할 수 없고 만기일에만 권리행사를 할 수 있다. 또한 코스피옵션은 만기일에 결제의 유형이 현금결제기 때문에 선물로 받지 않고 그 차액만큼 현금으로 돌려받는다. 유럽형도 이와 마찬가지로 거래한다.

미국형을 다시 검토해보자. 미국형은 기본적으로 만기일 이전에도 언제든지 권리를 행사할 수 있다. 2015년 5월 20일, Crude Oil 7월물 선물의 가격이 58.00일 때 Crude Oil 7월물 옵션을 행가가 60.0으로 프리미엄을 1.50 주고 콜옵션매수 1계약을 진입했다고 가정하자. 이 진입의 바람은 선물의 가격이 최소 61.50 이상으로 상승하는 것을 목표로 한다. 다음 날 선물의 가격이 급등해 62.00이 되었다. 권리를 행사하지 않고 만기까지 가져갈 수도 있지만, 콜옵션매수자가 권리를 행사하고 싶어 한다. 그러면 콜옵션매수자는 콜옵션매도자에게(HTS상에서는 굳이 찾을 필요가 없지만) "60.00에 저에게 원유 7월물 선물 1계약을 주세요"라고 요구할 수 있다(선물매수 포지션 유지). 이때 콜옵션매도자(실제로는 거래소 시스템)는 지체없이 원유 7월물 선물 1계약을 60.00에 팔아야 한다(선물매도 포지션 유지). 만약 만기일에도 자신의 행사가격이 여전히 내가격으로 존재한다면 콜옵션매수자는 미리 옵션을 청산하지 않는 한 자동적으로 선물매수를 부여받는다. 60.00에 선물매수 포지션을 유지하게 된다. 하지만 이 부분은 좀 고민을 해야 한다. 행사예약을 한 거래자에 한해서 선물을 부여한다. 행사예약을 하지 않은 거래자는 최종거래일 전에 청산을 해야 한다. 옵션매수가 옵션매도에 비해 의외로 까다롭다.

좀 길게 설명했지만, 우리 옵션매도자들은 크게 관심을 가지지 않아도 된다. 우리의 목표는 옵션매수가 아니라 옵션매도기 때문이다. 미국형이 됐든 유럽형이 됐든, 또 콜옵션이든 풋옵션이든 외가격을 매도로 공략해 줄곧 외가격을 유지해야 하고 만기일에도 외가격을 유지해서 옵션매수자들로부터 선물로의 매수·매도 요구를 당하지 않으면 된다.

6. 행사예약

[행사예약이 표시된 화면]

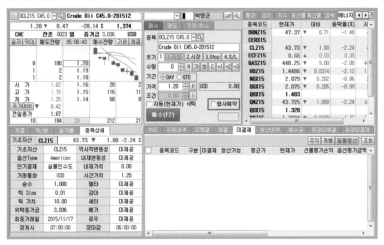

　행사예약은 옵션매수에서만 사용하는 용어다. 옵션매도에서는 사용하지 않는다. 행사예약에 대해 간단히 설명하겠다. 옵션매수를 하는 거래자가 언제라도 "선물로 가져오겠습니다" 하고 미리 예약을 하는 것이다. 진입 시부터 미리 행사예약을 할 수도 있다. 다만 이 경우는 선물의 증거금을 미리 준비하고 있어야 한다. 일반적으로 옵션매수자들은 행사예약을 하지 않고 옵션을 매수한다. 시간이 흘러 옵션매수자에게 유리하게 되면 그때에 옵션매수자는 행

사예약을 클릭해서 선물로 배정받을 준비를 한다. 당연히 이때도 선물의 증거금을 준비하고 있어야 한다. 원래 미국의 경우는 행사예약을 하면 다음날 정도(정해진 시간)에 나의 행사가가 내가격이든 외가격이든 상관없이 선물로 받지만 우리나라는 좀 다르다. 또한 증권사마다 다를 수 있다. 한국투자증권의 경우, 행사예약을 하면 만기일에 나의 행사가가 내가격이 되었을 때만 선물로 배정받는다고 한다. 만약 외가격으로 끝나면 나의 옵션매수는 소멸한다. 만기일 전에 행사예약을 해도 만기일 전에는 선물로 배정받지 못한다. 혹시나 만기일 전에 선물로 배정받고 싶다면 직접 전화를 걸어 처리해야 한다.

여기서 행사예약을 짧게 언급했지만 옵션매도자들은 전혀 신경 쓸 일이 아니다. 옵션매도에서는 행사예약이라는 말을 전혀 사용하지 않으니 관심을 꺼도 좋다. 다만 궁금증은 남는다. 만약 누군가(옵션매수자)가 행사예약을 해서 만기일 전이든 만기일 이후든 선물로 배정받는다면 그 반대편에 있는 누가 상대방이 되는가. 아무도 모른다. 무작위로 걸려든다고 한다. 옵션매도자가 의도치 않게 선물 포지션을 가질 수도 있지만 그런 경우는 제로라고 생각하면 될 것 같다.

자, 여기서 결론 내리자. 옵션매도자들은 행사예약이라는 말 자체를 전혀 신경 쓰지 않아도 된다. 아예 몰라도 된다.

7. 옵션의 프리미엄
(옵션의 가치 : 행사가치, 시간가치)

이 부분은 쉽게 생각할 수도 있고, 어렵게 생각할 수도 있다. 사실은 프리미엄이라는 용어는 옵션거래에서 빠질 수 없는 엄청 중요한 요소다.

가장 쉽게 생각하면, '옵션에는 옵션의 가격(옵션의 가치), 즉 옵션 프리미엄이 존재한다'라고만 생각하면 된다. 무엇이든지 사고팔 때는 가격이 존재하듯이, 옵션에도 가격이 존재해서 거래자는 이 가격을 근거로 사고팔면 그만이다. 옵션매수자든, 옵션매도자든 현재 옵션의 가격만 보고 거래해도 무방하다.

하지만 우리의 지적 욕구는 그냥 지나치지 않는다. 그렇지만 더 알고 싶어 하는 지적욕구가 발동해도 쉽게 접근하기 어려운 부분이 바로 옵션의 프리미엄에 관한 것이다. 그래도 기본적인 사항은 다루고자 한다. 어렵게 생각하지 말고 쉽게 접근해보자. 여기서는 깊이 있는 이론을 다루지 않는다. 최소한의 개념을 익히는 데 주력한다.

옵션의 가격, 즉 옵션의 가치는 어떻게 형성되는가? 2015년 5월 20일 현재 원유 7월물 선물의 가격이 58.50에 형성되어 있다. 앞으로 가격이 상승할 거라고 예상한 누군가는 선물을 직접 매수할 수도 있지만 적은 비용으로 옵션을 매수함으로써 상승의 효과를 누릴 수도 있다. 앞으로 며칠 안에(최소 만기일 전) 선물의 가격이 61.00이상까지 상승할 거라고 예측한 거래자는 7월물 콜옵션 행사가 61.0을 0.50(500달러)의 프리미엄을 주고 매수한다. 즉, 원유 선물을 61.00에 매수할 권리를 사는 계약을 하는 조건으로 500달러라는 프리미엄을 지불한다. 갑자기 왜 프리미엄을 주고 사야 하는가? 선물거래는 액면 그대로 받아들이면 된다. 현재가에서 매수, 매도하면 그만이다. 대신 자금이 많이 든다. 그런데 옵션은 프리미엄이 존재한다. 그 이유는 무엇일까?. 기대심리다. 앞으로 원유의 가격이 더 오를 것이란 예측에 '적은 돈으로 배팅'한 대신 프리미엄을 주고 매수한다고 생각하면 된다.

아파트를 매수할 때를 생각해보자. 34평짜리 아파트 분양권의 시세가 현재 4억 원에 형성되어 있다. 앞으로 이 지역이 개발될 수 있는 여지가 있다고 생각하는 사람들이 많아진다. 불과 두 달 전에는 3억 8,000만 원에 시세가 형성되어 있었는데 두 달 만에 2,000만 원이 상승해버렸다. 이제 더 오를지도 모른다. 4억 원에 사려하지만 이제 4억 원에도 팔려는 사람이 없다. 매수하려는 사람은 웃돈을 주고서라도 어서 사고 싶어 한다. 얼른 1,000만 원이라는 웃돈을 더 주고서라도 매수하고 싶다. 4억 1,000만 원에 거래가 성사됐다. 이때 지불하는 1,000만 원의 웃돈이 프리미엄이다.

옵션도 비슷하다. 앞으로의 기대심리가 작용해서 늘 옵션의 가격은 부풀려져 있다. 좀 더 구체적으로 살펴보자.

옵션의 가치를 설명하는 방식이 많이 있지만 여기서는 가장 일반적으로 알고 있는 개념을 가지고 접근하려 한다. 옵션의 가치는 행사가치와 시간가치로 구성되어 있다. 행사가치를 내재가치 또는 본질가치라고 부르기도 한다. 벌써부터 용어가 어렵다. 그만큼 옵션의 가격을 설명하는 것이 쉽지 않다.

이론서에 따르면 "행사가치란 지금 당장 권리를 행사하면 받을 수 있는 금액을 말하고, 시간가치는 프리미엄에서 행사가치를 뺀 금액을 말한다"라고 쓰여 있다. 시간가치는 달리 말하면 옵션가격 중 행사가치를 초과하는 부분을 가리킨다. 여기서는 이 정도만 알아두자. 결론만 이해하고 넘어가자.

옵션가치(프리미엄) = 행사가치 + 시간가치

행사가치는 등가격과 외가격에서는 제로고, 깊은 내가격으로 갈수록 비례적으로 증가한다.

시간가치는 만기일 이전에 기초자산의 가격변동으로 이익을 얻을 기대치를 말한다. 따라서 이익을 얻을 기대치가 클수록 시간가치는 상승한다. 따라서 만기까지 남은 기간이 많이 남아 있으면 시간가치가 크고 만기일에 가까워질수록 시간가치는 감소한다.

시간가치는 등가격일 때 최대가 되고, 등가격에서 멀어질수록 감소한다. 깊은 내가격에서는 프리미엄의 대부분이 행사가치므로 시간가치는 작고, 깊은 외가격에서는 행사가치가 없는 외가격 옵션도 시간가치가 존재하지만 그 크기는 매우 작다.

옵션을 거래하면서 특히 시간가치라는 말을 종종 들을 것이다. 몰라도 옵션매도거래를 하는 데는 아무 지장이 없다. 이 부분이 어려운 분들은 과감히 넘겨도 된다. 이것만 알면 된다. 옵션은 거래 시 가격(프리미엄)이 존재하더라. 이 가격에 근거해서 매매하면 된다.

8. 옵션의 증거금

[옵션의 증거금이 3,000달러라고 표시된 화면]

OESX15 C2065			E-mini S&P500 C2065-201511				
28.00 ▼	0.75			-2.61 %		833	
CME	잔존	0026 일		증거금 3,000		USD	
일자 막대	매도잔량	05:08:37		매수잔량		기본	체결

1	2	28.25
5	518	28.00
11	724	27.75

31.50(2015/10/23)

25(2015/10/14)

시 가	28.50	27.00	241	10
고 가	29.25	26.75	1,102	7
저 가	27.00	26.00	1	1
저가대비 ▼	0.50			
전일종가	28.75			
17	1,244	100	1,344	18

체결	틱/분	일자별	종목상세

기초자산	ESZ15	2,062.25 ▼	2.75	-0.13 %

기초자산	ESZ15	역사적변동성	미제공
옵션Type	American	내재변동성	미제공
만기결제	실물인수도	내재가치	0.00
거래통화	USD	시간가치	28.00
승수	50	델타	미제공
틱 Size	0.05	감마	미제공
틱 가치	2.50	세타	미제공
위탁증거금	3,000	베가	미제공
최종거래일	2015/11/20	로우	미제공
장개시	07:00:00	장마감	06:00:00

　　해외옵션거래 시 증거금이 코스피옵션거래와 일부 다른 부분들이 있어서 점검을 하고 가야 한다.

　　먼저 국내옵션거래 시 옵션매수든 옵션매도든 처음 옵션을 시작할 때는 일정 자금을 예치해야 한다. 원래 옵션매수는 옵션의 가격에 해당하는 자금만 있으면 거래할 수 있지만 개인 고객들을 보호

한다는 명목 하에 일정자금을 예치한 고객에 한해 옵션거래를 허용한다. 신규 옵션거래자들은 5,000만 원이라는 예탁금이 있어야 옵션거래를 할 수 있고, 또 선물 계좌를 만든 이후 1년이 경과해야 한다. 하지만 이 조치는 개인들은 옵션거래를 하지 말라는 의미가 강하다는 느낌이 든다.

하지만 해외옵션을 거래할 때는 이런 제약이 없다. 옵션매수 시 옵션가격에 해당하는 자금만 예치하면 거래할 수 있고, 옵션매도도 1계약을 매도할 증거금만 있으면 거래할 수 있다. 옥수수옵션 매도 증거금이 700달러니 계좌에 700달러만 있으면 옥수수옵션 1계약을 매도할 수 있다.

해외옵션의 거래에서 증거금을 논할 때 옵션매수 증거금과 옵션매도 증거금을 구분할 필요가 있다. 옵션매수 증거금은 굳이 증거금이라고 말할 가치가 없다. 그냥 매매 대금이라고 생각하면 된다. 예를 들어 2015년 5월 21일, Crude Oil 7월물 옵션을 행사가 63.5으로 0.50에 콜옵션매수 진입한다고 하면 500달러의 자금만 있으면 된다. 다만 국내옵션매수와 다른 점은 '권리행사'를 할 수 있다는 점이다. 권리행사라는 개념은 앞에서 자세히 설명했다. 해외옵션매수 시 권리행사를 위한 '행사예약'을 선택하면 기초자산인 해당 선물의 위탁증거금을 충족시키는 증거금을 보유하고 있어야 한다.

옵션매도 증거금은 선물거래 시 증거금 설명과 비슷하다. 옵션 매수거래 시 손실이 발생할 수 있다. 이때 손실은 자신이 지불한 프리미엄만큼이다. 하지만 옵션매도는 이론상 이익은 진입 당시 받은 프리미엄으로 한정되고 손실은 무제한이다. 누군가 큰 손실은 입고서 손실을 모른 척 한다면 거래가 제대로 이루어질 수 없을 것이다. 그래서 거래소는 옵션매도를 하는 투자자들에게 혹시나 있을지 모르는 큰 손실에 대비해 담보 형식으로 자금을 어느 정도 더 예치한다고 규정하고 있다. 이때 더 예치한 자금을 증거금이라고 생각하면 된다.

여기서 또 한 가지 알고 가야 할 것이 있다. 증거금 부과 계산 방법이다. 코스피옵션매도든 해외옵션매도든 원칙적으로는 기초자산인 선물의 가격 변동과 남은 기간 등 여러 요인에 의해 증거금은 매일매일 바뀐다. 하지만 현재 우리나라에서 해외옵션매도거래 시 증거금은 고정되어 있다. 해외옵션거래자가 아직 소수다 보니 시스템에 투자를 덜한 결과다. 국내시스템을 해외시스템과 연동시키는 데에 자금이 많이 든다고 한다. 그래서 현재는 어쩔 수 없이 고정된 증거금을 이용할 수밖에 없다. 국내옵션은 '합성'으로 진입 시 증거금이 엄청나게 낮아진다. 하지만 해외옵션은 이런 상쇄 효과가 없는 점이 좀 아쉽다.

해외옵션 도입 초기에는 해외옵션매도 증거금이 기초자산인 선물의 증거금이었는데 요즘은 많이 완화되고 있는 추세라 그나마 다행이다. 아직도 일부 증권사는 선물의 증거금을 받는 곳도 있다. 그런 곳은 가능한 피하는 게 좋다. 해외선물의 증거금도 가격이 급변할 때 바뀐다. 하지만 그 폭은 크지 않다. 해외옵션매도 증거금도 마찬가지로 선물의 가격이 급변할 때 바뀌지만 앞에서 말한 대로 현재 우리나라 시스템에서는 고정된 관계로 증거금이 바뀌더라도 그 폭은 작다. 예를 들면, Crude Oil옵션매도 증거금이 한동안 3,200달러였다가 원유의 가격 등락폭이 크지 않으면 2,800달러로 완화된다. 또 갑자기 원유의 가격 등락폭이 커지면 원유옵션매도 증거금은 다시 3,200달러나 그 부근으로 높아지기도 한다. 이런 식으로 일정기간을 두고 옵션매도의 증거금이 바뀐다. 아마 이 증거금 산정 방식도 서서히 거래자에게 유리한 방향으로 바뀔 것이다.

여담이지만 우리나라에서 해외옵션거래자가 별로 없을 때 필자가 선봉에 서서 증권사에 줄기차게 요구했다. 해외옵션거래를 시작하지 않은 증권사에도 여러 차례 전화를 걸어 해외옵션 론칭을 부탁했다. 당연히 그쪽에서도 준비는 하고 있었지만 나의 전화가 자극제가 되었을 것이다. 또 기존 해외옵션을 거래하는 증권사에도 귀찮을 정도로 전화 또는 메일로 접촉해서 증거금을 낮추어 달라고, 종목을 늘려달라고 요구했다. 그래서 지금은 증거금이 많이 낮아졌고 그리고 계속 완화하려는 작업을 진행하고 있다. 종목도 계속 늘어가는 추세에 있다. 이 책을 읽는 거래자들도 해당 증권사에 자주 전화를 걸어 증거금을 낮추는 부분과 종목을 늘리는 부분을 얘기했으면 한다. 나 혼자의 요구보다 여러 사람의 요구가 있으면 당연히 더 빠르게 조치를 취하지 않을까 생각해본다. 아직까지 우리나라는 해외옵션거래에서 초보 단계기 때문이다.

9. 옵션의 손익구조

아직까지도 옵션이 무엇인지 개념을 어려워하는 분들이 있을 것이다. 개념을 몰라도 괜찮다. 꼬마 애들을 보라. 그들이 사물에 대한 이치를 깨닫기 전에도 돈 계산은 잘하지 않는가. 또 글을 모르는 분들도 돈 계산은 잘한다. 우리 초보 거래자들도 어떻게 하면 옵션거래에서 이익을 얻고 또 어떻게 하면 손실이 나는지만 알면 거래의 기초는 마스터한 것이다. 옵션거래의 손익구조만 파악하면 된다.

'매수', '매도'라는 용어를 다시 한 번 정리해보자.

주식을 예로 들어보자. 우리가 주식을 '매수'하는 이유는 이익을 내기 위함이다. 어떻게 수익을 낼 수 있는가? 상승에 대한 기대감이다. A라는 주식이 앞으로 오를 것 같다고 예측한다면 '매수'하면 그만이다. 그후 상승하면 팔면('매도'하면) 된다. 하지만 가격이 하락하면 손실을 감수하면서 계속 들고 있든지, 아니면 손실을 떠안고 팔면 된다. 주식매수는 이처럼 손익구조가 간단하다.

선물을 예로 들어보자. 선물은 양방향거래라고 했다. 즉, 상승에 배팅할 수도 있고, 하락에 배팅할 수도 있다. Crude Oil 7월물 선물의 가격이 현재 60.00에 거래되고 있다. 앞으로 상승할 거라고 예상하면 60.00에 '매수' 진입하면 된다. 그래서 61.00이 되어 팔면(이때 '매도'라는 용어를 사용한다. '청산' 또는 '매도청산'이라는 용어를 사용하기도 한다) 1만큼 이익이다. 즉 1,000달러의 이익을 본다. 혹시나 예상과 어긋나 59.00이 되어 손절하면(이때도 '매도', '청산', 또는 '매도청산'이라는 용어를 사용한다) 1만큼 손실을 본다. 즉 1,000달러 손실을 본다.

반대로 현재 60.00에 거래되고 있는데 앞으로 하락을 예상한다면 60.00에 '매도' 진입하면 된다. 그 후 59.00이 되어 다시 사면(이때는 '매수' 또는 '매수청산'이라는 용어를 사용한다)된다. 그러면 1,000달러의 수익이다. 혹시나 예상과 어긋나 61.00이 되어 손절하게될 경우 다시 사면(이때도 '매수' 또는 '매수청산'이라는 용어를 사용한다) 1만큼 손실이다. 즉 1,000달러 손실을 본다.

여기서 매수, 매도라는 용어를 단순히 거래에 필요한 용어로만 이해하자. 선물의 경우 선물이 오를 거라고 예상하면 매수하면 되고 그후 매도하면 된다. 선물이 하락할 거라고 예상하면 매도하면 된다. 그후 매수하면 된다.

이제부터 본격적으로 옵션을 살펴보자. 옵션의 진입 방식에는 '콜옵션매수, 콜옵션매도, 풋옵션매수, 풋옵션매도'라는 네 가지가 존재한다. 기초자산이 상승할 거라고 예상하면 '콜옵션매수, 풋옵션매도'의 두 가지 방법을 사용하고 기초자산이 하락할 거라고 예상하면 '풋옵션매수, 콜옵션매도'의 두 가지 방법을 사용한다. 옵션은 선물에 비해서 수익 내는 구조가 더 다양하다.

선물(기초자산) 상승 예상 ⇒ 콜옵션매수, 풋옵션매도

선물(기초자산) 하락 예상 ⇒ 풋옵션매수, 콜옵션매도

9-1. 콜옵션매수

'손실은 한정, 이익은 무한정'이라는 말에 현혹되어 초보 옵션 거래자들이 가장 먼저 접근하는 방식이다. 기초자산이 오를 거라고 예상하면 해당 옵션의 행사가를 잘 골라 '매수'하면 된다. 2015년 5월 21일 현재, 기초자산인 Crude Oil 7월물 선물의 가격이 60.00일 때, 만기가 6월 17일인 Crude Oil 7월물 콜옵션 행사가 64.0이 0.50에 거래되고 있다면 콜옵션매수자는 0.50라는 프리미엄을 주고 '매수'하면 된다. 달러로 환산하면 500달러에 해당한다.

이제 '매수'했으니 '청산'('매도', '매도청산')을 고민할 단계다. 만기일 전(증권사별로 시간이 정해져 있을 수 있으니 반드시 확인해야 한다)에는 언제든지 청산(매도)할 수도 있고 선물로 권리행사를 할 수도 있다. 선물로 권리행사를 하면 7월물 선물을 64.00에 매수 포지션을 지니게 된다. 권리행사를 할 경우는 반드시 선물의 증거금을 예치해야한다.

만기일 전, 이 옵션의 가격이 1.00일 때 청산하면 0.50만큼 이익이다. 만약 이 옵션의 가격이 0.30일 때 손절하면 0.20만큼 손실이다. 당연히 기초자산인 선물의 가격에 따라 옵션의 가격이 움직이지만 우리는 오로지 옵션의 가격만 고려하면 된다.

청산하지 않고 만기일까지 해당 콜옵션매수 포지션을 들고 간 경우, 행사예약을 했다면 기초자산이 64.01 이상이 되면 7월물 선물로 배정받는다. 당연히 이때도 선물의 증거금을 예치해야 한다. 권리를 행사해 7월물 선물을 64.00에 매수 포지션으로 보유하게 된다. 7월물 선물매수 포지션을 취하더라도 기존에 지불한 0.5라는 프리미엄은 그대로 지불한 상태다. 선물로 배정받는 당시는 여전히 손실로 기록된다. 최소 본전이라도 하려면 선물매수로 배정받은 후 64.50은 되어야 한다. 이 거래에서는 64.51 이상이 되어야 이익이 발생한다. 하지만 행사예약을 하지 않은 경우라면 만기일 전 미리 청산해야 한다. 이때 이익이 될 수도 있고, 손실이 될 수도 있다. 이 정도는 감수해야 한다. 아, 어렵다. 복잡하다. 옵션매수가 쉬운 줄 알았는데 의외로 복잡하다.

만약 기초자산이 64.00 이하가 되면 해당 옵션은 소멸한다. 한마디로 꽝이 되는 것이다. 진입 당시에 지불한 프리미엄만큼만 손실을 보는 것으로 해당 거래를 마무리한다.

그래프로 확인해보자.

[Crude Oil 2015년 7월물 옵션 행사가 64.0 콜옵션매수 프리미엄 0.50 지불.
1계약의 포지션그래프]

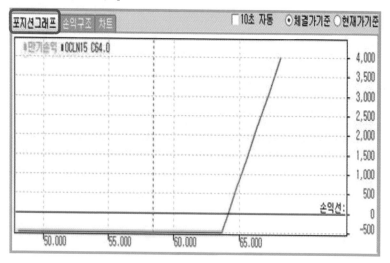

포지션그래프에서 보듯이 손실은 500달러로 제한되어 있지만
이익은 무한대다.

[Crude Oil 2015년 7월물 옵션 행사가 64.0 콜옵션매수 프리미엄 0.50 지불.
1계약의 손익구조]

포지션그래프	손익구조	차트
기초자산	총손익구조	
67.00	2,500	
66.50	2,000	
66.00	1,500	
65.50	1,000	
65.00	500	
64.50	0	
64.00	-500	
63.50	-500	
63.00	-500	
62.50	-500	

손익구조에서 봐도 진입 당시 지불한 프리미엄을 감안하면 선물의 가격이 64.50를 초과해야 수익이 발생한다. 이후 수익은 무제한이다. 손실은 제 아무리 선물이 하락해도 500달러로 제한되어 있다.

9-2. 풋옵션매수

풋옵션매수도 '손실은 제한, 이익은 무한정'이라는 구조를 갖고 있기에 초보 개미들이 선호하는 방식이다. 풋옵션매수는 기초자산의 하락을 예상하고 진입한다. 2015년 5월 21일, 기초자산인 Crude Oil 7월물 선물의 가격이 60.00일 때, Crude Oil 7월물 옵션 행사가 54.0을 0.50이라는 프리미엄을 주고 매수한다. 즉 풋옵션매수 포지션을 취한다. 만기일 이전에는 언제라도 청산할 수 있다. 또한 언제라도 행사예약을 해 Crude Oil 7월물 선물매도로 권리를 행사할 수 있다. 7월물 선물매도 포지션을 취한다는 뜻이다. 이때에는 반드시 선물의 증거금이 필요하다.

만기일 전에 청산(매수)할 경우 손익 계산은 콜옵션매수 손익계산과 같다. 일반 주식과 다를 것이 없다.

청산하지 않고 만기일까지 해당 풋옵션매수 포지션을 들고 간 경우, 행사예약을 한 경우에 한해 기초자산이 53.99 이하가 되면 7월물 선물로 배정받는다. 권리를 행사해 7월물 선물을 54.00에 매도 포지션으로 보유하게 된다. 당연히 이때도 선물의 증거금을 예치해야 한다. 행사예약을 하지 않으면 만기일 전 미리 청산해야 한다.

7월물 선물매도 포지션을 취하더라도 기존에 지불한 0.5라는 프리미엄은 그대로 지불한 상태다. 선물로 배정받을 당시는 여전히 손실로 기록된다. 최소 본전이라도 하려면 선물매도로 배정받은 후 53.50은 되어야 한다. 이 거래에서는 선물의 가격이 53.49 아래로 하락해야 이익이 발생한다. 만약 기초자산이 54.00 이상이 되면 해당 옵션은 소멸한다. 한마디로 꽝이 되는 것이다. 처음 진입 당시에 지불한 프리미엄만큼만 손실을 보는 것으로 해당 거래를 마무리한다.

결론적으로 말하면 옵션매수는 콜이든 풋이든 처음부터 프리미엄을 주고 게임을 시작한다. 시작 단계부터 불리한 게임이다. 명령은 아니지만 절대 옵션매수는 하지마라.

그래프로 확인해보자.

[Crude Oil 2015년 7월물 옵션 행사가 54.0 풋옵션매수 프리미엄 0.50 지불. 1계약의 포지션그래프]

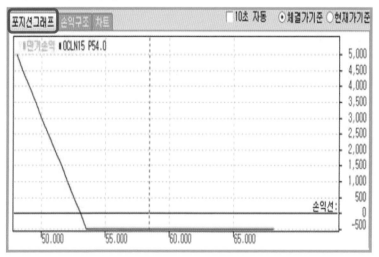

이 포지션그래프에서 보듯이 손실은 500달러로 제한되어 있지만 이익은 무한대다.

[Crude Oil 2015년 7월물 옵션 행사가 54.0 풋옵션매수 프리미엄 0.50 지불.
1계약의 손익구조]

기초자산	총손익구조
55.50	-500
55.00	-500
54.50	-500
54.00	-500
53.50	0
53.00	500
52.50	1,000
52.00	1,500
51.50	2,000
51.00	2,500

포지션그래프 **손익구조** 차트

손익구조에서 봐도 진입 당시 지불한 프리미엄을 감안하면 선물의 가격이 53.50보다 하락해야 수익이 발생한다. 이후 수익은 무한대다. 손실은 제 아무리 선물이 상승해도 500달러로 제한되어 있다.

9-3. 콜옵션매도

이제야 우리가 그토록 기다려왔던 옵션매도라는 말이 등장했다. 실은 옵션매수의 손익구조는 몰라도 괜찮다. 지금부터 설명하는 옵션매도의 손익구조만 알면 된다. 왜냐고? 우리의 목적은 옵션매도에 있기 때문이다. 다만 본격적인 옵션매도는 다음에 다루기로 하고 여기서는 손익구조만 살펴보자.

또 한 가지 질문이 들어온다. '매도'라는 개념은 무언가를 판다는 말인데, 현재 나에게 아무것도 없는데 어떻게 처음부터 매도를 할 수 있다는 말인가? 즉 보유하지도 않은 옵션을 어떻게 매도할 수 있다는 말인가? 쉽게 생각하자. 옵션에서 매수와 매도는 단지 투자자들이 취한 포지션을 가리킬 뿐이다. 이 정도만 알고 있어도 된다. 기초자산의 하락을 예상하면 콜옵션매도 포지션을, 상승을 예상하면 풋옵션매도 포지션을 취하면 된다.

콜옵션매도는 기본적으로 기초자산의 하락을 예상하고 진입하는 포지션이다. 계속해서 Crude Oil 선물·옵션으로 살펴보자. 2015년 5월 21일, Crude Oil 7월물 콜옵션으로 행사가 64.0을 프리미엄 0.5를 받고 매도로 진입했다고 가정하자. 즉 콜옵션매도로 진입한 상태다. 콜옵션매수, 풋옵션매수에서 설명한 것과 마찬가지로 만기일 전에는 언제든지 사고팔 수 있다. 이 과정에서 손실이 날 수도 있고 이익이 발생할 수도 있다.

만기일에는 어떻게 되는가? 만기일에 기초자산인 Crude Oil 7월물 선물의 정산가가 64.00 이하만 되면 이 옵션은 소멸한다. 진입 당시 받은 프리미엄만큼 이득이다. 하지만 기초자산의 정산가격이 64.01 이상이 되면 7월물 선물로 배정받는다. 매도자의 반대편에 있는 매수자가 권리를 행사했기 때문에 옵션매도자는 반드시 매수자의 요구에 응해야 한다. 그 결과 7월물 선물을 64.00에 매도로 배정받는다.

말이 어려운가. 간단히 정리해보자. 콜옵션매도자들은 만기일에 기초자산의 가격이 본인이 진입한 행사가보다 높으면 선물매도 포지션으로 바뀐다는 것이다. 선물의 가격이 64.50까지는 딱 본전이다. 진입 당시 취한 프리미엄이 존재하기 때문에 선물의 가격이 상승해도 어느 정도까지는 버틸 여유가 있다. 하지만 그 이상으로 상승하면 그때부터 손실이 무한정 늘어난다. 여기서 옵션매도는 손실이 무한정이라는 말이 나오는 것이다. 아마 정상적인 거래자라면 선물로 배정받기 전에 미리 청산을 했거나 혹시 선물매도로 배정받더라도 아마 곧바로 청산(선물매수)했을 것이다.

그래프로 확인해보자.

[Crude Oil 2015년 7월물 옵션 행사가 64.0 콜옵션매도 프리미엄 0.50 받음. 1계약의 포지션그래프]

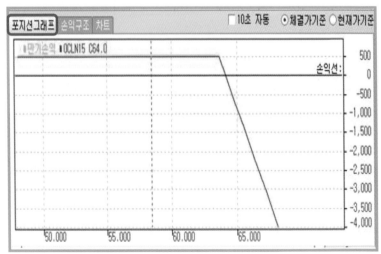

이 포지션그래프에서 보듯이 이익은 500달러로 제한되어 있지만 손실은 무한대다.

[Crude Oil 2015년 7월물 옵션 행사가 64.0 콜옵션매도 프리미엄 0.50 받음. 1계약의 손익구조]

기초자산	총손익구조
67.00	-2,500
66.50	-2,000
66.00	-1,500
65.50	-1,000
65.00	-500
64.50	0
64.00	500
63.50	500
63.00	500
62.50	500

손익구조에서 봐도 선물이 아무리 하락해도 진입 당시 받은 프리미엄만큼만 이익이고, 선물이 64.50을 넘어서면 손실은 무한대다.

9-4. 풋옵션매도

기본적으로 풋옵션매도는 기초자산의 상승을 예상하고 진입하는 포지션이다. 2015년 5월 21일 Crude Oil 7월물 풋옵션으로 행사가 54.0을 프리미엄 0.5를 받고 매도로 진입했다고 가정하자.

즉 풋옵션매도로 진입한 상태다. 콜옵션매수, 풋옵션매수, 풋옵션매도에서 설명한 것과 마찬가지로 만기일 전에는 언제든지 사고 팔 수 있다. 이 과정에서 손실이 날 수도 있고 이익이 발생할 수도 있다.

만기일에는 어떻게 되는가? 기초자산의 정산가격이 54.00 아래로 하락하지만 않으면 풋옵션매도자가 진입 당시 받은 프리미엄만큼 이익이다. 하지만 정산가격이 54.00 아래에서 결정되면, 정확히는 53.99부터 시작해서 그 아래에서 형성되면 풋옵션매도자는 7월물 선물매수 포지션으로 바뀐다.

반복을 위해서 좀 더 전문적인 얘기를 해보자. 풋옵션매도자의 반대편에 있는 풋옵션매수자가 권리를 행사한다. 즉 풋옵션매수자가 풋옵션매도자에게 "제가 기초자산을 팔 권리를 샀으니 이제 저에게 기초자산을 파세요"라고 요구한다. 좀 어려운가? 결론만 알아도 된다. 만기일에 정산가격이 풋옵션매도자가 진입한 행사가 아래에서 형성되면 풋옵션매도자는 선물을 배정받는다. 풋옵션매수자는 선물매도 포지션으로 바뀌고 풋옵션매도자는 선물매수 포지션으로 바뀐다. 하지만 이때도 선물의 가격이 53.50 위에서는 풋옵션매도자는 여전히 이익이다. 53.50이 되면 딱 본전이다. 이미 진입 당시 받은 프리미엄이 있기 때문이다. 그 아래로 더 하락하면 손실은 무한정이다. 아마도 정상적인 거래자라면 배정받은 선물매도 포지션을 미리 청산(선물매수)했을 것이다.

그래프로 확인해보자.

[Crude Oil 2015년 7월물 옵션 행사가 54.0 풋옵션매도 프리미엄 0.50 받음. 1계약의 포지션그래프]

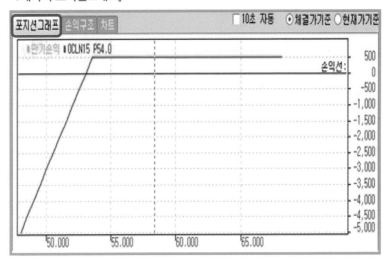

이 포지션그래프에서 보듯이 이익은 500달러로 제한되어 있지만 손실은 무한대다.

[Crude Oil 2015년 7월물 옵션 행사가 54.0 풋옵션매도 프리미엄 0.50 받음.
 1계약의 손익구조]

기초자산	총손익구조
55.50	500
55.00	500
54.50	500
54.00	500
53.50	0
53.00	−500
52.50	−1,000
52.00	−1,500
51.50	−2,000
51.00	−2,500

포지션그래프 **손익구조** 차트

손익구조에서 보듯이 선물이 아무리 상승해도 진입 당시 받은 프리미엄만큼만 이익이고, 선물이 53.50로 하락하면 손실은 무한 대다.

콜옵션매수, 풋옵션매수, 콜옵션매도, 풋옵션매도의 수익구조를 살펴봤다. 넷 중 하지 말아야 할 것이 무엇인가? 처음부터 이기고 시작하는 것은 어떤 것인가? 콜옵션매도와 풋옵션매도는 처음부터 프리미엄을 받고 게임을 시작한다. 콜옵션매수와 풋옵션매수에 비해 시작부터 유리하지 않겠는가?

03

해외선물·옵션을 거래할 때의 주의할 점
(해외선물·옵션과 국내선물·옵션과의 차이점)

해외선물·옵션과 국내선물·옵션과의 거래상의 차이점을 선물, 옵션의 개념을 설명하면서 중간 중간 설명했지만 보기 쉽게 정리해보자. 주로 옵션의 경우를 다루지만 선물도 함께 적용되는 경우도 있다.

1. 거래시간

국내옵션이든 해외옵션이든 원칙적으로 만기일에도 정해진 시간까지 거래가 가능하다. 코스피옵션의 당월물은 만기일 14:50까지 거래할 수 있다. 하지만 우리나라에서 해외옵션은 증권사에 따라 다르다. 만기일에 정해진 시간까지 제한 없이 거래할 수 있는 증권사도 있고, 만기일에는 청산주문만 가능하고 신규진입은 불가능한 증권사가 있다. 따라서 사전에 반드시 만기일 거래 여부를 확인하고 계획을 세워야 한다.

2. 선물 배정 관련(실물 인도 관련)

국내 코스피옵션은 만기결제의 유형이 현금결제다. 즉 해당 옵션이 내가격이 되든 외가격이 되든 상관없이 정산해야 할 금액이 있으면 선물로 배정받지 않고 현금으로 결제한다. 하지만 해외옵션은 현금결제 종목도 있고, 실물인수도 종목도 있어서 사전에 만기 시 어떻게 할지를 계획 세우고 진입해야 한다.

또 한 가지 유념할 사항은 선물거래 시 실물로 받을 수 있느냐다. 외국에서는 실물로 받을 수도 있을 것이다. 하지만 우리나라에서는 여러 가지 어려움 때문에 원칙적으로 실물을 인수하지 않는다. 실물인수도 종목의 선물인 경우 미리 정해진 시간 안에 선물을 청산해야 한다.

3. 증거금

원칙적으로 국내옵션이든 해외옵션이든 증거금은 선물의 움직임에 따라 매일매일 달라지는 게 정상이다. 하지만 우리나라에서는 현재까지는 증거금이 고정되어 있다. 외가격이든, 등가격이든, 내가격이든 어느 한 종목의 옵션의 증거금은 같다. 그 결과 양매도나 스프레드거래를 하더라도 국내옵션처럼 증거금 상쇄는 일어나지 않는다. 바로 이 점이 국내에서 해외옵션을 거래할 경우 해외에서 거래할 때와 비교해 약간 불합리하다. 하지만 증거금이 같은 점을 잘 이용하면 또 하나의 전략이 탄생할 수도 있다.

해외선물이든 해외옵션이든 증거금은 자주는 아니지만 상황에 따라 바뀔 수 있다. 선물이 급등하거나 급락하면 선물의 증거금과 옵션매도의 증거금이 함께 바뀐다는 점을 알고 거래에 임해야 한다. 처음 진입할 때는 옵션매도의 증거금이 2,000달러였는데 선물이 급등하자 며칠 후 3,000달러로 바뀔 수 있다. 또 선물의 등락폭이 작아지면 다시 2,000달러로 내려갈 수도 있다. 어느 한 종목에 몰빵해서는 안 되는 점이 바로 이 점 때문이기도 하다.

옵션매도
집중 특강

왜 옵션매도를 해야 하는가?

복권을 발행하는 회사가 망했다는 소리를 들어본 적 있는가? 아마 없을 것이다. 대신 국가에서 복권 발행 회사를 선정할 때 참여하기 위해서 경쟁이 치열하다는 이야기는 들어봤을 것이다. 이 과정에서 온갖 비리도 발생한다. 그 이유는 무엇인가? 복권 발행이 돈이 되기 때문이다. 복권 발행 회사로 선정되면 계약 기간 동안 그 회사는 아무 걱정 없이 영업을 영위할 수 있다. 매주 혹은 한두 주 걸러서 1등에 당첨되는 사람들이 나온다. 가끔 엄청난 당첨금을 받기도 한다. 그렇다고 복권 발행 회사가 망할까? 절대 그렇지 않다. 결론은 복권 발행 회사가 돈을 번다는 사실이다.

카지노 회사가 망했다는 이야기를 들어본 적 있는가? 미국이나 마카오는 사정이 다르다. 워낙 여러 업체가 있기에 망할 수도 있다.

하지만 우리나라는 사정이 어떠한가? 내국인이 이용할 수 있는 곳은 강원랜드 카지노뿐이다. 정선 카지노에 대해 무슨 이야기를 들어왔는가? 잭팟을 터뜨렸다는 이야기보다는 패가망신했다는 우울한 이야기만 들린다. 결국 누가 돈을 버는가? 카지노 운영자뿐이다.

주말이면 과천 경마공원으로 가는 길은 늘 만원이다. 지하철이든 승용차든 복잡하기는 마찬가지다. 수많은 사람들이 대박을 꿈꾸면서 불나방처럼 경마장으로 모여든다. 경주마들이 앞다퉈 달린다. 관람석은 환호와 한숨이 뒤섞인, 말 그대로 아수라장이 따로 없다. 하지만 여러 게임의 경주가 끝나면 배팅한 대부분의 사람들은 한숨만 길게 쉬고 고개를 숙인 채 경기장을 빠져 나온다. 그럼 많은 사람들의 돈은 누가 따는가? 바로 경마를 주관하는 마사회다.

옵션매도를 설명하는데 복권 발행, 카지노, 경마가 무슨 관계인가? 한마디로 요약하면, 옵션매도는 복권 발행 회사, 카지노 기업, 경마 주관사 등에 비유될 수 있다.

눈치가 빠른 사람들은 대충 무엇을 얘기하려는지 알아냈을 것이다. 옵션의 대부분은 만기에 소멸한다는 이야기를 들어 본 적이 있는가? 금시초문이라면 이제부터 귀를 기울여 들어야 한다. 한번쯤 들어 본 사람도 더 집중해서 읽어야 한다. 말 그대로 옵션 대부분은 만기에 가차 없이 소멸한다. 많게는 85~90%가 소멸한다고 한다. 소멸한다는 말이 무슨 뜻인가? 쉽게 말하면 복권과 같다. 대부분의 사람들이 소유하고 있는 복권은 당첨일에 꽝이 된다. 마찬가지로 대부분의 사람들이 가지고 있는 옵션도 만기일에 꽝이 된다는 뜻이다. 그런데 왜 꽝이 되는 옵션이 돈이 된다는 것인가? 바로 여기에서 바라보는 관점이 바뀐다. 자신이 복권을 사는 것이 아니라 복권을 발행하는 사람이 된다면 어떨까? 내가 경마장을 운영하는 사람이 된다면 어떨까? 내가 카지노를 운영하는 사업자가 된다면 어떨까? 이게 가능할까? 돈이 많이 들지 않을까? 실제로 카지노, 경마장, 복권 발행 회사를 운영하려면 엄청난 자금이 들 것이다. 하지만 옵션발행(옵션매도)은 생각보다 많은 돈이 들지 않는다. 일반 개미들이 충분히 접근할 수 있는 자금이다.

이제 알겠는가? 적은 자금으로 꾸준히 수익을 낼 수 있는 곳이 있으니 바로 옵션매도(옵션발행)시장이다. 연 30%, 50%, 70%, 더 나아가 100%의 수익이 가능한 시장이 옵션매도시장이라는 것이다. 대박은 없다. 대신 시간을 아군 삼아서 꾸준히 수익을 내다보면 어느새 계좌는 풍부한 과실로 가득 차 있을 것이다. 대박을 꿈꾸는 자는 옵션매수라는 방법을 좇든지, 복권을 사서 1등 당첨을 꿈꿔야 한다. 또는 경마장에서 자신이 선택한 말이 1등으로 들어오기를 기도해야 한다. 카지노에 가서는 잭팟을 터트려야 한다.

우리의 목적은 대박이 아니다. 욕심내지 않고 연 10%가 될 지라도 꾸준히 매년 수익을 내는 것이다. 가능한 리스크를 제로로 만들면서 수익을 내는 방법이 있으니 이제 이 방법을 찾아 나서자.

현대는 의학이 발달되어 우리의 수명은 연장되었다. 그것도 엄청난 속도로. 우리는 살기 싫어도 100세까지 살아야 할지도 모른다. 100세가 평균이 될지도 모른다. 하지만 60세만 되면 어쩔 수 없이 다니던 직장에서 나오게 된다. 말이 60세지, 직종에 따라서는 40대도 자리 보존이 어려운 시대다. 그렇다면 그 이후에는 무엇으로 살아가는가? 저축액도 그리 많지 않은 것은 뻔할 것이다. 어떤 식으로든지 경제생활을 영위해야 한다. 또한 학교를 마친 취업 준비생에게 취업이 어디 쉽던가? 이런 실정에서 옵션매도, 그 중 해외옵션매도는 우리의 희망이 되기에 충분하다.

이제부터 본격적으로 옵션매도의 장·단점을 살펴보고 어떻게 하면 수익을 낼 수 있는지 살펴보자.

02

옵션매도의 장점

1. 진입부터 프리미엄을 받고 시작한다

옵션매도자는 처음부터 프리미엄을 받고 옵션거래를 시작한다. 옵션매수와 비교해 가장 큰 장점이다. 처음부터 이기는 게임을 시작하는 것이다. 옵션매수자는 처음부터 프리미엄을 매도자에게 주고 게임을 시작한다. 처음부터 불리한 게임이다. 상식적으로 생각해보라. 옵션매수자와 옵션매도자 중 누가 더 유리하겠는가?

[2015년 Crude Oil 연결선물의 일봉차트]

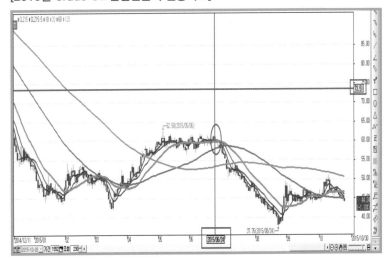

　2015년 6월 24일, Crude Oil 10월물 선물의 현재가가 61.84인 상황에서 만기가 86일 남은 Crude Oil 10월물 옵션 행사가 73.5를 0.50의 프리미엄을 받고 콜옵션매도 진입한다고 가정하자. 남은 86일 동안 기초자산의 가격이 절대 73.50에는 도달하지 않을 것에 배팅하는 것이다. 옵션매도는 처음부터 프리미엄을 받고 시작한다. 처음부터 0.50(500달러)라는 프리미엄을 받고 경기를 시작하는 것이다. 게임을 시작할 때부터 우위를 점하면서 경기를 풀어나간다. 확률적으로 유리할 수밖에 없다.

2. 확률적으로 매도자가 유리한 자리를 차지하고 있다

대부분의 옵션은 만기에 소멸한다. 그 비율은 통계적으로 적게 잡아도 75~80% 정도 된다고 알려져 있다. 어떤 책은 소멸 확률이 거의 90%에 육박할 때도 있다고 한다. 처음부터 이길 확률을 최소 75%나 확보한 상태에서 게임을 시작하는 것이다. 옵션매도는 늘 확률에 근거한다. 확률에 근거해서 옵션매수에 비해서 유리하다고 하는 것이다. 복권 발행자가, 경마장이, 카지노 개설자가 확률상 늘 이기듯이 옵션거래도 옵션발행(옵션매도)자가 늘 확률상 유리하다.

2015년 6월 24일 현재, 국제 원유시장은 공급이 넘쳐난다. 사우디를 비롯해서 산유국들은 감산을 고려하지 않고 있다. 며칠 전 열린 OPEC회의에서도 현 상태에서 생산량을 동결하기로 했다. 미국의 셰일원유와의 경쟁에서 밀릴 수 없다는 강력한 의지이기도 하다. 자국의 경제적 불황에도 불구하고 다음 OPEC회의가 있는 12월까지 산유량을 동결하기로 한 것이다. 이런 점을 감안해볼 때 앞의 차트에서 진입한 행사가 73.5가 쉽게 깨지지 않을 것을 확신해 본다.

현재 61.84인 10월물 선물의 가격이 86일 안에 73.50에 도달할 확률이 더 높겠는가, 아니면 73.50까지는 상승하지 않을 확률이 더 높겠는가? 상식을 동원해보자. 당연히 현 상황을 검토하면 73.50까지는 상승하지 않을 확률이 더 높지 않겠는가? 옵션매도는 현재가에서 먼 외가를 공략했기 때문에 확률적으로 유리한 자리를 차지하고 있다.

3. 시간은 매도자의 편이다
(Time is on my side)

시간이 흐를수록 옵션은 매도자에게 유리하다. 옵션의 가치는 시간이 흐름에 따라 내가격만 되지 않으면 서서히 '0'으로 수렴한다. 내가격만 되지 않을 옵션을 매도한 사람들은 만기까지 가지고 가면 진입 당시 받았던 프리미엄을 모두 자신의 수익으로 지킬 수 있다.

옵션의 가치는 종종 더운 날 땅 위에 내놓은 얼음 덩어리에 비유되곤 한다. 얼음 덩어리는 시간이 흐르면서 녹다가 결국은 아무 것도 남기지 않은 채 사라진다. 이게 바로 옵션의 가치다. 옵션의 가치도 시간이 흐르면서 사라진다. 시간은 늘 옵션매도자의 편이다.

앞에서 예로 든 Crude Oil 10월물 선물을 다시 살펴보자. Crude Oil 10월물 선물의 가격이 옵션의 만기일까지 73.50까지만 오르지 않으면 처음에 받은 0.50(500달러)의 프리미엄은 서서히 시간이 흐르면서 400달러, 300달러, 200달러, 100달러, 10달러로 줄어들 것이다. 혹시 중간에 선물의 가격이 상승해 옵션의 가치가 500달러, 600달러가 될 수도 있겠지만 예상대로 선물이 다시 하락하면 옵션의 가치는 얼음 덩어리처럼 만기일에 저절로 소멸한다. 옵션매도자는 시간을 즐길 줄 알아야 한다.

4. 완벽한 진입 시점을 기다릴 필요가 없다

주식을 매수할 때 대부분의 개미들은 언제 살 것인지에 대해 고심한다. 최저점을 잡으려고 애쓴다. 다양한 보조지표들을 이용해 최상의 지점을 찾아 나선다. 최저점을 골라 매수한다면 최상이지만 그게 어디 쉽던가. 하지만 옵션매도는 최저점을 잡으려고 애쓰지 않아도 된다. 적당한 시점에 적당한 가격을 예상하고서 진입해도 무방하다.

현재 원유선물의 가격이 저점에서 가파르게 올라 60달러까지 상
승한 상황에서 3개월 정도 후의 원유의 가격을 예상한다. 절대로
80달러까지는 상승하지 못할 것이라고 판단이 선 상황에서 현재
60달러 근방에서 움직인다면 굳이 더 오를 때까지, 혹은 더 하락
할 때까지 기다리지 않고 곧바로 행사가 80을 골라 콜옵션매도를
진입하면 된다. 최적의 시점을 포착하면 좋겠지만 그게 쉽지 않다.
옵션매도는 이렇게 해도 된다. 완벽한 시점을 잡으려고만 했다가
는 평생 진입을 못할지도 모른다.

[2015년 E-Mini S&P500 연결선물의 일봉차트]

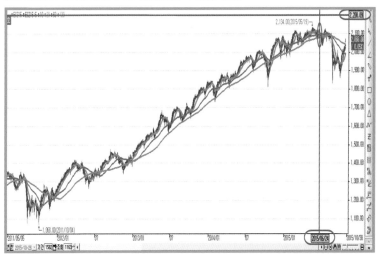

또 하나의 예를 들어보자. 2015년 E-Mini S&P500 연결선물의 일봉차트다. 2015년 6월 24일 현재, E-Mini S&P500옵션을 콜옵션매도로 진입하고 싶은데, 언제 진입해야 하는가? 그동안 너무 올라 결국에는 하락할 거라는 것에 확신을 가진 상태다. 한 번 더 크게 상승할 때까지 기다려야 하는가 아니면 하락하기를 기다렸다가 하락에 편승해야 하는가?

옵션매도는 언제 진입할지에 대해 크게 고민하지 않아도 된다. 오늘 당장 선물의 가격이 어떻게 움직이든 큰 상관없이 하락을 확신한다면 적당한 월물, 적당한 행사가, 적당한 프리미엄을 고려해 진입하면 된다. 당연히 하락에 대한 이유는 있어야 한다. 금리 인상이 가시화되고 있다. 이 상황에서 E-Mini S&P500선물의 가격이 2,200이나 2,250까지는 쉽게 오르지 않을 거라고 확신하면 아무 때나 그 지점을 중심으로 콜옵션매도로 진입하면 된다.

5. 정확한 예측을 하지 않아도 된다

주식을 예로 들면, 수익을 내기 위해서는 어떤 이유로 인해 반드시 어디까지는 상승해야 한다. 상승을 정확히 예측해야 한다. 매수하자마자 조금이라도 가격이 하락하면 곧바로 손실이 난다. 하지만 옵션매도는 정확한 예측을 하지 않아도 된다. 대략 어디까지는 오르지 않을 것이다, 또는 어디까지는 하락하지 않을 것이라고 하는 대략적인 추정치만 있어도 가능하다. 현재 원유선물의 가격이 1배럴당 60달러인데 3개월 후에 제 아무리 상승해도 80달러까지는 오르지 않을 거야, 또는 제 아무리 하락해도 40달러까지는 떨어지지 않을 거야 하는 개략적인 예측만 있어도 충분하다. 더 보수적으로 90달러까지는 오르지 않을 거야, 또는 30달러까지는 하락하지 않을 거야 하는 예측만 있으면 충분하다.

기초자산의 상승을 예상하고 진입한 외가격 풋옵션매도의 경우 매도 진입 후 기초자산이 상승하지 않아도 수익이다. 기초자산이 진입 시보다 약간 하락해도 결국에는 수익이다. 기초자산이 행사가 아래로만 하락하지 않으면 이득이다. 아니 기초자산이 행사가 아래로 하락하더라도 진입 시 받은 프리미엄과 비교해서 손실이 나지 않을 수도 있다.

금선물을 예로 들어보자.

[2015년 Gold 8월물 선물의 일봉차트]

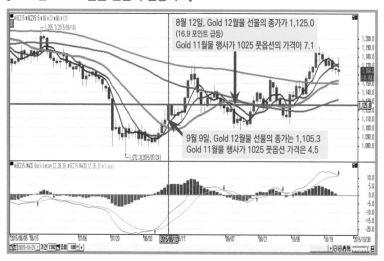

2015년 Gold 연결선물의 일봉차트다. 2015년 8월 12일, Gold 12월물 선물 종가가 1,125.0이다. 며칠 상승하더니 이날 급등해서 확실하게 20일 이평선을 넘어서자 상승을 예상하고서 만기가 10월 27일인 11월물 옵션으로 대략 100포인트 아래의 행사가로 공략한다고 가정하자. 이때 옵션가격은 7.1이었다. 그 후의 선물가격을 보라. 상승과 하락을 반복하더니 9월 9일 선물의 가격은 1,105.3으로 처음 진입했던 가격보다 더 하락했는데 나의 옵션가격은 4.5로 프리미엄이 감소했다. 처음 풋옵션매도 진입했을 때보다 기초자산이 더 하락했지만 시간이 흐르자 자연스럽게 나의 풋옵션매도 프리미엄은 더 감소된 것이다.

이처럼 선물의 가격이 어떻게 될지 정확하게 예측하지 않아도
옵션매도는 수익이 날 확률이 높다. 현물시장이든 파생시장이든
정확한 예측은 불가능하다고 봐야 한다.

다음 자료에서 2015년 Gold 11월물 옵션 행사가 1025 풋옵션
가격의 변화를 살펴보라.

[2015년 Gold 11월물 행사가 1025 풋옵션 가격의 변화]

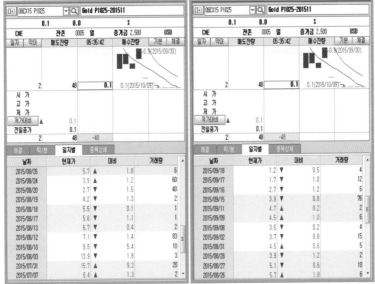

6. 손익 계산이 간단하다

옵션이라고 하면 일반 사람들은 처음부터 너무 어렵다고만 생각한다. 개념도 어렵지만 손익 계산도 어렵다고 생각한다. 절대 그렇지 않다. 특히 옵션매도는 옵션매수에 비해 손익계산이 더 간단하다.

주식과 비교해보자. 주식은 가격이 자신이 매수한 자리에서 오르면 그만큼 이익이다. 하락하면 그만큼 손실이다. 예를 들어, A 주식 1주를 1,000,000원에 매수했는데 1,100,000원이 되면 100,000원 이익이고 900,000원으로 하락하면 100,000원 손실이다. 손익 계산이 간단하다.

옵션매도로 돌아와보자. 원유선물의 현재가격이 1배럴당 60달러인데 3개월 후에 절대 80달러까지는 상승하지 않을 것이라고 생각해서 만기가 3개월 정도 남은 8월물 원유옵션 중 행사가 80.0을 골라 콜옵션매도로 프리미엄 (옵션가격) 700달러를 받고 진입했다고 가정해보자. 즉, 3개월 후 만기일에 원유의 가격이 80달러까지는 상승하지 않을 것이라는 점에 700달러라는 프리미엄을 받고 배팅한 것이다. 3개월 후 만기일에 원유의 가격이 80달러만 되지 않으면, 정확히 80달러가 되어도 진입 당시에 받은 프리미엄 700달러는 고스란히 자신의 수익이 된다. 손익 계산이 얼마나 간단한가. 결코 어려운 게 아니다.

또는 만기가 되기 전에 청산하면 그 가격과의 차이만 계산해주면 손익은 간단히 계산할 수 있다. 500달러에 청산했으면 200달러 수익이고, 800달러에 청산했으면 100달러 손실이다. 주식의 손익 계산과 큰 차이가 나지 않는다. 처음부터 어렵다고 단정짓고서 옵션매도를 멀리 할 필요는 없다.

다만 청산하지 않고서 만기까지 가지고 갔는데 선물이 80달러를 초과할 때는 어떻게 되는가? 일단 처음 진입 시 받은 700달러의 프리미엄은 그대로 자신의 수익이 된다. 대신 자신의 행사가가 내가격이 되었으니 선물로 배정받아야 한다. 80에 선물매도로 배정받는다. 만약 배정받은 시점의 가격이 80.50이라면 0.50만큼 이번 배정받은 선물거래에서는 500달러 손실이 발생한 상태이다. 80.50에 곧바로 청산하면 최종적으로는 처음 700달러 프리미엄 받은 것에서 이번 선물 배정 시 손실 본 500달러를 차감해주면 200달러 수익이다. 비록 선물로 배정받았지만 이번 거래처럼 이익으로 끝나는 경우도 많다. 하지만 선물배정은 가능한 피해야 한다. 그래야 이런 복잡한 계산이 필요 없게 된다.

옵션매도는 진입 시부터 이 종목의 매매에서는 얼마를 벌어야겠다고 하는 예상 수익이 이미 정해져 있기 때문에 더 이상의 욕심을 낼 수도 없다. 하지만 옵션매수에서는 욕심 때문에 이익을 내며 더 들고 가다가 여태껏 먹은 이익을 모두 반납할 수 있다.

7. 스스로 위험을 제한할 수 있다
(손절이 간단하다)

'이익은 제한되어 있고, 손실은 무제한'이라는 말에 일반 개미들은 옵션매도를 꺼리게 된다. 하지만 옵션매도를 함으로써 생기는 위험은 언제든지 통제가 가능하다. 주식매수 시 손실이 발생했을 경우 자신이 정한 지점에서 손절하듯이, 옵션매도도 마찬가지로 적당한 지점에서 끊고 나오면 그만이다. 가장 많이 사용하는 손절 전략은 200% 원칙과 행사가 원칙이 있다. '이익은 제한, 손실은 무제한'이라는 말은 개인들이 옵션매도시장에 진입하려는 것을 방해하려는 기관들의 상투적인 말에 불과하다. 개인들이 옵션매수시장에서 옵션매도시장으로 더 많이 이동할수록 기관들이 취할 수 있는 수익이 줄어들기 때문이다.

[2015년 유로FX 연결선물의 일봉차트]

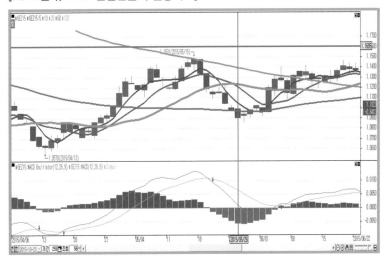

　위의 그래프는 2015년 유로FX 연결선물의 일봉차트다. 2015년 5월 26일, 유로FX가 60이평선을 하향 돌파하자 하락에 무게를 두고 콜옵션매도를 고려한다. 9월물 선물의 종가가 1.0889인 상태에서 만기가 8월 7일인 8월물 옵션으로 행사가 1.160을 0.00300(375달러)의 프리미엄에 콜옵션매도로 진입한다고 가정하자. 그런데 6월 2일 선물의 가격이 급등한다. 무려 0.00227이 급등해 종가가 1.1167을 기록한다. 당연히 이날 진입해 있던 콜옵션의 가치도 급등해서 200% 손절 원칙에 도달했다. 기계적으로 0.00600에서 손절해주면 그만이다. 이미 정한 원칙이라면 그 원칙을 준수하면 된다. 이 시점에서 고민하지마라.

☑ 진입 : 유로FX 8월물 옵션 콜옵션매도 0.00300에 진입
☑ 손절(200% 원칙) : 옵션의 가격이 0.00600에 도달하면 손절

8. 손절 후 재진입이 간단하다

옵션매도는 주식이나 선물에 비해서 손절 후 재진입이 쉬운 편이다. 먼저 주식을 예로 들어 보자. A라는 주식의 상승을 예상하고 100,000원에 매수했다고 가정하자. 그런데 예상과 어긋나 손절라인으로 정해놓은 90,000원까지 가격이 하락한다. 눈물을 머금고 손절한다. 그 다음은 어떻게 할 것인가? A라는 주식을 쳐다보지도 않을 것인가 아니면 또 매수하겠는가? 다시 매수한다면 어느 가격대에서 재매수를 단행하겠는가? 80,000원까지 더 하락하기를 기다리겠는가? 만약 손절 후 다시 상승해버리면 어떻게 하겠는가? 다시 100,000원이 되면 재매수하겠는가? 비록 처음 매수 진입 시 계획을 세웠다 하더라도 너무 어렵다. 재진입 시점을 잡기가 하늘의 별따기 만큼이나 어렵다.

이번에는 옵션매도를 살펴보자. B라는 옵션을 500달러 프리미엄을 목표로 콜옵션매도로 진입했다고 가정하자. 당연히 기초자산의 하락을 예상하고 진입한 것이다. 그런데 예상과 어긋나게 기초자산이 상승해서 처음 진입한 옵션 프리미엄이 1,000달러가 되는 시점에서 손절했다. 이때 이미 처음 진입 시 계획을 세웠던 대로 재진입 여부를 결정하면 된다.

비록 지금은 기초자산이 상승했지만 조만간 기초자산이 하락할 것을 확신한다면 프리미엄이 500달러인 행사가를 찾아 다시 콜옵션매도로 진입하면 된다. 혹시나 기초자산의 방향이 확실히 상승으로 바뀌었다고 판단한다면 풋옵션매도로 진입하면 그만이다. 이때는 두 배 혹은 세 배로 진입하게 될 것이다. 또 만기가 많이 남은 옵션이라면 같은 월물로 진입해도 무방하다. 만기가 얼마 남지 않은 옵션이라면 다음 월물로 진입하면 그만이다. 기초자산이 하락할까 아니면 상승할까 고민하는 단계에서는 판단의 과정이 필요하지만 그래도 주식의 재진입 여부를 결정하는 것보다는 훨씬 간단할 것이다.

앞에서 예로 든 유로FX를 다시 살펴보자.

[2015년 유로FX 연결선물의 일봉차트]

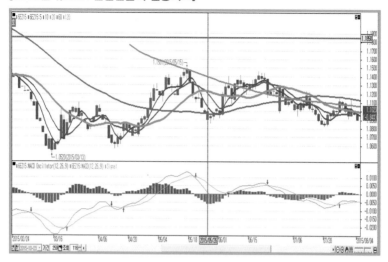

처음 진입했던 콜옵션매도를 눈물을 머금고 손절했다. 이제 어찌하나? 옵션매도거래자들은 진입 시 계획을 세운 대로 진행하면 된다. 선물의 가격 하락을 예상하고 콜옵션매도를 진입했지만 예상과 어긋나 비록 손절했다. 하지만 조만간 다시 하락할 거라고 확신한다면 행사가를 높여서 다시 콜옵션매도를 진입하면 된다. 행사가 1.185 콜옵션이 0.00300의 가격에 거래되고 있다면 이 행사가를 다시 콜옵션매도로 진입하면 된다. 처음에는 1계약을 진입했다면 이번에는 2~3계약을 진입하면 된다.

만약 선물의 방향이 위로 향했다고 생각한다면 콜옵션매도 대신 풋옵션매도로 진입하면 된다.

그렇다고 주식이나 옵션매수에 비해서 전혀 걱정이 없는 것은 아니다. 손절 시점에 기초자산이 상승할까, 하락할까는 고민해야 한다. 이 정도는 가볍게 받아들일 준비가 되어 있어야 한다. 공짜로 저녁을 먹을 수는 없지 않는가.

☑ 첫 진입 : 유로FX 8월물 옵션 행사가
　　　　　1.160 콜옵션을 0.00300에 매도 진입. 1계약

☑ 손절(200% 원칙) : 유로FX 8월물 옵션 행사가
　　　　　1.160 콜옵션을 0.00600에 손절

☑ 재진입 : 유로FX 8월물 옵션 행사가 1.185 콜옵션을
　　　　　0.00300에 매도 진입. 2~3계약

9. 분산투자가 가능하다
(종목의 다양성)

국내코스피선물·옵션과 비교해 해외선물·옵션의 최대 장점 중 하나는 분산투자가 가능하다는 점이다. 국내선물·옵션거래 시 여러 번 성공하다가도 한 번 잘못하면 여태껏 벌어둔 수익금이 몽땅 날아갈 수도 있다. 하지만 해외선물·옵션 거래에서는 종목이 많으니 분산투자가 가능하다. 같은 비율로 진입했을 경우 열 종목 중 여섯 종목만 성공해도 수익인 것이다. 그 결과 어느 종목에서 반드시 수익을 내야 한다는 부담이 덜해 심리적으로도 편안하게 매매할 수 있다.

또한 종목이 많다 보니 같은 투자금을 가지고도 국내옵션에 비해서 전략을 얼마든지 다양하게 구사할 수 있다. 이런 분산투자가 국내옵션매도에 비해서 해외옵션매도의 최대 장점 중 하나다.

03

옵션매도의 단점

옵션매도에 장점만 있는 것은 아니다. 당연히 단점도 있다. 하지만 일부 단점은 앞에서 언급한 장점과 연계해서 제어가 가능하다.

1. 손실이 무제한이다

이 말은 옵션매도의 장점 중 "스스로 위험을 제한할 수 있다"는 항목에서 다루었다. 단지 이론적으로 그렇다는 것이다. 실제 적용에서는 전혀 그렇지 않다. 손실을 통제할 장치가 분명히 있다. 우리는 앞으로 이 방법들에 대해서 공부하게 될 것이다. 손실이 무제한이라는 말에 근본적인 옵션매도의 길이 있는 것이다. 남들이 무서워서 가지 못하는 곳을 가는 것이다. 그 무서운 곳을 낙원에 비유할 수 있겠다. 가는 사람이 별로 없으니 낙원에는 모든 게 풍요롭다. 조금만 생각을 바꾸면 다른 세상이 펼쳐지는 것이다. 손실이 무한대인 세상에 별천지가 있는 것이다. 별천지는 아니라 하더라도 먹고 살 만한 세상이 존재한다.

2. 이익이 제한적이다

옵션매도 진입 시 이익은 처음 받은 프리미엄으로 한정된다. 콜옵션매도를 진입했을 경우 제 아무리 선물이 하락해도 이익은 처음 받은 프리미엄뿐이다. 이런 점 때문에 보통 사람들은 옵션매도를 하려 하지 않는다. 대신 손실은 제한되고 이익은 무한정인 옵션매수만을 하게 된다. 하지만 확률적으로 옵션매수자와 옵션매도자 중 누가 더 유리한지는 위에서 여러 번 언급했다. 이익이 제한적이라는 말은 달리 말하면 "이익은 확실하다"라는 말로 대체해도 무방할 듯하다.

3. 이익실현에 시간이 걸린다

옵션매수자들이 힘들어 하는 부분이다. 옵션매수자들은 단기간에 이익을 향유하려 한다. 하루 만에 100%, 1,000%도 바란다. 이런 거래자들은 시간이 지나야 이익이 생기는 옵션매도에 부정적이다. 답답해서 기다리지 못한다. 하루하루 역동성 넘치는 거래를 원하다 보니 한 달 혹은 두 달, 석 달 걸리는 옵션매도를 참지 못한다. 하지만 인내의 열매는 달다.

앞에서 언급한 3가지가 옵션매도의 단점처럼 보이지만 결코 그렇지 않다. 옵션매수자에게만 답답할 뿐이다. 오히려 옵션매도자들은 옵션매수자들이 단점이라고 생각하는 점들을 잘 이용하면서 즐길 줄 알아야 한다.

MEMO

해외옵션매도 실전 핵심 전략
(한국의 실정에 맞는 전략)

옵션거래의 전략은 무궁무진하다. 누구든지 전략가가 되어 새로운 전략을 만들어낼 수 있다. 하지만 결과적으로 수익을 꾸준히 내는 전략은 불과 몇이 안 된다. 그렇다고 다른 많은 전략을 무시하는 것이 아니다. 특히 옵션매수 위주의 전략은 어느 순간 엄청난 수익을 낼 수 있다. 성공만 하면 말 그대로 대박이다. 하지만 옵션매수를 주로 하는 거래자들 중 오랜 기간 남아 있는 분들은 못 본 것 같다.

우리의 목표는 꾸준히 수익을 창출하는 것이다. 시장이 좋든 나쁘든 쉬지 않고 조금이나마 꾸준히 수익을 달성하는 것이다. 이게 가능한가? 가능하다. 옵션매도거래자들은 가능하다. 시장이 좋든 나쁘든 수익을 낼 수 있다면 누구나 그것을 하려 하지, 왜 하지 않는가? 왜냐고? 첫째, 모르기 때문이다. 둘째, 옵션매도하면 망한다고 하는 주위의 공포 전달 때문이다. 셋째, 욕심 때문이다.

현재 우리나라 해외옵션거래의 시스템은 제약이 많다. 종목이 미국처럼 다양하지 않고, 스프레드로 진입했을 경우 증거금의 상쇄가 되지 않는다. 증거금이 고정되어 있기 때문이다. 이런 제약 속에서도 우리는 해외옵션매도를 하려 한다. 그 이유 중 하나가 국내코스피옵션이 먹을 것이 별로 없기 때문이다. 많은 국내옵션거래자들이 최근에 해외옵션으로 돌아서려고 하지만 합성거래 시 증거금이 상쇄되지 않는다는 말을 듣고 망설인다. 또 수수료도 국내에 비해서 비싸다고 말하면서 주저한다. 필자가 단언할 수 있다. 증거금과 수수료 문제를 고려해도 국내옵션매도에 비해 해외옵션매도가 훨씬 유리하다는 것이다. 앞으로 해외옵션거래자가 많아지면 증거금도 상쇄될 것이고, 또 수수료도 낮아질 거라고 생각한다.

이제부터 본격적으로 전투를 시작한다. 전투를 시작하기 전 늘 작전을 잘 짜야 한다. 작전 없는 전투가 승리할 수 있겠는가? 하지만 옵션매도는 특별한 작전이 별로 없어도 승리할 수 있다. 그것도 많이. 하지만 우리가 작전을 짜는 이유는 승리의 확률을 더 높이기 위함이다. 결국 옵션매도는 확률상 우위를 얼마나 점하느냐의 싸움이기 때문이다.

증거금이라는 제약을 안고서 전략을 세우다보니 전략은 단순하다. 해외옵션매도거래 시 가장 많이 사용하는 전략은 외가격 네이키드매도와 외가격 양매도다. 실은 현재 시스템상으로는 이 두 가지 전략만 구사해도 된다. 나중에 증거금 상쇄가 되면 강세 풋 스프레드와 약세 콜 스프레드를 추천한다.

1. 외가격 콜옵션매도

외가격 콜옵션매도는 현재 지수나 상품선물의 가격이 급등한 상태에서 더 이상의 급등은 없을 거라고 예상할 때 진입하는 전략이다. 또는 현재 급등한 상태는 아니지만 그동안 너무 올라 더 이상 어디까지는 오르지 않을 것을 예상하면서 진입하는 전략이다. 만기가 2~3개월 남은 옵션 월물을 골라 행사가는 현재가에서 멀리 떨어진 외가격으로 진입한다.

[2015년 E-Mini S&P500 연결선물의 일봉차트]

2015년 6월 3일 현재, E-Mini S&P500 선물(편의상 E-Mini라는 말을 안 해도 E-Mini 상품으로 이해하자. 또 그냥 S&P라고 해도 E-Mini S&P500을 가리킨다고 이해하자)을 보자. 5월 18일까지 줄기차게 상승했다. 그런데 5월 19일에 최고점을 찍더니 하락하기 시작한다.

진입 이유를 생각해본다

이 시점에서 판단이 들어간다. 불과 1년도 되지 않아서 S&P가 200포인트가 올랐다. 설사 더 오른다 하더라도 한계는 분명 있을 것이다. 미국 경기가 제 아무리 좋다 해도 3개월 정도 후에 여기서 100포인트 이상이 오를 수 있을까? 게다가 미국의 금리인상 건이 매일 세상을 흔들어 놓는다. 누구는 9월에 금리인상이 단행된다고 하고, 또 누구는 12월에 단행된다고 한다. 하여튼 올해(2015년) 금리인상이 단행된다고 하는 것은 기정사실인 것 같다. 이것만 보아도 앞으로 80~90일 동안 S&P가 100포인트 이상 오르지 않을 것을 확신한다.

먼저 옵션의 월물, 행사가, 프리미엄, 수익률을 검토한다

이제 구체적으로 옵션의 월물과 행사가를 살펴보고 프리미엄을 조사해야 한다. 옵션의 월물과 기초자산과의 관계도 살펴봐야 한다. 프리미엄이 너무 적으면 행사가를 조정할 수도 있다. 현재 9월물 선물의 가격이 2,100 정도 된다. 옵션시세표를 보니 8월물 옵션이 만기까지 80일 남았다. 월물은 8월물로 정한다. 8월물 옵션의 기초자산은 9월물 선물이다. 현재가에서 120포인트 위쪽에 있는 행사가 2220 콜옵션 프리미엄을 알아보기 위해 매도호가와 매수호가를 살펴보니 평균 4.30 정도 될 듯하다. 증거금이 3,000달러니 한 달 기준 수익률도 적당하다. 보수적으로 한 달 기준 2.5% 정도 된다. 이 수익률에 만족한다면 이대로 진행하고 이보다 좀 더 높은 수익률을 원한다면 행사가를 좀 더 낮추어 2220을 공략해도 된다. 행사가 2220 콜옵션은 대략 8.00에 거래된다. 만약 행사가 2220으로 진입한다면 한 달 기준 수익률은 4.9% 정도 된다. 한 달 기준 2.5%도 많다고 생각한다면 행사가를 더 높여 더 보수적으로 진입할 수 있다. 어디까지나 본인의 성향에 달렸다.

자, 이제 정리해보자. 기초자산인 S&P500 9월물 선물이 앞으로 80일 동안 120포인트 이상은 오르지 않을 거라고 확신한다. 9월물 선물의 현재가격이 2,100인데 8월물 옵션만기일인 8월 21일까지는 절대 2,220까지는 상승하지 않을 거라는 것에 배팅하는 것이다.

옵션매수자의 생각

여기서 한 가지 짚고 넘어갈 것이 있다. 옵션매수자의 생각을 살펴보자. 옵션매수자도 똑같이 8월물로 행사가 2220을 선택했다고 가정하자. 옵션매수자는 생각한다. 앞으로 80일 후 9월물 선물은 반드시 2,220을 넘어 그 이상 상승할 거라고 예상한다. 8월 21일 정확히 2,224.3이 되면 프리미엄을 준 것까지 감안해서 본전이고, 그 이상이 되어야 수익이다. 이것만 보고 판단해보자. 앞으로 남은 80일 동안 120포인트 이상 오를 확률이 더 높을까 아니면 120포인트 이상 오르지 않을 확률이 더 높을까? 당연히 여러 상황을 대입했을 경우다. 앞에서 밝힌 대로, 현 미국의 상황을 점검한다면 누구라도(초보자라도) 120포인트 이상 오르지 않는다는 생각에 확률적 우위를 더 두지 않을까?

진입 시 퇴각 계획을 세운다

이번에는 혹시나 실패하면 어떻게 할지도 고민해야 한다. 즉 진입 당시부터 퇴각 방안을 고민해야 한다. 나름대로 고민해서 진입했는데 예상과 어긋나 S&P선물이 계속 올라 처음 받은 옵션 프리미엄의 가치가 급등하면 손절을 단행해야 한다. 손절 원칙에는 200% 원칙과 300% 원칙, 그리고 행사가 원칙이 있다. 여기서는 200% 원칙을 따르기로 한다. 만약 4.30에 진입한 옵션이 8.60이 되면 손절을 단행한다. 비록 눈물 나는 상황이지만 이겨내야 한다.

특히 초보자는 손절 원칙을 정했으면 미련 없이 진행해야 한다. 한두 번 미적거리다 기회를 놓치면 다음에도 또 손절을 하지 않는 버릇이 생길 수 있기 때문이다.

손절 후 재진입 여부

손절 후 재진입 여부는 그때 가서 고민해야 한다. 같은 종목을 또 공략할지 아니면 다른 종목을 공략할지를 고민해야 한다. 같은 종목으로 진입할 경우에도, 기간이 많이 남았으면 같은 월물로 재진입할 수도 있으나 만기가 가까워지면 다음 월물로 갈아타는 것도 고려해야 한다.

이처럼 진입 당시부터 퇴각까지 고려하면서 신중하게 종목과 월물, 그리고 행사가를 선택해야 한다. 전략을 처음 소개하는 부분이라 좀 장황하게 설명했다. 처음으로 돌아가, 우리는 지금 콜옵션매도를 진행하고 있다. 콜옵션매도의 대원칙은, '앞으로 어떤 종목이 2~3개월 후 어디까지는 상승하지 않을 거야'라는 생각이다. 이 큰 원칙이 정해지면 이제부터 각론으로 들어가 세부사항들을 검토한다. 어디까지라고 하는 선을 정하고 옵션의 월물과 행사가, 그리고 프리미엄, 손절원칙, 손절 후 재진입 여부까지 모두 고려해야 한다.

1-1. 외가격 콜옵션매도의 장점

외가격 콜옵션매도의 장점은 무엇이 있을까? 일단 우리는 만기가 2~3개월 남은 월물을 선택했다. 먼 외가격이기 때문에 기초자산이 웬만큼 오르지 않고서는 자신이 진입한 옵션의 가격에는 변동을 주지 않는다. 시간이 지나면서 서서히 옵션의 가치는 '0'으로 수렴해간다. 자신의 예측이 맞다면 이제는 시간과의 싸움이다. 남은 기간 동안 옵션의 가치가 제로로 귀결되는 것을 지켜보기만 하면 된다. 처음부터 프리미엄을 먹고 진입하기 때문에 시작 단계부터 유리한 게임이다. 혹시 자신의 예측과 완전히 어긋나지만 않으면 수익으로 끝날 확률이 높다. 시간이 지나면서 자신의 예상과 어긋나게 가다가도 다시 방향을 돌려 원래 예상한 대로 가면 수익으로 끝난다. 도중에 예측과 조금 어긋나도 결국에는 승리할 확률이 높다.

1-2. 외가격 콜옵션매도의 단점

한정된 이익?

외가격 콜옵션매도의 단점으로는 무엇이 있을까? 진입하자마자 예상대로 기초자산이 엄청난 속도로 하락해도 프리미엄은 진입 시 받은 것으로 한정된다는 사실이다. 하지만 이 부분도 예상하고 진입한 것이니 욕심내지 않아야 한다.

손실 무한정?

　반대로 예상과 어긋나게 기초자산이 급하게 상승하면 어떻게 해야 하는가? 옵션매도 반대자들은 바로 이 점에서(예상과 어긋나 기초자산이 반대로 흘러가면 옵션의 가치도 무한정 올라가므로 옵션매도의 손실은 무제한이다.) 옵션매도를 하지 말라고 한다. 하지만 우리는 이미 진입 단계부터 손절 규칙을 정해놓고 진입했다. 처음 계획한 대로 손절하면 그만이다. 스스로 손실을 조절할 수 있다. 처음부터 손실은 얼마인지를 알고 진입하기 때문에 남들이 보기에 단점이라고 하는 것이 단점이 아닐 수도 있다. 오히려 자신의 최대 손실을 알고 있다는 점에서는 심리적으로 안정을 가져다 줄 수도 있다.

　다시 한번 표로 구성해보자. E-Mini S&P500 9월물 선물을 기초자산으로 하는 E-Mini S&P500 8월물 옵션으로 행사가 2220 콜옵션을 매도로 프리미엄 4.30에 진입한다고 하자.

1	종목	2015년 E-Mini S&P500 8월물 옵션
2	기초자산	2015년 E-Mini S&P500 9월물 선물
3	진입의 이유	9월물 선물의 현재가가 2,100이다. 지금까지 계속 쉬지 않고 상승했다. 미국에서 계속 금리인상 이야기가 나온다. 금리인상 이야기가 나올 때마다 한 박자 쉬고 간다. 앞으로도 8월 21일까지 80일 동안은 이런 현상이 반복될 것 같다. 그래서 만기까지 2,220까지는 쉽게 올라오지 못할 거라고 확신한다
4	월물	8월물
5	행사가	2,220
6	방향	콜옵션매도
7	만기일	8월 21일
8	옵션의 잔존일	80일
9	옵션의 가격 (프리미엄)	4.30
10	증거금	3,000달러
11	수수료	7.5달러
12	수익금 (수수료 공제 후)	207.5달러(4.30×50=215달러-7.5달러)
13	수익률(80일) (수수료 공제 후)	6.91%(207.5달러÷3,000달러×100)
14	한 달 30일 기준 수익률	2.59%(207.5달러÷3,000달러×100÷80일×30일)
15	손절의 규칙	200% 원칙
16	재진입 여부	그때 상황을 보며 결정

2. 외가격 풋옵션매도

    외가격 풋옵션매도는 현재 지수나 상품선물의 가격이 급락한 상태에서 더 이상의 급락은 없을 거라고 예상할 때 진입하는 전략이다. 또는 현재 급락한 상태는 아니지만 그동안 너무 하락해 더 이상 어디까지는 하락하지 않을 것을 예상하면서 진입하는 전략이다. 만기가 2~3개월 남은 옵션의 월물을 골라 행사가는 현재가에서 멀리 떨어진 외가격으로 진입한다.

[2015년 Corn 연결선물의 일봉차트]

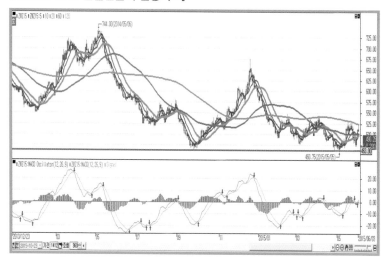

진입의 이유 검토

Corn선물을 보자. 보다시피 2014년 5월부터 줄곧 하락하다 2014년 9월말에 저점을 찍고 오르다가 2015년 1월부터 계속 하락한다. 최저점을 갱신한다. 그러다 불과 며칠 전부터 상승하기 시작한다.

여기서 자신만의 가치 판단이 들어간다. 계절성 규칙을 본다면 지금은 하락을 해야 정상이다. 그리고 당분간 더 하락해야 한다. 하지만 저 차트를 보라. 앞으로 하락한다 하더라도 하락의 크기는 그리 깊지 않을 것이다. 그렇다면 현재가에서 멀리 외가격으로 풋옵션매도를 진입하면 어떨까? 2015년 6월 3일 현재, 9월물 선물의 가격이 365.75 정도 된다. 만기가 2~3개월 남은 옵션의 월물로 행사가를 310~320 정도로 선택하면 어떨까? 프리미엄은 얼마나 될까?

행사가 310 선택의 의미

행사가 310을 선택했다고 가정하자. 이 말은 무엇을 의미하는가? 앞으로 2~3개월 안에는 9월물 옥수수선물의 가격이 절대로 310까지는 하락하지 않을 거라는 것에 배팅하는 것이다. 310까지 하락해야 이익을 보는 옵션매수와는 반대로 생각하는 것이다. 만기일까지 310까지 하락만 하지 않으면 된다. 바로 이것이 먼 외가격 풋옵션매도다.

월물, 행사가, 프리미엄, 증거금, 수익률 검토

이제 대략의 마지노선이 정해졌으면 좀 구체적으로 옵션의 월물, 행사가, 옵션의 가격(프리미엄), 만기일, 옵션의 잔존일, 증거금, 수수료, 수익률 등을 검토해야 한다. 옵션시세표를 보니 9월물 옵션의 만기가 8월 21일로 80일 남았다. 월물로는 적당한 것 같다. 행사가 310 풋옵션 시세를 보니 어제 정산가가 1.125다. 증거금은 700달러로 낮다. 수수료는 7.5달러다. 프리미엄을 계산해보니 성공한다면 증거금 대비 한 달 기준 2.61%의 수익률을 달성할 수 있다.

이 수익률이 맘에 들지 않는다면 행사가를 320으로 높이는 것은 어떠한가? 옥수수 9월물 옵션의 행사가 320 풋옵션의 정산가는 2.250이다. 한 달 기준 수익률은 5.62%다. 행사가를 310으로 선택할지 아니면 320으로 선택할지는 오로지 본인의 위험 감수 능력에 달렸다. 수익률을 더 높이고 싶다면 과감히 320을 공략하는 것이고, 2%대의 수익률을 만족한다면 310을 진입하면 된다.

좀 더 공격적인 투자자라면 등가격에 가까운 외가격을 공략할 수 있다. 9월물 옥수수선물의 가격이 80일 후에 350까지는 하락하지 않을 것이라고 확신하는 투자자라면 행사가 350을 진입할 수 있다. 옥수수 9월물 행사가 350 풋옵션의 정산가는 10.625다. 증거금 대비 한 달 수익률은 무려 28.05%다. 성공만 한다면 엄청난 수익이다.

현재의 증거금 제도를 최대한 활용하기

필자는 종종 바로 앞에서 말한 등가격에 가까운 행사가를 공략하기도 한다. 그 이유는 증거금 제도 때문이기도 하다. 현재까지 우리나라 시스템에서는 해외옵션매도의 증거금이 고정되어 있다. 내가격을 진입하든 먼 외가격을 진입하든 증거금은 똑같다. 옥수수옵션만 봐도 9월물 옥수수선물의 현재가가 365 정도 되는데 먼 외가격인 행사가 300을 풋옵션매도로 진입하든, 깊은 내가인 행사가 400을 풋옵션매도로 진입하든 증거금은 700달러로 같다. 실제 미국 시스템에서는 먼 외가격에서 내가격으로 행사가가 이동할수록 증거금은 늘어난다. 등가격 근처가 되면 옵션의 증거금은 선물의 증거금과 같아질 것이다. 옥수수선물의 증거금은 1,100달러. 실제 미국 시스템에서 9월물 옵션을 행사가 350으로 풋옵션매도 진입하면 대략 1,000달러는 증거금이 필요할 것이다. 하지만 우리는 증거금이 700달러로 고정되어 있어서 오히려 미국에 비해서 등가격이나 등가격에 가까운 행사가는 증거금 부담이 자유로운 편이다.

이런 변칙은 정말 확신을 가진 경우에 한해서 예외적으로만 실행해야 한다. 초보자들은 쳐다보지도 마라. 초보자들은 정석대로 먼 외가격 공략에 치중해야 한다. 그러다 경험이 쌓이면 실행해 볼수도 있다. 필자도 이런 예외적인 진입을 할 경우는 처음부터 여러 변수들을 가정하고 철저한 계획을 세운 후 진입한다.

위험 관리 계획(손절 계획), 손절 후 재진입 여부

자, 다시 원래 계획으로 돌아와서, 만약 실패하면 어쩌지? 이번에도 200% 원칙을 따르기로 한다. 행사가 손절의 원칙도 있지만 맘 편히 200% 원칙을 따르기로 한다. 혹시 손절 후 재진입은 어떻게 하지? 이 부분도 그때 가서 생각하기로 한다. 진입 단계부터 손절 계획까지 모두 세웠다. 이제 진입 단계에서 해야 할 일은 끝났는가?

외가 풋옵션매도의 장점은 무엇이 있을까? 단점으로는 무엇이 있을까. 장·단점은 앞에서 설명한 콜옵션매도와 유사하다.

외가 풋옵션매도에 대한 정리

외가 풋옵션매도에 대해 다시 한번 정리하자. 기본적으로 외가격 풋옵션매도는 "기초자산이 어디까지는 하락하지 않을 것이다"라는 것에 배팅하는 것이다. 기초자산이 어디까지 하락해야 이익이 발생하는 풋옵션매수와는 다르다. 단, 수익은 진입 시 받은 프리미엄으로 한정된다. 기초자산이 제 아무리 상승해도 풋옵션매도의 수익은 정해져 있다. 만약 기초자산이 급하게 하락해서 자신의 풋옵션매도의 가치가 급등한다면 정해진 손절의 원칙에 의거해 손절을 실행하면 간단하다. 맘 아파할 이유가 없다. 원칙대로 진행했기 때문이다. 기회는 얼마든지 있다.

마지막으로 외가격 풋옵션매도의 진입 사례를 표로 검토해보자. 2015년 옥수수 9월물 선물을 기초자산으로 하는 옥수수 9월물 옵션을 행사가 310을 골라 풋옵션으로 프리미엄 1.125에 매도 진입한다.

1	종목	2015년 옥수수 9월물 옵션
2	기초자산	2015년 옥수수 9월물 선물
3	진입의 이유	지금쯤은 옥수수선물이 계절적으로 하락을 해야 하지만 최근까지 너무 하락을 한 상태라 하락을 하더라도 한계가 있을 것이다. 만기까지 80일 남은 상태에서 9월물 선물의 가격이 310까지 내려올 가능성은 희박할 것 같다. 혹 도중에 잠깐 하락하더라도 다시 310 위로 올라와서 결국 만기일에 310까지는 하락하지 않을 것이라고 확신한다.
4	월물	9월물
5	행사가	310
6	방향	풋옵션매도
7	만기일	8월 21일
8	옵션의 잔존일	80일
9	옵션의 가격 (프리미엄)	1.125
10	증거금	700달러
11	수수료	7.5달러
12	수익금 (수수료 공제 후)	48.75달러
13	수익률(80일) (수수료 공제 후)	6.96%
14	한 달 30일 기준 수익률	2.61%
15	손절의 규칙	200% 원칙
16	재진입 여부	그때 상황을 보며 결정

3. 외가격 양매도(스트랭글매도)

외가격 양매도의 개념

외가격 양매도는 앞에서 설명한 외가격 콜옵션매도와 외가격 풋옵션매도의 결합이라고 할 수 있다. 어느 한 종목에서 외가격 콜옵션매도를 진입 후 곧바로 외가격 풋옵션매도를 진입한다. 순서는 반대도 가능하다. 두 방법을 동시에 진행한다는 점에서 네이키드매도와 차이가 난다. 이 방법은 기초자산의 미래의 가격이 불확실하지만 일정한 기간 동안은 큰 변동 없이 일정한 범위 안에 있을 거라고 예상할 때 구사하는 전략이다.

금선물을 예로 들어보자.

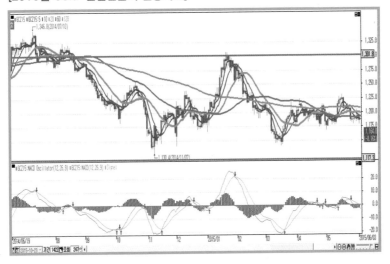

앞으로 2~3개월 동안 금선물의 가격 예측

미국 금리 인상 건과 맞물리면서 최근에 금선물 가격의 변동폭이 심하다. 하지만 앞으로는 변동하더라도 일정한 범위 안에 있을 것 같다. 2015년 6월 3일 현재, 8월물 선물의 가격이 1,190 정도 된다. 앞으로 2~3개월 안에 금선물의 가격이 100포인트 범위 안에서 움직일 것을 예상한다. 그 사이 오르락내리락은 있겠지만 저위에 그은 1,300선은 넘지 못할 거라 예상한다. 또 아래쪽에 그은 선이 1,117.3인데 그 보다 훨씬 아래인 1,080 밑으로는 못 내려올 거라고 예상한다. 금 8월물 옵션 만기일이 7월 28일로 만기까지 56일 남았다. 남은 56일 동안 금선물의 가격이 1,300~1,080 안에서만 머무를 거라고 예상하고서 외가격 양매도를 진입하는 것이다.

월물, 행사가, 옵션의 잔존일, 프리미엄 검토

월물의 선택에 있어서 정답은 없다. 8월물을 살펴보자. 금 8월물 행사가 1300 콜옵션 프리미엄은 대략 1.8 정도 되고, 행사가 1080 풋옵션 프리미엄은 2.0 정도 된다. 9월물로도 진입할 수 있다. 기간이 한 달 정도 더 남았으니 프리미엄은 더 좋을 것이다. 9월물은 만기까지는 85일 남았다. 금 9월물 행사가 1300 콜옵션 프리미엄은 대략 4.5 정도 되고, 행사가 1080 풋옵션 프리미엄은 4.6 정도 된다. 8월물에서 예상하는 수익만큼만 9월물에서도 원한다면 9월물 행사가는 콜은 좀 더 위쪽으로, 풋은 좀 더 아래쪽으로 이동해도 될 것이다.

> ☒ 행사가 1300인 8월물 금 콜옵션 1계약을 1.8에 매도(180달러)
> ☒ 행사가 1080인 8월물 금 풋옵션 1계약을 2.0에 매도(200달러)

다시 표로 외가격 양매도를 정리해보자. 2015년 금 8월물 선물을 기초자산으로 하는 2015년 금 8월물 옵션을 외가격 양매도로 진입한 것이다.

1	종목	2015년 금 8월물 옵션
2	기초자산	2015년 금 8월물 선물
3	진입의 이유	미국 금리 인상 건 때문에 최근 금값 변동이 심한 것은 사실이지만 제 아무리 움직여도 2~3개월 안에 현재 가격에서 100포인 이상은 움직이지 않을 것을 확신하기에 외가격 양매도를 진입한다. 위로는 1,300을 뚫지 못할 것이라 믿고, 아래로는 1,080을 뚫지 못할 것이라고 생각한다.
4	월물	8월물
5	행사가	콜옵션 1300 풋옵션 1080
6	방향(진입형태)	외가격 양매도
7	만기일	7월 28일
8	옵션의 잔존일	56일
9	옵션의 가격 (프리미엄)	콜옵션 1.8(180달러) 풋옵션 2.0(200달러)
10	증거금	5,400달러(2,700달러×2)
11	수수료	15달러(7.5달러+7.5달러)
12	수익금 (수수료 공제 후)	365달러(180달러+200달러-15달러)
13	수익률(80일) (수수료 공제 후)	6.75%
14	한 달 30일 기준 수익률	3.62%
15	손절의 규칙	200% 원칙
16	재진입 여부	그때 상황을 보며 결정

3-1. 외가격 양매도를 진입할 때 가장 먼저 무엇을 해야 하는가.

먼저 해당종목에 대한 분석을 해야 한다.

외가격 양매도 종목 발굴의 기본 원칙은 낮은 변동성이다. 혹시 변동이 있더라도 곧바로 본래 자리로 돌아와야 한다. 머릿속에서는 늘 생각해야 한다. 이 종목은 앞으로 2~3개월 동안은 내가 그려놓은 저 선 안에서만 움직일 거라는 확신을 가져야 한다. 올라도 저기까지는 오르지 못할 거야, 떨어져도 저기까지는 하락하지 않을 거라는 믿음이 있어야 한다.

여러 월물을 비교하면서 동시에 옵션의 프리미엄을 살펴봐야 한다.

우리는 만기까지 최소 2~3개월 남은 월물을 찾아서 행사가별로 수용할 만한 프리미엄은 얼마가 적당한지 조사해야 한다. 증거금 대비 수익률은 어느 정도인지도 계산을 해야 한다. 생각보다 수익률이 너무 낮으면 기다리는 시간이 지루할 수도 있고, 너무 높다면 위험에 취약할 수도 있다. 적당한 프리미엄이 어느 정도인지는 거래자의 성향에 달려있다. 초보자는 프리미엄이 적더라도 가능한 더 먼 외가격으로 달아날 것을 주문한다. 거래의 경험이 있는 투자자라면, 또 기꺼이 위험을 떠안고서 발 빠르게 대처할 수 있는 투자자라면 등가격에 가까운 행사가를 선택해 더 많은 프리미엄을 얻을 수도 있다.

진입 시점에 퇴각 계획과 재진입 계획도 수립해야 한다.

누차 말하지만 우리는 진입 단계부터 퇴각 계획을 세워야 한다. 손절의 규칙은 200% 규칙을 따를지 아니면 행사가 규칙을 따를지 먼저 계획을 세우고 진입해야 한다. 손절했을 경우 다른 쪽에 있는 옵션은 어떻게 할지도 생각해야 한다. 만약 콜옵션을 손절했다면 반대편에 있는 풋옵션의 가치는 거의 절반으로 줄어들었을 것이다. 이때 풋옵션마저 청산하느냐 아니면 풋옵션은 만기까지 가지고 가느냐도 완벽하게는 아닐지라도 어느 정도는 계획을 수립하고 진행해야 한다.

또한 한쪽을 손절했을 경우 재진입은 어떻게 할지도 고민해야 한다. 만약 풋옵션을 손절했다면 다시 더 먼 외가격으로 진입할지 아니면 더 이상은 진입하지 않을지도 미리 계획을 세우자. 방향이 하방으로 완전하게 돌아섰다고 판단하면 풋옵션 손절 후 콜옵션매도를 추가로 진입할지도 미리 고려해둬야 한다.

또한 재진입 시 월물도 고려해야 한다. 만기가 얼마 남지 않은 상태에서 손절한 후 재진입하기로 결정했다면 차월물로 진입해야 한다. 초보 거래자들은 처음부터 이 모든 사항들을 계획세우는 것이 쉽지 않을 것이다. 거래를 하다보면 서서히 익숙해진다.

3-2. 외가격 양매도의 장점

시장의 크고 작은 변동에 견딜 수 있다.

시장은 늘 움직인다. 하루에도 몇 번씩 위로 아래로 출렁거린다. 그때마다 옵션의 가치는 선물이 움직이는 장단에 맞춰서 함께 움직인다. 어느 때는 위로 급하게 오르기도 한다. 이때 콜옵션의 가치는 오르겠지만 풋옵션의 가치는 하락해서 서로 상쇄가 일어난다. 반대로 시장이 급락할 때 풋옵션의 가치는 급등하겠지만 콜옵션의 가치는 하락해서 서로 상쇄된다. 분명 시장은 어느 한쪽으로 움직였지만 투자자의 심리는 동요하지 않는다. 진입 당시의 프리미엄의 합과 시장이 어느 한쪽으로 움직이고 난 후의 프리미엄의 합을 계산해보니 거의 차이가 나지 않는다는 것을 발견하게 된다. 시장이 한쪽으로 크게 움직였지만 시간이 좀 지난 후라면 프리미엄의 합은 줄어들었을지도 모른다. 즉 거래자에게 유리하게 되어 있을 때도 있다.

시장이 한쪽으로 쏠리다 다시 반대 방향으로 움직이면 외가격 양매도거래자에게는 최상의 시나리오가 된다. 시간이 흐르면서 처음 받은 프리미엄이 내 계좌에서 제로로 수렴해가는 것을 볼 것이다. 이처럼 외가격 양매도는 시장의 잔파도에 흔들림 없이 견딜 수 있는 장점이 있다.

적은 증거금으로 진입 가능하다(?).

이 부분은 좀 생각을 해야 한다. 미국이라면 또 코스피옵션이라면 외가격 양매도로 진입했을 경우 증거금은 엄청나게 줄어든다. 코스피옵션의 경우, 어느 행사가의 외가격 네이키드매도 증거금이 5,000,000원이라면 외가격 양매도는 5,000,000~6,000,000원 정도밖에 들지 않을 것이다. 아마 미국의 경우도 그럴 것이다. 금옵션의 경우 먼 외가격 네이키드매도 증거금은 1,000달러 정도 되지 않을까 생각해본다. 그리고 외가격 양매도로 진입하면 증거금은 많아봐야 1,300달러 정도 예상한다.

하지만 현재 우리나라의 해외옵션거래 시스템에서는 증거금 상쇄가 일어나지 않는다. 현재 금옵션 매도증거금은 2,700달러다. 양매도를 하면 5,400달러다. 그대로 두 배가 된다. 아직까지는 이부분이 한국의 거래자에게는 가장 불편한 점이다.

국내 증권사도 증거금 상쇄를 위해 노력한다고 한다. 조만간 이문제가 해결되면 해외옵션거래자들은 수익률 극대화라는 새로운 세계에 들어서게 될 것이다. 필자의 경우 이런 열악한 환경 하에서도 월 5~15% 정도 수익을 예상하고 거래를 한다. 만약 증거금 상쇄가 이루어지면 훨씬 더 안정적으로 목표 수익률을 달성할 수 있지 않을까 생각해본다.

거래가 단순하다.

네이키드매도와 마찬가지로 거래가 간단하다. 옵션합성 기본서에 나와 있는 다른 방법에 비해서 진입과 퇴각이 단순하다. 절대 어려운 전략을 구사하지 마라. 레이쇼니 버터플라이니 하는 어려운 전략을 구사하지 않아도 옵션매도는 돈을 번다. 특히 해외옵션매도는 증거금 체제 때문에도 더욱 그렇다. 금옵션을 가지고 등가격에서 가까운 외가격 양매도와 등가격에서 먼 외가격 양매도를 살펴보자.

[등가격에 가까운 Gold옵션 외가격 양매도의 만기손익 그래프]

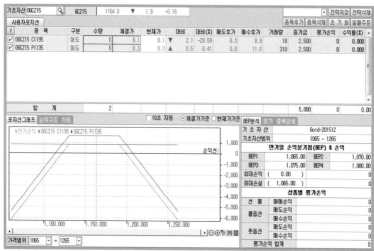

⬚ 2015년 Gold 12월물 옵션 행사가 1195 콜옵션매도 프리미엄 8.1

⬚ 2015년 Gold 12월물 옵션 행사가 1135 풋옵션매도 프리미엄 8.3

[등가격에서 먼 Gold옵션 외가격 양매도의 만기손익 그래프]

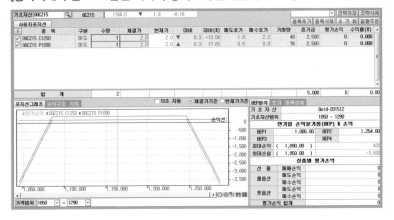

> 🔲 2015년 Gold 12월물 옵션 행사가 1250 콜옵션매도 프리미엄 2.0
>
> 🔲 2015년 Gold 12월물 옵션 행사가 1090 풋옵션매도 프리미엄 2.0

그래프에서 보듯이 외가격 양매도는 이미 진입 시기부터 기초자산이 수익 구간 안에 들어와 있다. 어느 정도의 움직임에도 견딜 수 있다.

3-3. 외가격 양매도의 단점이 아닌 단점(제2의 장점)

외가격 양매도의 단점을 기술하려다 단점을 찾을 수 없어서 이런 제목을 달았다. 앞에서 장점을 설명했으니 으레 다음에는 단점을 설명하는 것이 일반적인 순서일 것이다. 하지만 외가격 양매도는 단점을 찾을 수가 없다. 설명하다 보면 단점이라고 생각했던 점이 장점이 된다. 그래서 이와 같이 부제를 달아보았다.

손실을 최소화 또는 제로로 만들 수 있다.

외가격 양매도는 네이키드매도보다 더 안정적이다. 우리는 이미 진입 단계부터 퇴각 계획을 세워두었다. 걱정할 필요 없다. 그리고 오히려 단점이 단점이 아닌 장점이 된다.

손절의 원칙으로 200% 원칙을 세웠을 경우, 네이키드매도는 처음 지불한 프리미엄만큼 손실이다. 처음 진입 시 200달러 수익을 예상하고 진입했다면 옵션의 가치가 400달러가 되면 손절한다. 처음 받은 프리미엄은 이미 내 것으로 되어 있어서 최종적으로는 200달러 손실을 보고 퇴각하는 것이다.

하지만 외가격 양매도의 경우 손실을 최소화 또는 제로로 만들 수 있다. 콜옵션, 풋옵션 각각 200달러의 수익을 예상하고 진입했다고 가정하자. 시장이 위로 좀 크게 움직여 콜옵션의 가치가 400

달러가 되면 손절한다. 이때 콜옵션에서 최종 손실은 200달러다. 그렇지만 풋옵션의 가치는 어떻게 변했는가? 아마 풋옵션의 가치는 100달러 정도로 하락했을 것이다. 콜옵션을 손절할 때 풋옵션도 동시에 청산한다면 최종적으로 100달러만 손실을 본다. 만약 콜옵션을 손절한 상태에서 풋옵션은 청산하지 않고 만기까지 가져가서 성공한다면 이 거래에서는 손실은 없는 것이다. 단지 수수료만 지불하고 큰 타격 없이 거래를 마무리 할 수 있다. 물론 어디까지나 성공한다는 가정을 하고 계산한 것이다.

이처럼 외가격 양매도는 해외옵션을 거래하는 투자자들에게 정말 매력적인 전략이다. 절대 어려운 전략을 추종하려 하지 마라. 단순한 전략을 구사하라.

4. 약세 콜 스프레드

2015년 6월 4일, 밀선물을 관찰하니 섣불리 방향을 예측하기가 어렵다. 예상대로라면 밀은 계절적인 특징을 보여 지금은 하락을 해야 하지만 날씨 때문인지 아니면 다른 요인 때문인지 최근 이틀 동안 상당히 큰 폭으로 상승했다. 어제 밤에도 상당히 급등하다가 결국에는 하락으로 끝났다. 간혹 날씨라는 변수가 계절성과는 반대로 시장을 움직일 수 있다. 특히 농산물은 충분히 그럴 가능성이 있다. 처음에는 한두 번 급등하다 조금 하락한다. 그러다 또 다시 급등하고 조금 하락한다. 이런 현상이 반복되어 급기야는 상승으로 방향을 틀 경우도 있다. 날씨든 무엇이든 밀시장에 큰 영향을 끼칠 무언가가 등장한 것이다. 계절적으로는 하락을 해야 하지만 급등도 마음이 쓰인다.

약세 콜 스프레드의 개념

계절적으로 하락을 한다면 단순히 콜옵션매도를 하면 되지만 급등하면 어쩌지? 이때 콜옵션매수도 함께 진입을 시도해서 헤지하는 방법이 있다. 콜옵션매도만 했을 때보다 수익률은 적어지지만 시장의 흐름에 부화뇌동하지 않고 편히 잠을 잘 수 있는 방법이 있다. 바로 이 방법을 약세 콜 스프레드라고 한다.

약세 콜 스프레드는 기본적으로 시장의 하락에 배팅해 콜옵션 매도로 진입하지만 혹시나 모를 급등에 대비해 방어 수단으로 콜옵션매수도 함께 진입하는 다소 보수적인 투자 방법이다. 만기가 2~3개월 남은 월물로 등가에서 먼 외가격을 콜옵션매도로 진입한다. 그후 곧바로 콜옵션매도를 진입한 행사가보다 더 먼 외가격을 콜옵션매수로 진입한다.

[2015년 밀 연결선물의 일봉차트]

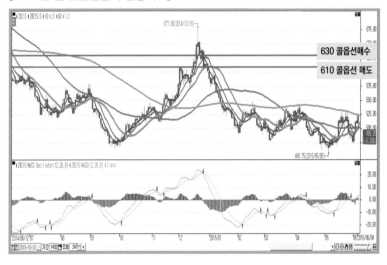

약세 콜 스프레드의 진입 근거

Wheat선물을 보자. 시기적으로 판단하건데, 밀은 하락해야 정상이다. 하지만 가끔 날씨와 같은 변수로 인해 급등을 하기도 한다. 그래도 앞으로 2~3개월은 하락 곡선을 그리지 않을까 생각해 본다. 상승을 하더라도 한계가 분명 있을 것이라고 판단한다. 그렇다면 콜옵션매도가 정답이나, 혹시라도 있을 급등에 대비해 방어체제도 갖추고 싶다.

월물, 행사가, 옵션의 잔존일, 프리미엄, 증거금 검토

먼저 밀선물의 가격이 600~610 정도까지는 상승하지 못할 것이라고 예상한다. 옵션시세표를 확인해보니 오늘(2015년 6월 4일) 밀 9월물 선물의 현재가가 510 정도인 9월물 옵션이 만기까지 79일 남았다. 찾고 있던 월물로는 적당하다. 만기가 2~3개월 남은 월물을 찾고 있었기 때문이다. 다시 옵션시세표를 보면서 행사가별 프리미엄을 검토한다. 행사가 610 콜옵션의 프리미엄이 7.625이다. 남은 79일 동안, 즉 만기일인 8월 21일까지 9월물 밀선물의 가격이 610에는 도달하지 못할 것에 배팅하고 싶다. 9월물 옵션 행사가 610 콜옵션을 매도로 7.625에 진입한다. 증거금은 900달러다.

이제 곧바로 혹시나 모를 급등에 대비해 콜옵션매수도 진입하고 싶다. 9월물 옵션 행사가 630의 프리미엄이 5.625이다. 9월물 옵션 행사가 610 콜옵션을 매수로 5.625에 진입한다. 콜옵션매수를 진입했을 경우 밀선물이 급등하면 덩달아 콜옵션매수의 가치도 상승해서 심적으로 편한 거래를 할 수 있다.

☑ 행사가격이 610인 9월물 밀 콜옵션 1계약을 7.625에 매도
(381.25달러)

☑ 행사가격이 630인 9월물 밀 콜옵션 1계약을 5.625에 매수
(281.25달러)

다시 한 번 약세 콜 스프레드가 어떤 의미를 갖는지 살펴보자.

밀선물이 만기 때 610 아래서 끝난 경우

밀선물이 만기 때 610 아래서 끝난다면 처음 의도대로 성공한 거래다. 행사가 610 콜옵션매도 진입한 거래에서는 이익으로 남고, 행사가 630 콜옵션매수 진입한 거래에서는 손실로 남지만 콜옵션매도의 프리미엄이 더 크기에 최종 결과는 수익으로 남는다.

행사가 610 콜옵션매도 진입한 거래에서는 381.25달러 수익이다. 여기서 수수료 7.5달러를 빼면 순수익은 373.75달러다. 증거금은 900달러다.

행사가 630 콜옵션매수 진입한 거래에서는 281.25달러 손실이다. 여기서 수수료 7.5달러를 더해주면 총 손실은 288.75달러다. 증거금(매수비용)은 281.25달러다. 옵션매수로 인한 비용은 프리미엄만큼만 필요하다. 콜옵션매수는 만기 때 기초자산이 행사가보다 높아야 최소 본전이나 이익이 되는데, 기초자산이 행사가보다 아래에 있으니 630 콜옵션매수는 꽝이 되는 것이다. 처음 진입 시 지불한 프리미엄만큼 손실로 기록된다. 스프레드를 진입해서 얻은 순수익금은 85달러다(373.75-288.75).

스프레드를 구성하는 데 필요한 총 증거금은 1,181.25달러다 (900+281.25). 이번 약세 콜 스프레드 진입에서 얻은 증거금 대비 순수익은 7.19%다(85÷1,181.25×100). 한 달 기준 순이익은 2.73%이다(7.19÷79일×30일).

밀선물이 만기 전 610에 근접해 손절할 경우

밀선물이 610까지는 상승하지 않을 거라 예상하고 진입했는데 계속 오른다고 가정하자. 610에 근접하고 있다. 이때 행사가 610 콜옵션의 가치는 급등해서 손절라인에 진입했다. 하지만 헤지로 진입한 행사가 630 콜옵션의 가치도 덩달아 오른다. 행사가 610 콜옵션매도 진입한 것을 손절하려고 할 때 보니 행사가 630 콜옵션매수 진입한 것도 가치가 올라 있다. 이때 동시에 청산한다면 손실은 콜옵션매도만 네이키드로 진입한 상태에서 손절한 것보다 훨씬 적을 것이다. 얼마나 손실인지는 지금 시점에서 정확히 계산하기는 어렵다. 다만 확실한 것은 네이키드 콜옵션매도만 진입해서 손절한 경우보다는 훨씬 적을 거라는 것이다.

4-1. 약세 콜 스프레드의 장점

안정적인 수익 창출을 기대할 수 있고 숙면을 취할 수 있다.

이 전략은 특히 보수적인 투자자에게 좋다. 많은 수익보다는 안정적인 수익을 원하는 거래자들에게 어울린다. 예상과 어긋나게 기초자산이 급등해도 콜옵션매수 진입한 것이 있으니 심적으로 안정된 상태에서 거래를 진행할 수 있다. 정확히는 아니지만 손실이 어느 정도 될지도 대충은 알 수 있기 때문에 마음 편히 거래할 수 있다.

옵션매수만을 주로 했던 거래자들은 한 번 돌이켜보라. 옵션매수하고 난 후 밤에 잠이 제대로 오던가? 특히나 계속 물타기를 한 상태에서 좀 과한 자금이 투입된 경우라면 밤을 세워 미국 장을 주시하면서 제대로 잠을 이루지 못했을 것이다. 잠을 안 자고 고민한다고 해서 돈은 벌었는가? 돈만 벌 수 있다면야 며칠 잠을 못 자면 또 어떤가. 하지만 현실은 냉혹하지 않던가? 무참히 옵션매수자의 마음을 황폐화시키지 않던가?

이제 그러지 않아도 된다. 약세 콜 스프레드를 구축하라. 이 포지션 구축 후 기초자산이 하락하면 더욱 좋지만 상승한다 하더라도 크게 걱정할 필요가 없다. 잠깐 상승하다 다시 하락하는 경우가 대부분이다. 왜냐고? 거래에 임하기 전에 고심하고 또 고심해서 고른 종목이면서 행사가기 때문이다. 절대로 어느 선까지는 상승하지 않을 거라고 예상한 종목이기 때문이다. 또한 이 포지션 구축 후 기초자산이 꾸준히 상승해서 손절라인에 도달한다 하더라도 너무 슬퍼하지 마라. 이미 손실이 어느 정도가 될지 알고 있지 않은가? 게다가 그 손실은 과한 것이 아니라 나의 전체 계좌에서 작은 일부분에 불과하다. 이 정도는 수업료로 줘도 괜찮다고 생각해도 된다.

대강이나마 손실의 규모를 알고 있기에 또 그 손실이 적다는 것을 알고 있기에 숙면을 취할 수 있다. 필자가 왜 숙면을 강조하겠는가? 옵션매수만을 위주로 했던 거래자들은 공감할 것이다. 옵션매수로 인해 잠을 못 자면 건강도 잃고 돈도 잃고 삶의 의욕도 잃는다. 우리는 오늘 하루만 옵션을 거래하는 것이 아니다. 평생 죽을 때까지 건강만 허락한다면 해야 한다. 그러기 위해서는 반드시 이길 확률이 높은 전략을 구사해서 옵션거래를 해야 하지 않겠는가.

증거금 부담에서 해방

이 부분도 아직은 우리나라 시스템에서는 혜택을 볼 수 없다. 언젠가는 가능할 것이다. 증거금 측면에서 장점이 너무나 대단하기에 반드시 알고 가야 한다. 같은 자금을 투자해서 같은 수익률을 목표로 하더라도 그 어떤 전략보다 우수하기 때문이다.

먼저 우리 코스피옵션으로 설명해보겠다. 2015년 10월 23일 현재, 코스피 12월물 선물의 가격이 249.41 근처에서 움직인다. 이 시점에 만기가 50여일 남은 12월물 옵션을 가지고 약세 콜 스프레드를 구축하려 한다.

네이키드 콜옵션매도와 약세 콜 스프레드 구성 시 증거금을 살펴보자. 코스피200지수보다 대략 15포인트 정도 위쪽인 행사가 265.00을 프리미엄 0.54에 콜옵션매도로 진입하고 행사가 267.50을 프리미엄 0.35에 콜옵션매수로 진입하는 것이다.

[코스피옵션 12월물로 진입한 네이키드 콜옵션매도 만기손익 그래프 및 증거금]

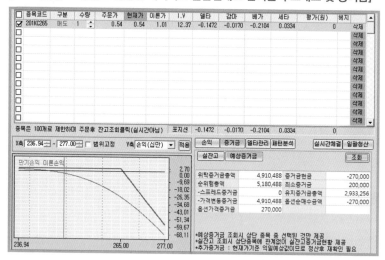

▨ 코스피옵션 12월물 행사가 265.00 콜옵션매도 프리미엄
   0.54(270,000원)

[코스피옵션 12월물로 구성한 약세 콜 스프레드 만기손익 그래프 및 증거금]

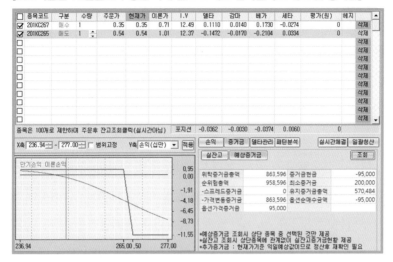

☒ **코스피옵션 12월물 행사가 267.50 콜옵션매도 프리미엄**

0.35(175,000원)

☒ **코스피옵션 12월물 행사가 265.00 콜옵션매도 프리미엄**

0.54(270,000원)

행사가 265.00만을 네이키드 콜옵션매도 진입했을 경우 증거금은 4,910,488원이다. 약세 콜 스프레드로 진입해보자. 265.00은 콜옵션매도로, 267.50은 콜옵션매수로 진입 시 증거금은 863,596원이다. 증거금을 대비해보라. 증거금 차이가 엄청나다. 거의 다섯 배가 차이난다.

해외옵션으로 돌아와서 살펴보자. 앞에서 언급한 9월물 밀옵션의 행사가 610을 콜옵션매도로 진입할 때 실제 미국 증권사에서 요구하는 증거금은 얼마나 될까? 짐작컨대 500달러를 넘지 않을 것이다. 거기에 콜옵션매수를 추가하면 대략 300달러 정도 예상한다. 현재 우리나라 시스템은 약세 콜 스프레드를 구성하기 위해서 앞에서 예로 든 것처럼 진입할 때 1,181.25달러가 필요하다. 실제로는 300달러 정도밖에 들지 않는데 말이다. 보수적인 투자자든 공격적인 투자자든 매력적이지 않은가.

미국에서 해외옵션을 거래한다면 이런 혜택을 누릴 것이다. 하지만 현재 우리는 이런 혜택을 누릴 수 없다. 나중에는 이와 같은 증거금 시스템이 갖춰지면, 우리 해외옵션매도자들은 물 만난 고기들처럼 해외옵션매도라는 바닷물 속에서 정말 안정적으로 수익을 창출할 수 있을 것이다. 필자의 경우도 월 평균 10% 정도 예상하고 해외옵션매도를 하지만 이런 증거금 체제가 갖춰지면 월 20%도 충분히 가능하리라고 생각한다. 당연히 실패한 달도 있다.

그럼 다시 복구하면 된다. 월 10%를 목표로 하다보면 적어도 5% 정도는 무난히 달성하는 경우가 많다.

언젠가는 이런 증거금 체제가 가능하리라고 가정할 때 한 가지 주의할 점이 있다. 진입 당시 증거금은 조금밖에 들지 않지만 예상과 어긋나게 기초자산이 상승해 콜옵션매도의 가치가 올라가면 증거금의 부담이 늘어날 것이다. 나의 행사가들이 등가격에 가까워질수록 증거금 부담은 심해진다는 점을 알고 대처해야 한다. 증거금 상쇄가 된다고 무조건 좋은 것만은 아니다. 대처하지 못하면 오히려 당할 수 있다는 점을 알고 있어야 한다. 그래도 상쇄가 되는 것이 더 유리할 것이다. 하여튼 증거금 상쇄가 되면 해외옵션매도를 하면서 월 5% 달성은 어렵지 않을 거라고 확신한다.

4-2. 약세 콜 스프레드의 단점

만기까지 가지고 가야 원하는 수익을 창출할 수 있다.

약세 콜 스프레드는 단점보다는 장점이 많은 전략이다. 그렇다고 다 좋은 점만 있는 것은 아니다. 이 전략을 구축한 거래자들은 만기까지 가지고 가야 원하는 수익을 달성할 수 있다. 거래를 활발히 하고 싶은 투자자에게는 좀 어울리지 않는 전략일 수도 있다. 필자도 처음에는 이 전략이 정말 답답했다. 하지만 수수료를 생각하면 비록 적은 수익일지라도 미리 청산하는 것은 바보짓이라는 것도 알게 되었다. 처음부터 예상하고 진입한 포지션이 아닌가. 마지막까지 가지고 가는 연습을 하라.

모든 시장에서 적용할 수는 없다.

스프레드를 구성하려 할 때 먼저 콜옵션매도를 진입한다. 그후 곧바로 콜옵션매수를 진입한다. 그런데 콜옵션매도 진입 후 콜옵션매수를 진입하려고 적당한 프리미엄의 행사가를 찾아보지만 거래량이 없는 경우도 있다. 즉 매수, 매도 호가가 너무 커서 콜옵션매수 진입 자체가 어려운 경우도 있다. 어떤 종목은 콜옵션매도도 처음부터 호가가 없어 진입을 못할 수도 있다. 이런 경우라면 다른 종목을 찾아야 한다. 우리가 이용할 수 있는 해외옵션은 종목이 15개 정도 된다. 기회는 다른 종목에서도 얼마든지 찾을 수 있으니 하이에나처럼 부지런히 HTS를 뒤져야 한다.

등가격쪽으로 이동하면 네이키드 옵션매도보다 약간 위험할 수 있다.

약세 콜 스프레드를 구성할 때는 네이키드 콜옵션매도보다 한두 단계 정도 등가격쪽으로 이동해야 원하는 수익을 달성할 수 있다. 콜옵션매수 프리미엄을 지불해야 하니 어느 정도 프리미엄이 있는 행사가를 공략하려면 네이키드 콜옵션매도만을 진입할 때 생각했던 행사가보다 한두 단계 등가격쪽으로 이동해야 한다. 당연히 위험수준도 높아질 수밖에 없다. 하지만 이런 종류의 위험은 이제 스스로 처리할 수준에 이르지 않았는가. 위험이 얼마가 될지를 이미 알고 있지 않은가. 걱정할 것 없다. 필자의 경험상 약세 콜 스프레드로 진입하든 강세 풋 스프레드로 진입하든 처음 진입 시 세웠던 계획대로만 하면 걱정할 것이 없다. 스스로 다스릴 줄 아는 위험이니 능동적으로 처리해주면 그만이다.

5. 강세 풋 스프레드

강세 풋 스프레드 전략은 이미 약세 콜 스프레드 전략에서 설명한 것과 유사하다. 장점이나 단점은 같은 맥락에서 생각하면 된다.

강세 풋 스프레드의 개념

강세 풋 스프레드는 기본적으로 시장의 상승에 배팅해 풋옵션매도로 진입하지만 혹시나 모를 하락에 대비해 방어수단으로 풋옵션매수도 함께 진입하는 다소 보수적인 투자 방법이다. 만기가 2~3개월 남은 월물로 등가격에서 먼 외가격을 풋옵션매도로 진입한다. 그 후 곧바로 풋옵션매도를 진입한 행사가보다 더 먼 외가격을 풋옵션매수로 진입한다.

[2015년 Natural Gas 연결선물의 일봉차트]

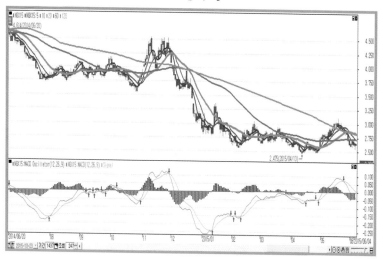

강세 풋 스프레드 진입 이유 찾기

천연가스는 일반적으로 6월에는 하락하는 경향이 있다. 계절적으로 하락한다. 이번에는 5월 22일부터 큰 폭으로 하락을 해버렸다. 미리 콜옵션매도를 준비하고 있었던 투자자들은 상당한 수익을 달성했을 것이다. 오늘(2015년 6월 4일) 상황은 어떠한가? 6월에 계절적으로 하락을 한다고 하지만 최근에 너무 급하게 하락을 해버렸다. 그것도 전 저점에 가깝게 하락했다. 여기서 상식을 동원해보자. 필자가 굳이 상식을 동원하는 이유는 천연가스 현황을 잘 모르기 때문이다. 재고량, 생산량, 소비량 등을 분석해서 전체적인 그림을 그려야 하는데, 자료도 부족하거니와 해석하는 능력이 부족하다. 그래서 지극히 상식적인 선에서 살펴보고자 한다.

일반적으로 6월부터 천연가스가 하락한다. 하지만 최근까지 급하게 하락을 한 상태다. 여기서 더 하락할 수도 있다. 하지만 2.000까지 하락할까. 혹시나 몰라 주봉차트를 연결선물로 살펴보자. 일봉차트에서는 선을 그어야 할 수치가 나오지 않아 주봉을 보고 예상한 수치에 선을 그어 보자.

[2015년 천연가스 연결선물의 주봉차트]

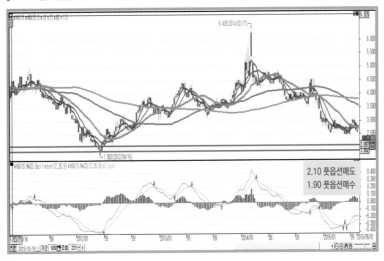

주봉차트를 살펴보니 최저점이 2012년 4월에 1.902였다. 어떤 일이 있어서 이렇게 하락했는지 모르지만 이번에도 주봉차트 상 전 저점을 깰 수 있을까? 좀 하락을 하더라도 절대 2.000은 깨지 못할 것을 확신한다. 다시 상승할 거라고 본다. 비록 셰일원유와의 경쟁도 있기는 하지만 그래도 천연가스의 수요도 어느 정도는 유지될 것으로 판단한다. 2~3개월 안에는 2.100 아래로는 하

락하지 않을 것이라고 확신한다. 그렇다면 가장 쉬운 진입 방법은 네이키드로 풋옵션매도를 생각해볼 수 있다. 먼 외가격인 행사가 2.00 정도를 정해서 풋옵션매도로 진입하는 것이 제일 쉬운 방법이다. 2.10도 양보해서 2.00을 풋옵션매도로 진입하면 된다. 절대 2.000까지는 하락하지 않을 것에 배팅하는 것이다(천연가스선물과 옵션은 단위에서 소수점 뒷자리 수는 3개로 같지만 옵션 행사가 선정 시 소수점 뒷자리는 두 개다.) 보수적인 투자자라면 2.00을, 좀 더 공격적인 투자자라면 2.10을 행사가로 정하면 될 것이다.

하지만 혹시나 더 하락하면 어쩌지? 이때 비장의 전략이 강세 풋 스프레드전략이다. 이 전략은 천연가스라는 기초자산의 가격이 2~3개월 안에 절대 2.000까지 하락하지 않을 것을 확신해 행사가 2.00을 풋옵션매도로 진입하지만, 혹시라도 하락의 폭이 심할 경우를 대비해서 처음 풋옵션매도로 진입한 행사가보다 더 먼 외가를 풋옵션매수로 진입해 헤지 차원에서 서로 상쇄할 수 있도록 하는 것이다. 위에서 설명한 약세 콜 스프레드와 설명도 비슷하다. 방향만 틀릴 뿐이다.

월물, 행사가, 옵션의 잔존일, 프리미엄, 증거금 검토

이제 종목을 결정했으니 월물과 행사가, 그리고 프리미엄을 본격적으로 살펴볼 단계이다. 옵션시세표를 보니 2015년 6월 4일 현재, 만기가 84일 남은 9월물 옵션 행사가 2.20 프리미엄이 0.055이고, 2.10 프리미엄이 0.038, 2.00 프리미엄이 0.026, 1.90 프리미엄이 0.017, 1.80 프리미엄이 0.011이다. 매도 증거금은 1,400달러다. 처음에는 행사가 2.00을 풋옵션매도로 진입하려 했는데 좀 욕심을 부려 행사가 2.10을 풋옵션매도로 진입하기로 한다. 곧바로 매도에 대한 짝으로 행사가 1.90을 풋옵션매수로 진입하기로 결정을 내린다. 이런 결정의 단계는 전적으로 거래자의 성향에 달려 있다. 보수적이냐 공격적이냐에 따라 행사가는 얼마든지 조정할 수 있다.

> ▨ 2015년 천연가스 9월물 옵션 행사가 2.10 풋옵션을
>   프리미엄 0.038에 매도로 진입(380달러)
>
> ▨ 2015년 천연가스 9월물 옵션 행사가 1.90 풋옵션을
>   프리미엄 0.017에 매수로 진입(170달러)

수익금(프리미엄)과 수익률을 살펴보자. 만약 수익률이 너무 적다면 새로운 행사가를 골라야 할 수도 있다.

☑ 풋옵션매도 프리미엄(수익금) : 372.5달러(380달러-수수료 7.5달러)

☑ 풋옵션매수 프리미엄(손실금) : 177.5달러(170달러+ 수수료 7.5달러)

☑ 성공 시 순수익금 : 195달러(372.5달러-177.5달러)

강세 풋 스프레드를 구성하는 데 필요한 총 증거금은 1,570달러다.

☑ 풋옵션매도 증거금 : 1,400달러

☑ 풋옵션매수 비용 : 170달러

증거금 대비 수익률

☑ 만기까지 남은 84일간 수익률 : 12.42%

(195달러÷1,570달러×100)

☑ 한 달 기준 수익률 : 4.43%

한 달 기준 수익률이 상당히 높다. 좀 과한 구석도 있지만 이미 진입 시부터 손절 계획을 세우고 진입했기 때문에, 그리고 강세 풋 스프레드 전략 자체가 충분히 이 정도의 수익은 가져갈 줄 가치가 있는 전략이라고 생각하기에 이대로 진입하기로 한다.

이제 코스피옵션으로 강세 풋 스프레드를 살펴보자.

[코스피옵션 12월물로 진입한 네이키드 풋옵션매도 만기손익 그래프 및 증거금]

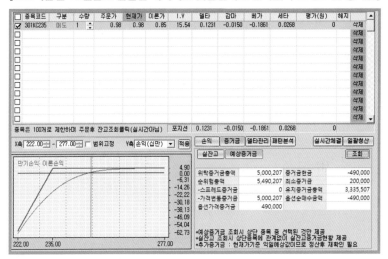

> ⊠ 코스피옵션 12월물 행사가 235.00 풋옵션매도
> 프리미엄 0.98(490,000원)

[코스피옵션 12월물로 구성한 강세 풋 스프레드 만기손익 그래프 및 증거금]

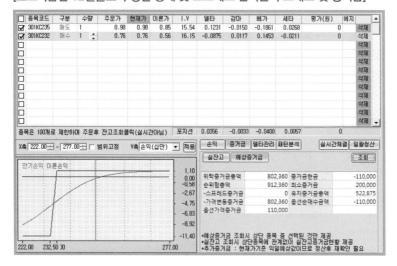

☑ 코스피옵션 12월물 행사가 235.00 풋옵션매도
　프리미엄 0.98(490,000원)

☑ 코스피옵션 12월물 행사가 232.50 풋옵션매수
　프리미엄 0.76(380,000원)

　자료에서 보듯이 증거금이 적다. 만약 네이키드 풋옵션매도로 진입했다면 증거금이 최소 5,000,000원 정도는 되었을 것이다. 그런데 강세 풋 스프레드로 진입하니 증거금이 대략 800,000원 정도로 엄청나게 적어졌다.

6. 등외가격 양매도
(등가격이나 등가격에 가까운 외가격 양매도)

6-1. 등외가격 양매도의 개념

일반적으로 등가격 양매도라고 하면 같은 월물을 같은 행사가로 진입하는 것을 말한다. '스트래들매도'라고도 한다. 하지만 여기서 설명하고자 하는 양매도는 스트래들매도와 비슷하지만 꼭 스트래들매도는 아니다. 필자가 경험상 해외옵션매도를 거래하면서 터득한 방식이다. 등가격이나 등가격에 가까운 외가격을 양매도하는 것이다. 그래서 나름대로 이름을 지어보았다. '등외가격 양매도', 또는 '등외가 양매도'라고 하면 어떠하겠는가? 이 방법은 초보 거래자에게는 권하지 않는다. 어느 정도 거래 경험이 있는 투자자에게 권한다. 필자가 군이 이 방법을 소개하는 이유는 증거금 고정이라는 한국의 특수한 옵션매도거래 시의 제약 때문이다. 하지만 이 제약을 거꾸로 잘만 활용하면 훌륭한 전략이 탄생할 수 있다. 그 어떤 전략보다도 훌륭한 전략이 될 수도 있다.

등외가격 양매도는 변동성이 적을 것을 예상하고 진입하는 전략이다. "변동성이 적을 것이다"라는 말이 참 공허하게 들린다. 어떻게 앞으로의 선물의 가격 움직임을 예측할 수 있겠는가? 그럼에도 불구하고 예측 가능하고 또한 예측해야 한다면 우리는 어느 정도는 예측하려고 노력해야 한다. 우리 자신의 능력을 믿고, 또 확률을 믿고서 예측에 영역을 능동적으로 침범해야 한다.

등외가격 양매도를 진입하는 또 다른 이유는 시간가치의 극대화를 최대한 누리고자 함이다. 그리고 처음부터 만기손익 그래프를 조금이나마 유리하게 끌고 가기 위함이다. 어떤 경우는 거의 등가격과 비슷하게 진입하고 또 어떤 때는 등가격보다 한 단계 외가격 쪽으로 진입해 진입 시점부터 현재의 지수가 자신의 최대 수익 범위 안에 들어오게 한다. 등가격 양매도와 거의 비슷하지만 차이점이라고 한다면 진입 시 절대 내가격은 진입하지 않는다는 것이다. 등가격의 구분이 애매할 때는 무조건 외가격쪽을 택한다는 것이다.

6-2. 등외가격 양매도의 목표수익

등외가격 양매도를 진입하는 이유는 가능한 빨리 어느 정도의 수익을 달성하고 빠져나오는 데 있다. 만기까지 들고 가고자 함이 아니다. 시간이 흘러 콜옵션매도와 풋옵션매도의 프리미엄을 합한 값이 처음 진입했을 때의 합보다 하락했다면 적당한 선에서 청산을 해서 빠져나오는 것이다. 큰 변동이 없다면 시간이 흐름에 따라 자연스럽게 옵션 가치는 줄어들 것이다.

6-3. 등외가격 양매도의 예

밀선물을 가지고 살펴보자.

[2015년 Wheat 3월물 선물의 일봉차트]

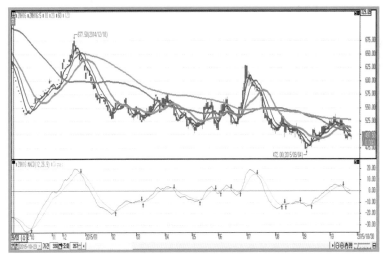

등외가격 양매도의 진입 근거 찾기

지금쯤(10월 중순)이면 계절적으로 밀이 보합을 하는 시기다. 그런데 10월 초까지 상승하다 최근까지 하락이 좀 과한 것 같다. 날씨 요인이 부각하면 상승했다가 잠잠해지면 하락한다. 이 상황에서 한 가지 정도를 예측할 수 있다. 예외적인 상황만 발생하지 않는다면 당분간은 위로도 아래로도 쏠리는 상황은 전개되지 않을 거라고 예상할 수 있다.

당분간이 얼마 정도인가가 문제다. 아마 2~3개월 정도는 현재의 가격 수준에서 맴돌지 않을까? 그 사이 한쪽으로 기우는 시기도 있겠지만 곧바로 지금의 가격에 오려고 할 것이다. 바로 이때 등외가격 양매도를 시도한다. 2~3개월이 많다면 1~2개월 정도만 밀의 가격이 현재 수준에서 머무를 것을 예상하고서 등외가격 양매도를 시도해보는 것이다.

월물, 행사가, 옵션의 잔존일, 프리미엄, 증거금 검토

2015년 10월 23일 현재, 2016년 밀 3월물 선물의 현재 가격이 497.50 정도 된다. 등외가격 양매도는 기본적으로 등가격을 기준으로 한다. 등가격을 기준으로 한 단계, 혹은 두 단계 외가격의 행사가를 선택한다. 밀 3월물 옵션의 만기가 63일 남았다. 콜옵션은 500의 행사가를, 풋옵션은 495의 행사가를 선택한다.

그리고 프리미엄을 살핀다. 기왕이면 프리미엄을 같게 해주면 더 좋다. 그렇다고 콜옵션과 풋옵션의 프리미엄이 꼭 같을 필요는 없다. 행사가 500의 콜옵션의 가격은 16.000이고, 행사가 495의 풋옵션의 가격은 15.250이다. 이 정도면 적당한 듯하다. 비록 만기가 63일 남았지만 이번 거래는 한 달 정도에서 마무리지으려 한다. 그 이유는 한 달 이후는 아마도 상승 쪽으로 방향을 잡을 것 같기 때문이다.

[밀옵션으로 구성한 등외가격 양매도의 만기손익 그래프]

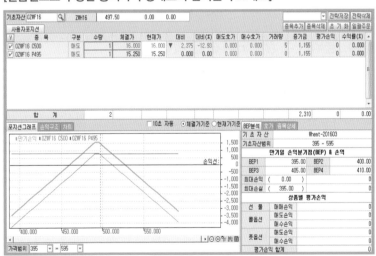

☑ 2016년 밀 3월물 옵션 행사가 500의 콜옵션매도
프리미엄 16.000

☑ 2015년 밀 3월물 옵션 행사가 495의 풋옵션매도
프리미엄 15.250

만기까지 가지고 갈 경우

자료에서 보듯이 만기까지 가지고 갈 경우 대략 3월물 선물의 가격이 465~530 사이에만 있으면 이득이다. 당연히 495~500 사이에 있으면 최대의 이익이 발생한다. 행사가와 만기가 같은 것으로 양매도를 진입하는 스트래들매도와 비교하면 이익 구간은 비슷하지만 처음부터 약간이지만 현재 지수가 이익 구간에 위치해 있다는 것이다. 따라서 심리적으로 좀 더 안정을 취하면서 거래를 할 수 있다.

6-4. 등외가격 양매도의 손절 계획

진입 당시부터 퇴각 계획을 세운다. 손절 원칙으로는 200% 원칙을 구사한다. 어느 한쪽이 200% 원칙에 도달하면 청산한다. 다만 양쪽을 모두 청산할지 아니면 200% 손절 원칙에 도달한 쪽만 청산할지는 그때 가서 고민해도 늦지 않다. 완전히 선물의 방향이 바뀌어서 어느 한쪽이 손절 라인에 도달했다고 판단한다면 그쪽만 손절하고 다른 쪽은 들고 가는 것도 한 방법이다. 결국 이 방법이 성공한다면 최종적으로 수수료 외에는 손실은 발생하지 않는다. 하지만 한쪽이 손절 라인에 도달했는데 아직도 방향을 모르겠다면 둘 다 청산할 수도 있다. 이때는 어느 정도의 손실이 발생할 것이다.

6-5. 등외가격 양매도의 익절 계획

등외가격 양매도가 다른 전략과 차이가 나는 점은 바로 익절하는 시점에 있다. 등외가격 양매도는 진입 시부터 만기까지 가져갈 의도가 아니다. 어느 정도의 수익만 달성하면 빠져나오는 전략이다. 어느 정도가 적당할까? 프리미엄을 보고 판단해보자. 콜옵션 500 프리미엄은 16.000이고, 풋옵션 495 프리미엄은 15.250다. 합은 31.250다. 며칠 지나 양 프리미엄의 합이 5포인트 정도 빠져 26.000 정도 되면 청산할 수도 있고, 더 공격적이라면 10포인트 정도 빠진 21.000 정도만 되도 청산할 수 있다. 전적으로 자신의 투자 성향에 달렸다. 5포인트만 빠져도 증거금 대비 11%의 수익을 달성할 수 있다.

▨ 5 포인트 하락 시 청산

- 수익금 : 5×50=250달러

- 증거금 : 2,230달러(1,115달러×2)

- 수익률 : 11.21%(250달러÷2,230달러×100)

▨ 10 포인트 하락 시 청산

- 수익금 : 10×50=500달러

- 증거금 : 2,230달러(1,155달러×2)

- 수익률 : 22.42%(500달러÷2,230달러×100)

6-6. 등외가격 양매도의 변칙 운영

이 부분은 정말이지 타짜의 경우에만 해당할 수 있다. 초보 거래자들은 건너뛰어도 좋다. 경험상 고정된 증거금체제를 어떻게 하면 잘 이용할 수 있을까 생각해보다 필자가 터득한 방식이다. 등외가격 양매도의 변칙 운영의 기본은 가장 쉬운 말로 물타기다. 원칙적으로 옵션매도에서 물타기는 금지사항이지만 이 경우에는 예외적으로 허용한다.

물타기의 조건

그럼 어떤 경우에 물타기를 감행하는가? 아무 종목이나 물타기를 하는 것이 아니다. 첫째, 증거금이 낮은 종목을 중심으로 시도하는 전략이다. 둘째, 반드시 나의 예상대로 될 거라는 강한 확신이 들 때만 시도해야 한다. 옥수수나 밀은 증거금이 낮다. 또한 내가격이든 등가격이든 증거금은 같다. 처음에 등외가격 양매도를 진입했다. 하지만 기초자산이 너무 상승해서 풋옵션매도는 옵션가치가 많이 하락했지만 콜옵션매도는 옵션가치가 엄청 상승해 있을 것이다. 세 배, 혹은 네 배 정도 상승해 있을 것이다. 대략 세 배 혹은 네 배 정도 상승했다면 이때 콜옵션을 대량 매도해서(물타기해서) 단가를 높여 놓는 것이다. 한번쯤은 기초자산이 하락한다. 그때 얼른 빠져나오는 것이다.

만약 실패하면 어찌해야 하나? 한번쯤은 하락할 것으로 예상하고 대량 물타기를 감행했는데 오히려 선물이 더 올라버리면 어떡해야 하는가? 과감히 손절도 각오해야 한다. 물타기를 감행하기 전에 이미 실패할 경우 손절 방안도 세워둔 상태에서 진행해야 한다. 진입 시 세운 원칙을 무시하고 다시 모험을 감행하는 일이니 신중에 신중을 기하면서 진행해야 한다. 내일이면 하락하겠지 하면서 기다렸다가는 계좌가 텅 비는 일이 발생할 수 있다. 다시 한번 말하지만 이 경우만큼은 손절 계획을 무조건 지켜야 한다. 비록 며칠 후 선물이 급락하더라도 미련을 둬서는 안 된다.

필자의 경험으로는 이 방법을 사용해서 한 번도 실패를 한 적이 없다. 그 이유는 무엇일까? 나름대로 정확한 예측을 했기 때문이다. 이런 경우에 앞으로도 계속 기초자산이 오를 것 같으면 시도하지 않는다. 또 한 가지, 등가격이든 내가격이든 외가격이든 증거금이 같으니 깊은 내가격이 되어도 증거금에 대한 부담이 없다. 바로이 증거금체제를 역으로 이용하는 전략이다. 만약 증거금체제가 바뀌어서 외가격에서 등가격으로 또 내가격으로 갈수록 증거금이 늘어난다면 이 전략은 무모한 전략이 될 것이다. 하지만 아직 우리나라 시스템은 증거금이 고정되어 있다. 그래서 간혹 이 방법을 구사하는 것이다. 정말이지 간혹이다. 그것도 증거금 부담이 없는 종목들에서만 시도한다.

또한 이 방법을 구사할 경우 전체 계좌 자금 중 극히 일부만을 사용해야 한다. 혹시 실패해도 전체 계좌에 끼치는 영향이 미미해야한다.

지금까지 옵션매도의 구체적인 전략에 대해 살펴보았다. 옵션합성 전략이 많지만 현재의 우리나라 시스템에서 해외옵션을 거래할 때 꼭 필요한 전략을 먼저 설명했다. 현재는 다른 전략을 구사하지 않고 앞에서 설명한 전략만 이용해도 상당한 수익을 올릴 수있을 것이다. 어려운 전략만을 구사해야만 좋은 수익률을 올릴 수있다는 편견을 버려라. 옵션거래가 원래 어려운 것이니 옵션 전략도 어려워야 한다는 생각을 버려야 한다. 모든 옵션 전략은 단순해야 한다. 단순해야 오랫동안 지치지 않고 옵션매도를 할 수 있다.

MEMO

옵션매도의
위험관리

매도한 옵션의 대부분은 소멸한다. 구체적으로 75~80%의 옵션은 소멸한다. "하지만 나머지 20~25%는 어떻게 되는가?"라는 근본적인 의문이 생긴다. 이 의문을 푸는 방법이 옵션매도의 위험관리다.

옵션매도의 위험은 생각하는 것보다 훨씬 덜하지만 근원적인 위험이 기다리고 있다. 한두 번의 잘못된 거래로 인해 한 해 동안, 또는 여러 해 동안 쌓아온 이익이 모두 사라지거나 더 나아가 막대한 손실을 야기할 수도 있다.

따라서 이 장에서는 손실이 발생하는 포지션을 관리하는 방법을 다루고자 한다. 옵션매도 전략 중 가장 중요한 부분이라고 말할 수 있다. 옵션매도를 함에 있어서 위험관리만 잘하면 수익은 저절로 따라온다.

01

위험관리는 진입하기 전에
계획을 세워야 한다

옵션매도의 위험관리는 진입하기 전에 미리 계획을 세워야 한다. 어떤 행사가격의 옵션을 매도할지, 포트폴리오는 어떻게 구성할지, 또 예상과 어긋날 때 어떻게 조치를 취할지를 미리 계획을 세워야 한다.

1. 만기가 2~5개월 남은 깊은 외가격 옵션을 매도하라

많은 초보 거래자들이 저지르기 쉬운 실수 중 하나가 바로 만기가 30일 정도 남은 등가격에 가까운 행사가의 옵션을 매도한다는 점이다. 옵션의 시간가치가 만기일 전 30일간 가장 빠르게 소멸한다는 사실에 주목해 단기간에 많은 수익을 내고자 이런 실수를 범한다. 하지만 이런 옵션은 시장이 조금만 출렁거려도 곧바로 내가격이 될 수 있다.

위험관리의 첫 단계는 만기가 2~5개월 정도 남은 깊은 외가격을 매도하는 것부터 시작한다. 주로 이런 옵션만을 거래해야 시장의 단기적 변동에도 영향을 덜 받을 수 있다. 이런 옵션은 설령 시장이 불리하게 움직여도 옵션의 가치가 상승하는 속도는 내가격에 가까운 옵션이 겪는 상승보다는 더 느리다. 그 결과 시장에 더 오래 남아 있을 수 있고, 그 사이 자신의 포지션을 어떻게 정리할 것인지에 관해 생각할 여유가 있다.

[2015년 Crude Oil 연결선물의 일봉차트]

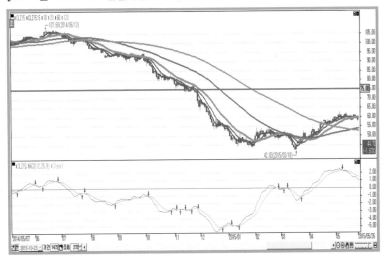

　　2015년 5월 26일 현재, 9월물 Crude Oil선물의 가격이 60.38에서 움직이고 있다. 현재의 움직임으로 볼 때 8월말경에 절대 75달러까지는 오르지 않을 거라고 예측한다면 9월물 옵션 행사가 75.0을 콜옵션매도로 진입하는 것이다. 대략 만기가 3개월 남은 옵션을 진입하는 것이다. 일률적으로 3개월을 말하는 것이 아니다. 만기가 4개월 또는 5개월 남은 옵션두 괜찮다. 이렇게 먼 외가격을 진입하면 웬만한 잔 파동에는 옵션의 가치가 크게 변하지 않는다. 필자의 경우는 주로 만기가 2~3개월 남은 옵션을 택한다. 만기가 4개월~5개월 남은 옵션을 진입할 때는 확실하다고 생각하는 경우만 진입한다. 그 이유는 거래량도 봐야 하고 5개월 후를 예측한다는 것이 쉽지 않기 때문이다. 그나마 2~3개월은 어느 정도는 예측할 것도 같은데, 아직 필자의 수준으로는 4~5개월을 예측하기에는 무리가 따르기 때문이다.

2. 옵션의 포트폴리오를 구축하라

해외옵션매도와 국내옵션매도와의 가장 큰 차이점이 바로 분산투자다. 국내는 코스피선물을 기초자산으로 하는 코스피옵션 1개뿐이다. 하지만 해외옵션은 실로 다양하다. 종목 면에서는 국내와 비교가 되지 않는다. 우리는 이 장점을 최대한 이용해야 한다. 해외옵션도 종목이 1개뿐이라면 상황이 다르겠지만(실은 이 상황에서도 해외옵션매도가 유리하다) 실제로는 다양한 종목이 존재하니 해외옵션매도를 하는 사람들은 축복받은 것이다.

현재 우리나라 시스템에서 이용할 수 있는 옵션의 종목은 16개 정도 된다(2015년 5월 13일 현재) 분산투자라는 명목으로 모든 종목을 진입해야 한다는 뜻은 아니다. 분산투자만을 위한 분산투자를 해서는 안 된다. 가장 자신 있는 종목 4~5개 정도로 또는 6~7개 정도로 집약해서 포트폴리오를 구축하는 것이다. 자금이 많아지면 종목을 늘려나가는 것도 현명한 방법이다.

혹시 1개의 종목에서 손실이 발생하더라도 다른 종목들에서 수익이 나면 전체적으로는 수익으로 귀결될 확률이 높다. 바로 이 점이 옵션매도 포트폴리오 구축의 최대 장점이다. 옵션매도는 성공할 확률을 높이는 데 초점을 맞춰야 한다. 한 바구니에 모든 달걀을 담아서는 안 된다.

3. 위험관리계획을 미리 세우고 진입하라

초보 거래자가 하기 쉬운 실수 중 하나는 아무 계획을 세우지 않고 옵션매도를 시작한다는 것이다. 확률이 80%라는 말만 듣고 아무 옵션이나 진입한다. 그리고 운에 맡긴다. 운이 좋게도 자신이 의도한 대로 시장이 흘러가면 다행이지만 그렇지 않고 본인이 의도한 것과 반대로 시장이 흘러가면 당황하게 된다. 우왕좌왕 하면서 손실을 키울 확률이 높다. 따라서 옵션을 매도할 때는 미리 위험관리계획을 세워야 한다. 즉, 진입 전에 위험관리계획을 세워야 한다.

어떤 위험관리기법을 적용할 것인가? 이 기법을 언제 실행할 것인가? 손익분기점은 어디인가? 위험관리기법을 적용할 경우 예상되는 손실은 얼마인가? 누가 이 위험관리계획을 이행하는가? 본인인가? 중개인인가?

이런 점들을 고려하면서 거래에 임해야 한다. 적절한 위험관리

계획이 있으면 절반은 성공한 상태로 시작한 것이나 다름없다.

  그럼 구체적으로 위험을 관리하는 방법에는 어떤 것들이 있는가
알아보자.

02

옵션매도 위험관리기법

먼저 '손절규칙'을 살펴보자. '손절규칙'은 다시 '200% 원칙'과 '행사가 원칙'으로 구분해서 검토하자. 그리고 손절에 따른 재진입을 논하는 '옵션의 교체'를 검토한 후 마지막으로 '조기이익실현'이라는 단계를 검토해보자. 일반적으로 '위험관리'라고 하면 손절만을 주로 거론한다. 하지만 '손절 이후 재진입'도 위험관리기법에 연동해서 얘기할 수 있으며, 또한 '조기에 이익을 실현'하는 전략도 위험관리 측면에서 다룰 수 있다.

1. 200% 원칙

이는 옵션 자체의 가치를 기준으로 손절 지점을 정하는 원칙이다. 매도한 옵션의 가치가 200%, 즉 두 배가 되면 포지션을 청산한다는 뜻이다. 예를 들어, 특정 옵션 1단위를 30포인트에 매도했다면 옵션의 프리미엄이 60포인트가 되었을 때 청산하는 것이다.

이 방법은 옵션매도의 위험관리기법 중에서 가장 간단한 방법이다. 어려운 계산을 할 필요도 없고 적용하기도 쉽다. 언제 실행해야 할지도 알고 있다. 또 얼마만큼의 손실을 입을지도 미리 알고 있다. 단순하고 이해가 편한 장점 때문에 초보 거래자가 가장 쉽게 접근할 수 있는 전략이다.

이 전략을 실행할 때 유의할 점은 손절 라인에 도달하기는 했는데 정확히 언제 실행하느냐다. 시장이 급변해 현재 손절라인에 도달했다. 지금 곧바로 실행할 것인지, 장 막판에 실행할 것인지, 아니면 장을 지켜보고 내일 실행할 것인지를 결정해야 한다. 혹시 내일 실행하면 손실은 더 불어날 수도 있다. 고민 끝에 손절을 단행했다. 그런데 곧바로 시장이 반대로 움직인다. 얼마나 마음이 아프던가. 이런 경험 때문에 손절을 유보하다가 더 큰 손실을 입은 경우도 종종 있을 것이다. 이때 필요한 것이 바로 스스로 마음속으로 손실 한도를 정하는 것이다. 정확히 200%는 아닐지라도 그 부근에서 처리하겠다는 마음을 가져야 한다. 이를 '**심리적 손절라인**'이라 부르고 싶다. 손실이 200%보다 좀 더 많을 수도 있고 좀 더 적을 수도 있다. 이 정도는 받아들여야 한다.

200% 원칙이 초보 거래자든 경험 있는 거래자든 심리적으로 괴롭히는 점이 하나 더 있다. 본인이 진입한 옵션이 손절라인에 근접해서 손절을 단행했는데 만기일에 보니 그 옵션이 외가격으로 남아 있는 경우가 너무 많다는 점이다. 이럴 때는 누구든지 손절에 대한 회의를 갖게 된다. 본인이 진입한 옵션이 200%까지 가치가 상승해 손절라인에 도달하기는 했지만 서서히 또는 곧바로 옵션의 가치가 하락하는 과정을 지켜본 옵션매도자들은 당연히 다음 거래에서는 200% 원칙 앞에서 망설이게 마련이다. 하지만 미련을 두지마라. 과감히 이런 단계를 이겨내야 한다. 한두 번 망설이게 되면 앞으로도 계속해서 주저할 확률이 많다. 진입 당시 계획했던 대로 실행하라.

거래자의 성향에 따라서 300% 원칙도 가능하다. 200% 원칙보다는 훨씬 공격적인 투자자가 취하는 방식이다. 200% 원칙이든 300% 원칙이든 지키는 것이 중요하다. 원칙만 세워놓고 지키지 않으면 옵션매도를 하지마라.

2. 행사가 원칙

이 원칙은 앞에서 언급한 200% 원칙보다 좀 더 공격적인 거래자가 주로 하는 방식으로, 옵션의 기초자산을 기준으로 손절을 단행하는 전략이다. 기초자산의 가격이 본인이 진입한 옵션의 행사가와 같아지는 시점에서 손절하는 전략이다. 예를 들어, 2015년 5월, 9월물 원유선물의 가격이 60달러일 때 9월물 원유옵션 중 행사가 77.0을 택해서 옵션의 가치 0.50에 콜옵션매도로 진입했다고 가정하자. 그런데 그 이후 선물의 가격이 상승해 77에 근접하면 진입한 옵션을 손절하는 것이다.

이 원칙을 구사할 경우 손실 규모를 예측하는 데는 어려움이 따른다. 만기까지 얼마가 남았느냐에 따라 또 선물의 상승 속도에 따라 옵션의 가치는 달라질 수 있겠지만 최소 한 달 혹은 그 전에 이런 현상이 발생했다면 본인이 진입한 옵션가치는 1.00을 지나 1.50 혹은 2.00까지 혹은 그 이상까지 상승했을 것이다. 하지만 옵션의 만기가 얼마 남지 않은 상황에서 이런 현상이 발생했다면 손실은 미미하거나 아예 손실이 발생하지 않을 수도 있다.

이런 불확실함에도 불구하고 행사가 원칙을 구사하는 이유는 옵션 자체의 본질적인 특성 때문이다. 75~80%의 옵션이 만기에 소멸한다고 배웠다. 이 믿음을 토대로 가능한 만기까지 옵션을 들고 가는 것이다.

이 접근법은 궁극적으로 이익을 낼 확률이 높다. 200% 원칙에 비해서 손절의 부담이 적기 때문에, 그리고 결국에는 이 옵션이 만기에 소멸할 확률이 더 높기 때문에 확률적으로 더 큰 이익 실현이 가능하다. 또 시장이 가는 방향과 반대로 큰 폭으로 움직여도 거래를 계속할 수 있는 여지가 있다. 하지만 단 몇 번의 거래에서 손실이 발생해도 전체 계좌에 상당한 타격을 줄 수 있다.

손절의 규칙 중 어느 것이 더 낫느냐는 없다. 본인의 성향에 따라 단행하면 된다. 다만 행사가 원칙은 상당한 이익을 가져다 줄 수도 있지만, 또 한편으로는 상당한 손실을 가져다 줄 수 있으므로 초보자에게는 가능한 200% 원칙을 권한다.

3. 순방향 옵션의 교체(Roll Up)

이 기법은 위에서 언급한 200% 원칙과 연동해서 설명할 수 있다. 정석대로 옵션매도를 배운 거래자들은 진입할 때 고민에 고민을 한 결과 만기가 2~5개월 정도 남은 먼 외가격의 옵션을 진입한다. 정말이지 확실하다고 생각하는 시장에 진입한다. 하지만 시장은 늘 나에게 유리하게만 흘러갈 수는 없다. 간혹 나에게 불리한 방향으로 시장이 흘러갈 수가 있다. 이 경우 진입 당시 세워 두었던 손절 규칙인 200% 원칙에 근거해 손절을 단행한다. 진입 당시 S&P500 선물을 기초자산으로 하는 옵션을 콜옵션매도로 20포인트의 프리미엄을 예상하고 1계약 진입했다가 손절할 경우 손실은 20포인트 발생한다. 마음이 아플 것이다.

이 단계에서 매도자는 다시 한 번 고민을 해야 한다. '아무리 미국 경제가 좋다고 해도 조만간 반드시 거품이 꺼질 것이다'라고 확신할 수도 있다. 또는 '짧은 시간에 너무 가파르게 올랐기 때문에 상승하더라도 좀 쉬었다가 상승하지는 않을까'라고 생각할 수도 있다. 여전히 자신이 전망하는 방향이 맞다면 이번에도 대략 20포인트의 프리미엄이 있는 더 높은 행사가를 선택해 콜옵션매도로 진입하는 것이다. 만약 만기가 얼마 남지 않은 상황에서 손절한 경우라면 다음 월물로 진입할 수 있다. 다만 이번에는 2계약을 진입한다. 1계약은 처음 손절한 것을 상쇄하기 위함이고, 또 1계약은 처음 의도한 20포인트를 수익으로 남기기 위함이다. 여기서 수수료는 무시했다. 이런 식으로 애초에 기대했던 프리미엄을 두 배의 프리미엄을 주고 손절을 한 경우 다시 그만큼의 프리미엄을 받기위해 그 방향으로 재진입하는 것이다. 반드시 꼭 두 배의 계약 수를 진입해야 하는 것은 아니다. 전혀 다른 거래라고 생각한다면 몇 계약을 진입하든 상관없다.

이 방법으로 기대할 수 있는 성과는 두 가지 측면에서 볼 수 있다. 첫째, 머지않아 이익이 날 것으로 기대되는 시장에 남아 있을수 있다는 점이다. 둘째, 실제로는 별개의 거래지만 해당 종목의 거래에서 실패하지 않고 결국에는 성공한 거래를 했다는 심리적인 안정을 가질 수 있다. 어느 한 종목에서 실패하고 떠난다면 심리적으로 편하지 않을 것이다. 하지만 이 방법을 구사해서 성공했다면 도중에는 약간 맘이 아프지만 최종적으로는 승리한 거래자라는 심리가 있어서 앞으로 이어질 거래에 자신감이 생겨난다.

이 '옵션의 교체' 방법을 구사할 때 주의할 한 단어는 '복수심'이다. 필자도 이런 경험을 여러 번 했다. 필자가 처음 해외옵션을 접할 때는 자료가 전무했다. 지금도 없기는 마찬가지지만. 증거금도 거의 선물에 가까웠다. 주위 환경 중 아군은 없었다. 오로지 혼자서 판단하고 결정해야 했다. '이제 본격적으로 진입해보자'라고 결정한 후, 나름대로 분석해서 진입했는데 손절을 해야 하는 상황이 생긴다. 그래도 고집부리지 말고 순응하자는 차원에서 눈물을 머금고 손절한다. 그러면서 이와 동시에 마음 깊은 곳에서 끓어오르는 것이 있는데 이것이 바로 '복수심'이다. 한 번 손절한 후, 다시 행사가를 높여서(또는 낮춰서) 재진입한다. 기어코 너에게서 내 돈을 뺏어오고야 말겠다는 복수심으로. 그런데 또 손절하게 된다. 두 번 혹은 세 번 손절하면 불안감이 생겨난다. 자금이 많다면 행사가를 더 높여서(또는 낮춰서) 또 진입할 수 있겠지만 서서히 자신감이 상실된다. 그래서 그 시장은 잠시지만 떠나게 된다. 여기서 중요한 점은 그 시장을 떠난다는 것 자체가 아니라 심리적으로 의기소침해질 수 있다는 점이다. 그 결과 다른 거래에서도 자신감을 상실할 우려가 있다. 따라서 복수심에 불타 옵션매도를 해서는 안 된다. 분노가 치밀 때 한 걸음 물러서서 보는 여유를 키워야 한다.

[2015년 Crude Oil 연결선물의 차트]

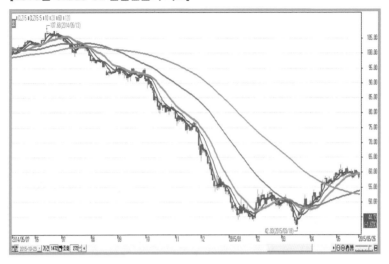

　　2014년 6월 이후 원유의 흐름을 살펴보자. 2014년 5월경에 원유 8월물을 풋옵션매도로 진입한 거래자들은 이때부터 패닉 상태가 찾아 왔을 것이다. 2015년 3월 중순까지 줄곧 하락만 했다. 이때 이 종목에서 옵션의 교체라는 Roll Up 방식을 구사한 거래자들은 몇 번의 교체를 했는지도 계산이 어려웠을 것이다. 아무리 자금이 많은 거래자라도 그 이전에 나가 떨어졌을 것이다. 복수하겠다고 계속해서 풋옵션매도를 구사하다 결국은 파산한 거래자도 있을 것이다.

　　이처럼 옵션 교체매매의 가장 큰 약점은 손절 후 더 높은 행사가(또는 더 낮은 행사가)를 선택해 그 종목에 남아 있는데 시장이 계속해서 불리한 방향으로 움직이면 감당하기 어려울 정도로 손실이 늘어날 수 있다는 점이다. 이런 이유로 인해 교체매매는 공격적인 성향의 전략으로 인식되기도 한다.

일반적으로 옵션의 교체매매는 자금이 풍부한 거래자에게 적합하다. 소위 물타기를 구사하다 도중에 자금이 바닥나면 엄청난 손실이 발생할 수 있다. 따라서 손실도 감당할 수 있는 거래자여야 한다. 심리적으로도 강심장을 가지고 있어야 한다.

결론적으로 말하면 일반 개인 거래자든 자금이 많은 거래자든 교체매매를 할 경우 한 차례의 교체매매면 충분하다고 생각한다. 해외선물은 방향을 잡으면 그 방향으로 주욱 가는 경향이 있다. 이런 점을 간과한 채 복수심에 불타 계속해서 한 방향으로만 교체매매를 했다가는 파산까지 갈 확률도 있다는 점을 명심해야 한다. 고집을 피우지 말고 어서 다른 종목으로 갈아타는 것도 현명한 방법이다. 관망하는 것도 좋은 방법이다.

4. 역방향 옵션의 교체

이 방법은 순방향 옵션의 교체매매를 반대로 진행하는 것이다. 2014년 5월경 프리미엄 500달러를 먹기 위해서 원유옵션을 풋옵션매도로 진입했다고 가정하자. 이 시점에서 고민을 해야 한다. 나름대로 분석해서 '원유선물이 어느 선까지는 하락하지 않을 것이다'라고 예측했는데 자신의 예상과 어긋나게 시장이 움직인다. 어쩔 수 없이 손절을 단행한다. 이 시점에서 더 진지한 고민을 해야 한다. 기본적분석에 기술적분석까지 가미해서 3개월 안에는 절대 이 라인까지는 원유가 하락하지 않을 것이라고 예상한 것이 어디에선가 어긋나기 시작한 것이다. 분명 시장의 여건이 바뀌었을 가능성이 있다. 앞에서 말했듯이 선물은 방향을 잡으면 그 방향으로 주욱 가는 특성이 있다. 그렇다면 생각을 바꿔 추세를 따라가는 것이다. 이것이 역방향 옵션의 교체다. 즉 풋옵션매도에서 손절을 당했다고 해서 다시 풋옵션매도로 진입하는 것이 아니라 이제는 거꾸로 콜옵션매도로 진입하는 것이다. 다시 이 방법에서도 손절을 당할 확률이 없지는 않다. 하지만 확률적으로 더 유리하지 않을까 생각해보는 것이다.

5. 조기에 이익을 실현하기

이익을 조기에 실현하는 것도 위험을 관리하는 한 방법이 될 수 있다. 만기가 3개월 남은 옵션을 50포인트 프리미엄을 받고 콜옵션매도로 진입했는데, 운이 좋게도 한 달 만에 옵션의 가치가 5포인트까지 하락했다고 치자. 지금 청산한다면 처음 의도한 프리미엄의 90%를 수익으로 챙길 수 있다. 이럴 경우 청산하는 것도 좋은 위험관리방법 중 하나다. 이제 남은 것은 두 달 동안 5포인트를 수익으로 챙기는 것과 또 하나는 선물이 반대 방향으로 움직여 손실 구간으로 갈 수도 있다는 것이다. 나머지 5포인트를 먹기 위해서 만기까지 가져가려다가 만에 하나라도 정반대의 흐름이 발생한다면 이 또한 얼마나 가슴 아픈 상황인가.

조기에 이익을 실현하는 전략의 가장 큰 장점은 묶였던 증거금이 풀린다는 사실이다. 외국의 경우라면 옵션의 가치가 50일 때의 증거금과 5일 때의 증거금은 확실히 다르다. 옵션의 가치가 5일 때는 먼 외가격일 것이기 때문에 증거금이 훨씬 적게 잡힐 것이다. 하지만 현재 한국의 시스템에서는 옵션의 가치가 50이든 5이든 옵션매도의 증거금은 동일하다. 그래서 가능한 조기에 이익을 실현하는 것을 권장한다. 풀린 증거금을 활용해서 다른 종목에서 더 좋은 기회를 찾아야 한다. 특히 거래를 활발하게 하고 싶은 사람이라면 더욱 그렇게 해야 한다.

또 하나, 조기에 이익을 실현하는 전략의 장점은 해당 옵션매도 거래가 이익으로 기록되기 때문에 심리적으로 안정된 상태에서 거래를 할 수 있다는 점이다. 잠재적인 불안을 제거함으로써 새로운 출발(새로운 거래)을 할 수 있다는 것이다. '아, 나도 옵션매도거래에서 승리자가 되었구나'라는 자신감은 그 무엇으로도 바꿀 수가 없다. 바로 이 이유 때문에 초보 거래자에게는 조기에 이익을 실현하는 것을 권장한다.

하지만 조기에 이익을 실현하는 단계에서도 고민해야 할 상황이 발생한다. 만기가 얼마나 남았는지가 관건이다. 만기가 불과 며칠밖에 남지 않았는데 조기에 이익을 실현한다고 한다면 고민해 볼 필요가 있다. 왜냐하면 수수료 때문이다. 옵션거래에서 수수료도 무시 못 할 비용이다. 자금이 여유 있고 거래를 활발히 하지 않는 거래자라면 만기가 얼마 남지 않았을 경우 만기까지 들고 가는 것도 한 방법이 될 수 있다.

MEMO

해외옵션매도에서
성공할 확률을 높이는 공부

본격적으로 옵션매도거래를 실행하기 전에 반드시 알아야 할 것들이 있다. 어떤 종목을 골라서 옵션매도를 진행해야 하는가. 뭘 알아야 면장이라도 할 것이 아닌가? 최소한 진입 전에 '왜 이 종목을 진입해야 하는가?' 하는 정도는 남에게 설명할 수 있어야 하지 않겠는가? 어떤 정보에 근거해서 그 종목을 매도 진입했는가? 무작정 옵션매도를 할 수는 없지 않은가?

여기서는 기본적분석과 기술적분석의 측면에서 살펴보자.

1. 기본적분석

옵션을 거래하기 위해서는 기본적으로 기초자산의 흐름을 알아야 한다. 기초자산인 선물의 흐름을 완벽하게는 아니더라도 큰 흐름은 알면서 옵션을 거래하는 것이 승리할 확률을 높일 수 있다. 해외옵션거래자들은 어떤 기본적 요인들을 알아야 하는가?

주식의 기본적 요인에는 기업의 재무상태, 수익성, 영업이익률, 주가수익비율 등 여러 가지가 있다. 농산물, 축산물, 원유, 천연가스 등 원자재 상품과 관련된 선물의 기본적 요인에는 공급량, 소비량, 저장량, 날씨 등 몇 가지 요인들이 존재한다. 미국 S&P500선물, 금선물 등 금융상품선물의 기본적 요인에는 정부정책, 금리정책, 경제정책 등 좀 복잡한 요인들이 있다.

평범한 개인들이 모든 선물의 흐름을 분석한다는 것은 쉽지 않다. 미국 S&P500선물을 예로 들어보자. 미국 경기에 영향을 미치는 요인들이 얼마나 많겠는가? 정부정책, 금리정책, 경제성장률, 실업률 등 수많은 요인들이 결합해서 미국 경제가 움직인다. 아마 경제학을 전공한 사람들도 미국 경제를 예측하는 것이 쉽지는 않을 것이다. 그렇다면 평범한 개인들은 이런 선물을 기초자산으로 하는 옵션은 하지 말아야 하는가? 그렇지 않다. 우리는 큰 줄기만 보면 된다. 수많은 요인 중에서 앞에서 말한 대표적인 것 한두 개만 분석해도 큰 흐름을 알 수 있다.

지금 미국의 상황을 보자. 금리 인상 건 때문에 말이 많다. 금리를 인상하면 미국의 주가가 휘청거릴 거라고 예측하는 사람들이 있는가 하면, 또 한편에서는 미국이 금리를 인상할 때가 됐다는 것은 그만큼 미국의 경제가 견고하다는 것을 반증하는 것이니 큰 흔들림은 없을 것이라고 분석한다. 우리는 이 정도만 알아도 된다.

여기서 스스로 재해석하는 훈련을 해야 한다. 그만큼 금융상품선물이나 지수선물은 예측이 어려운 측면이 있다.

[2015년 Gold 연결선물의 일봉차트]

작년부터 전 세계적으로 이슈가 된 정책은 바로 미국의 금리 인상 시기다. 2014년 3월부터 금이 줄곧 하락한다. 가장 큰 이유는 미국의 금리 인상이다. 금리 인상이 빠른 시기에 단행될 낌새가 보이면 급락했다가 금리 인상 시기가 늦춰질 수도 있다는 소식이 나오면 급등한다. 하지만 큰 그림에서는 하락을 하고 있다. 금리 인상은 기정사실이기 때문이다. 다만 시기만 저울질하고 있다. 2015년 5월 29일 현재, 8월물 금선물의 가격은 1,190 정도 된다. 앞으로도 당분간은 미국의 금리 인상 시기 발표에 따라 금선물의 가격은 출렁거릴 것이다. 금선물의 가격이 움직이는 이유가 단지 미국

의 금리 인상 건 하나 때문은 아닐 것이다. 중국, 인도의 금 수요도 상당한 영향을 끼칠 것이다. 지금 금의 가격에는 미국 금리 인상 건과 중국의 수요가 가장 큰 영향을 끼친다.

금리 인상이 단행되고 난 후 한두 달 지나면 이제 금은 다른 기본적 요인들에 의해서 가격이 변동할 것이다. 그때 우리는 금의 가격에 변화를 주는 기본적 요인들이 무엇인지 찾아 나서야 한다. 금융상품의 가격에 영향을 미치는 기본적 요인들은 너무 많다. 금의 경우에는 미국 금리 인상이라는 절대적인 기준이 있어서 그나마 쉽게 가격 변동 요인을 찾았지만 다른 종목의 경우에는 찾기가 쉽지 않다. 앞에서 말했지만 금리 인상이 단행 된 후 금 가격의 변동요인을 어디서 찾을 것인가? 그래도 우리는 특정 상품의 가격 변화에 영향을 미치는 요소를 찾으려 노력해야 한다. 즉 기본적분석을 공부하려고 부단히 노력해야 한다는 뜻이다. 많은 요인들 중에서 어떤 요인이 가격에 가장 큰 영향을 미칠지를 찾아내려고 노력해야 한다.

금융상품과는 달리 농산물, 축산물, 원유, 천연가스 등은 1년 동안의 생산과 소비 패턴 사이클이 존재한다. 어느 정도는 예측이 가능한 측면이 많다. 매년 똑같이 반복되는 것은 아니지만 1년을 주기로 비슷하게 움직이려 하는 경향이 있다. 개미들한테도 이런 종목들은 기본적분석이 가능할 수도 있다. 이런 종목들은 계절성을 띠고 움직인다는 것을 알게 된다. 따라서 일부 농산물, 축산물, 에너지 종목들은 기본적분석이 바로 계절성을 분석하는 것이라고 말할 수도 있다. 역으로 계절적인 성향을 분석하는 것이 기본적 요인을 분석하는 것이다.

옥수수를 예로 들어보자. 아르헨티나도 옥수수 생산을 늘려 나가는 추세에 있지만 아직까지는 미국의 생산량과 소비량이 옥수수의 가격을 지배한다. 미국에서 옥수수는 4~5월에 파종해, 9~10월에 수확한다. 간혹 파종 시기에 옥수수의 가격이 급등하기도 한다. 그 이유는 주로 날씨 때문이다. 가뭄이 심해 파종이 지연된다는 이야기가 나오면 가격이 급등했다가 다시 원상 복귀한다. 일단 파종이 끝나면 햇곡에 대한 기대감으로 옥수수의 가격은 하락하기 시작한다. 또한 파종이 끝나면 이제는 가뭄 또는 장마 이야기가 종종 나온다. 그럴 때마다 또 가격이 상승하곤 한다. 하지만 이것도 곧바로 정상화된다. 그래서 5월 경 옥수수를 콜옵션매도하면 수익을 남길 것으로 기대한다. 이것이 계절성이다. 그리고 이것이 바로 기본적 요인이다.

필자의 경험을 하나 기술해보겠다. 필자가 해외옵션을 시작하면서 처음 진입한 종목이 옥수수옵션이다. 옥수수를 선택한 이유는 증거금이 제일 낮았기 때문이다. 아마도 지금보다는 높았을 것이다. 그때는 계절성이 뭔지도 몰랐다. 양매도로 진입했다. 처음이다

보니 계약 수에 있어서는 무리를 하지 않았다. 이게 웬일인가. 정확히는 기억나지 않지만 3월말이나 4월쯤으로 기억한다. 옥수수 선물이 하루 큰 폭으로 하락하더니 다음 날 하한가를 맞았다. 당연히 옥수수의 풋옵션도 가치가 엄청나게 상승해버렸다. 콜옵션매도는 가치가 거의 제로에 가까워졌으나 풋옵션매도는 이미 손절라인을 지나버렸다. 손절라인을 지난 정도가 아니라 손실이 실로 엄청난 정도였다. 어떻게 작전을 잘 세운 결과 간신히 손실은 보지 않고 빠져나왔는데 만약 그때 옥수수의 계절성을 알았더라면 풋옵션 매도는 진입하지 않았을 것이다. 가능한 콜옵션매도로만 대응했을 것이다. 이처럼 일부 종목은 계절성을 알면 옵션매도하기에 훨씬 유리하다. 계절성은 성공 확률을 높여 줄 수 있다. 옥수수의 경우 빠르면 3월부터 콜옵션매도를 준비하면 된다. 옥수수의 가격이 떨어진다에 배팅한다기 보다는 더 이상 상승하지 않을 거라는 확률에 배팅하는 것이다.

원유와 천연가스만 봐도 그렇다. 뜨거운 여름이냐, 추운 겨울이냐에 따라 소비량이 현저하게 달라질 것이다. 또 태풍이 언제 오느냐에 따라 생산량도 영향을 받을 것이다. 대충이나마 이런 요인들을 아는 것이 기본적분석이다.

우리는 미국이 아닌 한국에서 옵션을 거래한다. 그렇기 때문에 정보의 양이 제한되어 있다. 설사 정보가 흘러온다 해도 분석할 능력이 떨어진다. 다만 큰 줄기를 보려고 노력해야 한다. 기본적 분석이 상승을 가리키면 풋옵션매도를 고려해야 하고, 하락을 가리키면 콜옵션매도를 고려해야 한다. 기본적분석이 정확할 필요는 없다. 다만 근접만 하면 된다. 이것이 옵션매도의 장점이다.

다음 글은 필자가 2015년 5월 29일, 블로그에 올린 글이다. 밀 선물·옵션에 관해 짧게, 기본적분석에 의존해서 앞으로 밀선물의 방향을 예측하고 그에 따른 옵션매도 방침을 밝힌 것이다. 항상 기본적분석이 옳은 것은 아니지만 알고 있으면 분명 옵션매도에 있어서 유용할 것이다. 넓은 바다에서 나침반 역할을 톡톡히 해낼 것이다.

요즘 밀(Wheat)이 어여쁘다. 위로도 아래로도 쉽게 가지 못하고 있다. 지금 시점에서 위로 가기에는 부담스럽고, 그렇다고 아래로 더 내려가기에는 너무 민망한가 보다. 너무 내려왔잖아. 좀 더 내려올 수도 있겠으나 적당한 선에서 멈출 것이다. 하지만 간혹 위로는 불꽃쇼를 펼치기도 할 것이다. 핑계는 찾겠지. 가뭄이 심해 성장이 늦어진다거나 남미에서 파업이 일어나 수송이 늦어진다거나 하는 등 여러 핑계거리가 발생할 것이다. 하지만 그 핑계가 단타성이라면 곧바로 가격은 내려오고야 만다. 선물거래자들의 손절라인만 딱 지나간 채로.

하지만 어떤 핑계거리가 장기적이라면 위로도 쭉 가는 고집도 있다. 이 시점에서 기본적분석가들은 방향을 잘 잡아야 한다. 계절적으로는 하락의 시기라고 하지만 위로 갈 핑계거리는 늘 있는 것이다. 작년 커피를 보라. 저점에서 배 이상이 오르지 않았던가. 계절적으로 하락한다는 기본적분석이 무슨 소용이 있던가. 브라질 가뭄이 하나의 기본적분석 요인으로 등장하는 순간이었다. 여태껏 가뭄은 짧게 지나가는 소용돌이였는데, 지난번 커피의 경우에는 꽤 파괴력을 지녔다.

다시 밀로 돌아와보자. 아직까지는 작년처럼 우크라이나 사태와 같은 상황도 일어날 징조는 보이지 않는다. 밀은 전 세계적으로 생산되니 어느 한 지역의 타격이 가격에 심각하게 영향을 주지는 않는다. 그래서 어느 정도는 계절성이 지켜지는 경향이 있다. 대두나 옥수수가 아까 말한 남미의 밀 수송 관련 노동자들의 파업에 잠깐 타격을 입는다.

나름대로 결론을 내려보자. 지금까지는 밀에서 만큼은 철저히 양매도 전략을 구사하고 싶다. 당연히 진입 시 예상과 어긋날 경우 어떻게 대처할지는 스스로 계획을 세우고 진입을 해야 한다.

[2015년 Wheat 연결선물의 일봉차트]

  현재 우리나라에서 거래할 수 있는 해외옵션은 불과 15개 정도
밖에 되지 않는다. 그 중 그나마 기본적분석을 유용하게 활용할 선
물은 대두선물, 옥수수선물, 밀선물, Crude Oil선물, 천연가스선
물뿐이다. 이 다섯 종목만이라도 가능한 자세하게 1년간의 흐름을
알아두면 옵션매도하는 데 큰 도움이 될 것이다. 나머지 종목은 기
본적으로 1년의 흐름이라고 하는 계절성을 띠지는 않는다. 설사
계절성을 띤다고 할지라도 우리는 분석하기가 쉽지 않다.

  하지만 어디서 기본적분석의 흐름을 공부하는가.《현명한 옵션
매도 투자자》를 참조하면 많은 정보를 얻을 것이다. 그 책의 내용
을 참고로 여러 자료를 검토하다보면 혼자만의 노하우를 갖게 될

것이다. 머릿속에 암기하면 더 좋고, 벅차면 달력에 언제 매도해야 하는지를 메모해두고서 언제든지 확인해야 한다. 필자도 휴대폰 달력에 매도 날짜를 가능한 자세히 기록해 두고서 필요할 때마다 참조한다. 말 그대로 참조하는 것이다. 만능은 없다.

처음 계절성을 접한 사람들은 옵션매도의 성배를 만난 것처럼 흥분한다. 이 주기대로만 실행에 옮겨주면 옵션매도는 식은 죽 먹기라고 생각한다. 하지만 계절성이 늘 정확한 것은 아니라는 점이 우리를 괴롭힌다. 약간의 시차를 두고 움직일 때가 있고, 때로는 아예 계절성이 안 맞을 때도 있다.

다시 한번 강조하지만 계절성을 알라딘의 램프로 착각하지 마라. 진입 시점에 현재 해당 상품의 수요와 공급 상황을 보고 그것을 계절성과 비교해서 스스로 판단을 내려야 한다. 그것마저 힘들다면 전문가의 도움을 받으라. 실은 전문가가 우리나라에서는 전무한 상태다. 그것이 문제다. 필자도 조금 알 뿐이다. 그래도 남들보다는 더 많이 알지 않을까? 모든 것을 혼자서 처리하려 하지 마라. 돈을 다 잃고 나서 후회하지 마라.

2. 기술적분석

이제 기본적분석을 알았다면 기술적분석을 이용해서 진입 시점과 퇴각 시점을 알아내려고 노력해야 한다. 일반적으로 개미들은 기술적 요인만 분석하는 경향이 있다. 차트에 모든 것이 녹아 있다고 생각해 차트만 가지고 예측하려 한다. 전혀 틀린 말은 아니지만 기본적 요인을 무시한 채 기술적 요인만 분석해서 거래하는 것은 어딘가 주객이 전도된 느낌이다. 그럼에도 불구하고 우리 개미들은 기술적 요인에 더 많이 의존하는 것이 현실이다.

기술적분석이 그나마 잘 적용되는 분야가 금융분야선물과 주가지수선물이다. 이들 선물들은 변수가 워낙 많아 기본적분석이 어려운 경우가 많다. 일정한 패턴도 쉽게 보이지 않는다. 그때그때의 경제정책, 금리정책, 실업률 등에 따라 방향이 결정되는 경우가 많다. 그 결과 자신에게 잘 맞는 보조지표를 찾아 옵션매도에 적용한다면 기본적분석이 쉽지 않은 영역의 종목들에서 승률을 높이는데 도움을 받을 것이다.

필자의 경험상 일부 종목은 기본적 요인에 기술적 요인을 가미하면 승률이 훨씬 높다는 것을 발견했다. 일반적으로 가장 많이

이용하는 기술적 보조지표는 이동평균선, MACD, RSI, 스토캐스
틱, 볼린저밴드 등이 있다. 말 그대로 보조지표다. 이런 지표들은
후행성이라 한 발 늦은 감도 없지 않다. 하지만 없는 것보다는 낫
다. 여러 보조지표들을 활용해보면서 자신에게 잘 맞는 한두 개로
단순화 해야 한다. 너무 여러 개를 사용하다보면 혼란스러울 때가
있다.

[2015년 E-Mini S&P500 연결선물의 일봉차트]

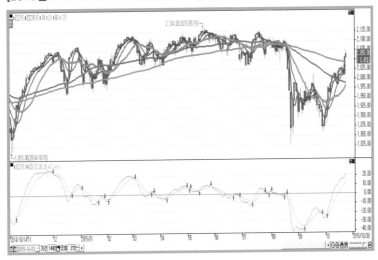

　차트에서 이동평균선과 MACD를 활용해서 지수의 흐름을 예측
한다. MACD에서 화살표의 방향과 이동평균선에서의 가격의 흐름
을 잘 확인해보라. 일치하는 부분이 많이 존재할 것이다. 또 단순
히 이동평균선만 보고도 옵션을 매도할 수도 있다. 저항선과 지지
선을 참고로 콜옵션매도와 풋옵션매도를 단행할 수 있다. 미국 경

제가 견고하다는 가정 하에 120이평선을 기준으로 가격이 120이 평선 부근에 도달하면 훨씬 아래쪽으로 내려와 먼 외가격으로 풋 옵션매도를 단행할 수도 있다. 위의 그래프에서 보면 한 번만 손절 이 필요하고 모두 성공이다. 보통은 120선을 하향이탈하면 추가 하락에 무게를 두고 콜옵션매도를 고려하는 게 정석이다. 이처럼 보조지표를 보는 방식이 개인에 따라 다르다. 많은 공부를 한 후 자신에게 잘 맞는 방식을 터득해야 한다. 남들이 한다고 무조건 따라 해서는 안 된다.

기술적분석의 예로 금선물을 살펴보자. 앞의 기본적분석에서도 똑같은 금선물을 살펴보았다. 여기서 다시 금선물을 인용하는 이유는 기본적분석을 토대로 언제 매도를 진입할 것인지를 찾아내기 위함이다. 즉, 기본적분석에 의해 종목을 골랐다면 기술적분석을 토대로 진입 시점을 찾아내는 것이다.

[2015년 Gold 연결선물의 일봉차트]

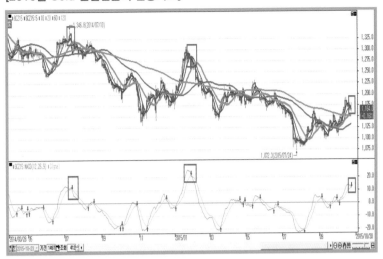

　기본적분석의 결과는 금 가격의 하락이다. 그 이유 중 가장 큰 요인은 미국의 금리 인상이다. 그렇다면 장기적으로 금 가격이 하락한다고 가정하고 콜옵션매도를 진입하려고 한다. 이제는 기술적분석을 이용해 진입 시점을 잡아보자. 보조지표 중 MACD를 보자. 빨간색으로 박스 입힌 구간을 잘 보자. 지표가 하락을 가리킬 때에만 콜옵션매도로 진입하는 것이다.

　이제 알겠는가? 왜 보조지표를 보아야 하는지? 어떤 경우에는 기본적분석 없이 오로지 보조지표만 참고해 옵션매도를 해도 무방할 때가 종종 있다. 이것이 옵션매도의 장점이다.

모든 보조지표는 어느 정도는 가격의 흐름과 일치한다. 그렇다고 항상 일치하는 것은 아니다. 또 후행성이다 보니 나중에 보면 거의 일치한다는 것이다. 우리가 알고 싶은 것은 미래의 영역인데, 그것은 알 길이 없다. 미래는 스스로에게 예측의 영역으로 남겨둬야 한다.

요약해보자. 옵션매도의 대원칙은 기본적분석을 통해서 종목을 고르고, 이제 종목이 선택되었으면 기술적분석을 통해서 진입 시점을 찾아내는 것이다. 기본적분석과 기술적분석은 한 쌍으로 움직여야 한다. 하지만 기본적분석이 어려울 때는 기술적분석을 최대한 활용해서 옵션매도를 진행해야 한다.

계절적 성향
활용하기

이 장에서는 앞에서 설명한 기본적분석의 일부분으로써 계절성 성향을 별도로 분리해서 다뤄보고자 한다. 계절적 성향을 파악하는 것이 옵션매도의 만능은 아니지만 알아두면 정말 요긴한 정보다.

대두, 밀, 옥수수, 커피, 면화처럼 1년 주기가 분명한 농산물에서 계절성이 뚜렷이 보이는 경향이 있다. 또 생우, 비육우와 같은 일년 중 소비가 일정한 패턴을 그리는 종목도 계절성이 나타나는 경향이 있다. 천연가스와 원유도 1년을 주기로 소비량이 일정한 패턴을 보이기 때문에 계절성을 파악하기가 유리하다.

하지만 모든 선물이 계절성을 띠는 것은 아니다. 금, S&P500지수, 호주달러, 유로 등 금융상품들은 영향을 미치는 요인이 너무 많아서 1년이라는 주기 안에서 일정한 패턴을 그리기가 어렵다.

따라서 여기서는 계절적 특징이 잘 드러나는 종목을 중심으로 살펴보고자 한다. 다만 계절성을 설명하면서 한계가 있다면 아직 우리나라에서 해외옵션거래가 시작 단계라 정보가 부족하다는 점이다. 일반적으로 계절성을 설명할 때 15년 평균치를 보여주는 데, 이를 보여주는 정보원이 전무하다. 우리나라의 어느 증권사도 이런 좋은 자료를 갖춘 곳이 없다. 당연히 필자도 해외옵션매도에 관한 책을 쓰면서 한계에 봉착하지 않을 수 없다. 또 외국의 원서를 참조한다 하더라도 그 내용을 이해하기가 쉽지만은 않다. 하지만 나름 대로 정리한다고 했다. 초보 거래자가 이해하기 쉽도록 정리했다.

다시 한번 당부한다. 계절성이 옵션매도의 성배가 아니라는 사실이다. 처음 계절성을 접한 거래자들은 옵션매도의 성배를 만난 것처럼 흥분한다. 이 계절성대로만 옵션매도를 하면 엄청난 돈을 벌 수 있다고 생각한다. 더 나아가 계절성을 활용해 옵션매도보다는 선물을 거래해서 짧은 기간에 큰돈을 벌수 있다고 생각한다. 어느 정도는 사실이다. 하지만 어느 정도는 사실이 아닐 수 있다. 계절적 성향을 보이는 모든 종목이 늘 한결같이 1년을 주기로 같은 패턴을 그리지는 않는다는 사실이다.

갑자기 전 세계적으로 가뭄이 심해져 농작물의 흉작이 심해질 수 있다. 가뭄이 일시적이라면 가격은 곧바로 정상으로 복귀하겠지만 가뭄이 상당 기간 지속된다면 가격은 상당 기간 급등할 것이다. 또 중동에서 전쟁이 발생해 심해진다면 원유의 가격은 천장을 뚫고 위로 올라갈 것이다. 우리가 배운 계절성과는 반대로 움직이는 것이다. 늘 이 점을 염두하면서 계절성을 공부하기를 당부한다.

1. 대두

　농산물의 계절성은 주로 공급 주기에 따라 결정된다. 공급은 수확기에 최고 수준으로 증가하고, 수확기 직전에 최저로 감소한다.

　대두는 미국과 브라질이 주요 수출국이다. 최근에는 남아메리카의 대두 총생산량이 미국을 추월했다. 예전에는 미국의 공급 주기만 파악하면 되었지만 지금은 남미의 공급 주기도 파악해야 한다.

　미국은 4~5월에 파종해서, 9~11월에 수확한다. 브라질은 10~11월에 파종해서, 3~6월에 수확한다.

　일반적으로 11월물 대두는 대개 5월에 고점을 기록한다. 미국의 구곡 공급이 감소하고, 햇곡 파종과 관련된 불안감이 최고에 이르는 시기기 때문이다. 브라질에서 수확한 대두가 6월부터 출하되기 시작하고 미국의 대두가 뿌리를 내리는 시기와 맞물리면서 대두의 가격은 하락하기 시작한다. 실은 이 시기에 가끔 대두가 급등하기도 한다. 대부분 날씨 영향 때문이다. 비가 오지 않아 뿌리가 내리기 힘들다는 이야기가 나오면 급등하곤 한다. 이는 다음에 설명할 옥수수와 밀도 마찬가지다.

또한 수확 직후에 대두의 공급량은 1년 중 최고 수준이므로 11월물 대두는 수확 직후인 10월에 계절적으로 저점을 형성한다.

따라서 5월에 대두의 콜옵션을 매도하고, 10월에 대두의 풋옵션을 매도하면 훌륭한 수익을 올릴 수 있을 것이다.

미국 농가의 대두 판매량은 겨울에 최대가 된다. 가을에 수확한 대두를 팔아 그 돈으로 다음 해에 필요한 물자와 장비를 준비하는 시기가 바로 겨울이기 때문이다. 판매량은 1~3월에 최대에 이른다. 그 결과 대두의 가격은 12월부터 다음 해 2월까지 하락해 대개 2월 중에 연중 최저점에 도달한다. 일명 '2월 폭락(February break)'이 일어난다. 이 시기가 지나면 미국의 대두 공급은 감소하고 세계는 수입 수요를 충족시키기 위해서 브라질 작황에 눈을 돌리지만 브라질은 3월이 되어서야 비로소 대두를 수확하고, 수확한 콩은 5월이 되어야 수출이 가능하다. 그래서 2월의 가격 폭락이 지나면 5월까지 대두 가격은 급등한다. 따라서 2월에 시장가격보다 훨씬 낮은 행사가격의 대두를 풋옵션매도하면 좋은 성과를 기대할 수 있다.

대두선물로 검증해보자.

[2015년 Soybeans 연결선물의 일봉차트]

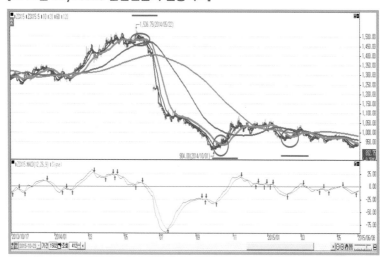

　　2014년 5월경에 그 당시 현재가보다 훨씬 높은 행사가를 선택해 콜옵션매도로 진입했다면 안정적으로 수익을 달성할 수 있었다. 또 2014년 10월경에 그 당시 현재가보다 훨씬 낮은 행사가를 선택해 풋옵션매도 진입했다면 이번에도 성공했다. 2015년 2월경, 만기가 2~3개월 남은 월물을 선택해 그 당시 현재가보다 훨씬 낮은 행사가를 골라 풋옵션매도로 진입했다면 한 번 정도는 어려움이 있었겠지만 무난히 성공할 수 있었다.

　　마침 2015년 대두선물은 기본적인 계절성의 특징을 띠고 움직였다. 하지만 어디까지나 확률이다. 이와는 반대로 움직일 여지가 얼마든지 있다는 것을 꼭 기억해야 한다.

결론 : 대두는 2월에 풋옵션매도, 5월에 콜옵션매도, 10월에 풋옵션매도로 진입하라.

2. 옥수수

옥수수와 대두는 비슷한 시기, 비슷한 지역에서 자라기 때문에 농부들은 그해 수익을 내기에 유리한 농작물을 심으려 한다. 하지만 이런 식으로 농부들이 돈 되는 것만 심는 것처럼 보이지만 전체적으로 보면 큰 차이가 없다. 우리나라처럼 땅덩어리가 작은 곳에서는 한해 고추농사가 가격이 좋아 그 다음 해 고추를 많이 심으면 고추가격은 큰 폭으로 하락하는데, 미국이라는 곳은 워낙 크기 때문에 일부 농부들이 돈이 되는 작물 위주로 심었다고 하더라도 전체적인 곡물 가격에는 큰 영향을 끼치지 못한다. 오히려 가격변동은 다른 변수 때문에 발생한다.

대두와 달리 옥수수는 미국을 따라올 나라가 없다. 최근에는 아르헨티나가 꾸준히 옥수수의 생산량을 확대하고 있지만 그래도 아직까지는 옥수수의 계절성에 있어서는 미국의 수확 주기를 많이 반영한다.

미국에서 옥수수는 4~5월에 파종해 9~10월에 수확한다. 옥수수는 발아가 늦어 대두보다 일찍 파종한다. 파종이 끝나고 뿌리를 내리면 햇곡에 대한 기대감으로 가격은 하락하는 경향이 있다. 대두와 마찬가지로 5월에 옥수수 콜옵션을 매도하면 이익으로 남을 확률이 크다. 좀 더 공격적인 거래자라면 3월부터 콜옵션매도를 시작할 수 있다. 생육 단계에서 날씨라는 요인이 큰 위협이 될 수도 있다. 계절적으로 하락해야 할 시기에 가끔 옥수수의 가격이 급등하기도 한 이유는 바로 날씨 때문이다. 하지만 날씨 때문에 발생하는 작황의 피해는 대개 크지 않다. 그래도 가끔 예상과 반대로 움직일 수 있다는 점을 늘 인지하고서 진입해야 한다.

결론 : 옥수수는 5월에 콜옵션매도로 진입하라.

3. 밀

대두나 옥수수와는 달리 밀은 전 세계적으로 재배된다. 미국, 유럽, 아시아, 남미 등 거의 전 세계적으로 생산되지만 그래도 미국이 세계 최대 수출국이다. 밀 가격의 움직임도 대두, 옥수수와 비슷하게 움직인다. 따라서 5월에 콜옵션매도를 하면 수익으로 남을 확률이 높다.

[3월물 밀선물의 15년 계절평균]

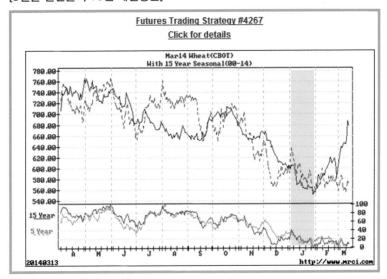

[출처 : www.mrci.com]

밀은 전 세계적으로 생산되기에 어느 한 지역의 수출 지연이나 생산량 감소가 전체의 가격에 큰 영향을 끼치지 않을 것 같지만 실상은 그렇지 않다. 오히려 전 세계적으로 생산되기에 어느 한 곳의 국지적인 사건이 밀 가격에 큰 영향을 미칠 수도 있는 것 같다.

2015년 Wheat 연결선물의 일봉차트를 보자. 2014년 10월부터 12월 중순까지 가격의 움직임을 보라. 급등한 이유가 무엇인가? 우크라이나와 러시아의 대립 때문이었다. 우크라이나도 상당한 밀을 수출한다. 하지만 러시아와의 대립으로 수출이 원활하게 이루어지지 못했다. 이때 밀의 가격은 엄청나게 상승했다. 비록 곡물은 일정한 주기가 분명 있지만 그것이 만능은 아니라는 것을 알고서 옵션매도를 진행해야 한다.

[2015년 Wheat 연결선물의 일봉차트]

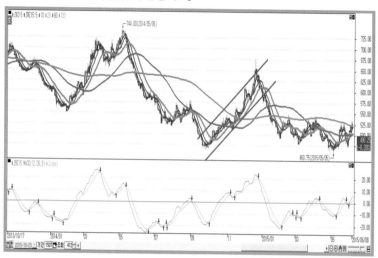

결론 : 밀은 5월에 콜옵션매도하라.

4. 커피

우리나라만 봐도 어떠한가. 최근 몇 년 사이에 커피의 소비가 엄청나게 늘었다. 점심으로 삼각 김밥을 먹어도 커피는 고급으로 마신다. 한 집 걸러 커피숍이 있을 정도로 커피 수요는 대단하다. 요즘엔 커피 가게가 하도 많아 가격 경쟁이 심해 중소업체들은 가격을 인하하지만 유명 브랜드 커피의 가격은 해마다 오르고 있는 실정이다. 이처럼 어느 순간 우리의 실생활에서 커피는 떼려야 뗄 수 없는 음료가 되었다.

현재 우리나라에서 커피선물은 거래가 가능하지만 커피옵션을 거래할 수는 없다. 하지만 조만간에 거래가 가능할 것이다. 또 커피에 대해서 개략적으로나마 알고 싶어 하는 거래자들이 많은 것이 사실이다. 주위에서도 커피 가게를 운영하는 사람들이 많다보니 커피선물이나 커피옵션을 거래하지 않는 사람들도 커피의 가격 움직임에 관심이 많다. 필자도 언젠가 커피가게를 차려서 해외옵션매도를 전문으로 하는 아지트를 만들고 싶다. 그래서인지 커피만큼은 더 자세히 공부하고 싶다. 개략적으로나마 커피에 대해 기록을 남긴다.

커피는 전 세계에서 재배되는 열대작물이다. 커피의 품종은 아라비카와 로버스타로 구분된다. 아라비카 커피는 주로 남아메리카의 고지대에서 생산되고 맛과 향이 부드럽다. 주로 서반구에서 선호하며 가격이 비싸다. 이에 반해 로버스타 커피는 베트남, 인도 같은 저지대에서 생산되고 쓴맛이 강하다. 가격은 아라비카에 비해서 저렴한 편이다.

아라비카 커피는 뉴욕에 있는 국제상품거래소(ICE)에서 거래되고, 로버스타 커피는 런던국제금융선물거래소(LIFFE)에서 거래된다.

두 품종 모두 브라질이 세계 최대 생산국이자, 수출국의 자리를 차지하고 있다. 특히 브라질의 커피 생산량은 ICE에서 거래되는 커피선물의 가격에 커다란 영향을 미친다. 브라질은 세계 2위의 커피 수출국인 베트남보다 세 배나 많은 커피를 재배한다.

커피 생산에 있어서 브라질을 따라오는 나라는 베트남이다. 저렴한 인건비와 적당한 기후 조건 때문에 베트남의 생산량도 무시 못할 정도에 이르렀다.

연중 커피의 가격변동성이 심한 시기는 브라질의 겨울철인 6~9월, 그리고 커피나무에 꽃이 피는 10월이다. 베트남산 커피가 세계

시장에 출하되는 시기인 3~4월도 변동성이 심할 수 있다. 이 시기에 날씨의 변덕과 운송 지연에 의해 커피의 가격이 요동치기도 한다.

커피는 나무에서 열린다. 따라서 파종시기가 따로 없어서 대개 수확기가 계절적 변동으로 이어진다. 브라질에서는 매년 5월에 커피를 수확하기 시작한다. 수확 직후에 공급이 최대로 늘어나기 때문에 커피의 계절평균 가격사이클은 수확기에 저점에 도달한다. 일단 수확기에 들어가면 시장은 공급 증가가 기대되어 커피의 가격은 5월을 전후해 하향세로 돌아선다.

커피선물이나 커피옵션거래자라면 앞에서 언급한 내용들을 모르는 것보다는 조금이라도 알고 있는 상태에서 거래를 하면 원하는 수익을 달성할 확률을 높일 수 있을 것이다.

[12월물 커피선물의 15년 계절평균]

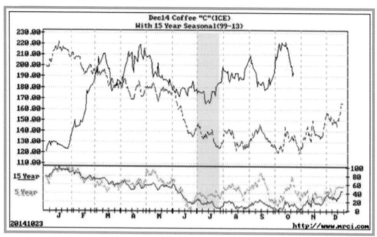

[출처 : www.mrci.com]

일반적으로 커피 가격의 계절적 특징은 5월에 급락하는 패턴을 보여 왔다. 하지만 자료에서 보듯이 2014년 한 해는 커피에 있어서는 계절평균이 적용되지 않은 해였다. 2014년 1월부터 10월까지 저점에서 거의 두 배가 상승했다. 그 원인은 무엇인가? 바로 브라질의 가뭄이다.

예전의 커피 가격 상승의 원인은 주로 브라질의 한파였다. 1990년대 초반 한파를 겪은 브라질 커피 농가는 한파를 피해 적도와 가까운 북쪽에 커피 나무를 심기 시작했다. 이후 한파는 걱정거리가 되지 못했다. 그래서 2010년 중순까지는 커피의 가격은 안정적으로 유지되었다. 하지만 2010년 중순 이후 커피의 가격이 요동을 쳤다. 특히 2014년에도 브라질의 가뭄이 심해 엄청난 상승을 기록했다. 처음에는 심각하게 받아들이지 않았다가도 가뭄 현상이 지속되자 이것이 하나의 큰 변수로 작용한 것이다.

다시 한 번 당부하지만 계절평균은 어디까지나 평균일 뿐이다. 옵션매도에서 대처하지 않으면 안 된다. 아무리 불리한 경우라도 대처만 해주면 옵션매도는 성공한다.

결론 : 커피는 5월에 콜옵션매도하라.

5. 냉동농축오렌지주스
(FCOJ : Frozen Concentrate Orange Juice)

냉동농축오렌지주스도 아직까지는 우리나라에서는 매매할 수 없지만 조만간 이용이 가능할 것이기 때문에 미리 계절적 패턴을 알고 있으면 도움이 될 것이다.

냉동농축오렌지주스는 특정한 국가나 지역에서만 생산되는 지역적 원자재 상품으로, 미국은 국내에서 소비하는 오렌지를 주로 브라질에서 수입한다. 부족한 부분은 미국 내 생산량으로 충당한다. 미국 내 오렌지 생산 지역은 캘리포니아와 플로리다 두 곳이다. 이 중 주스를 만드는 데 사용하는 오렌지는 플로리다 오렌지다. 따라서 냉동농축오렌지주스의 가격을 추적하기 위해서는 브라질과 플로리다의 오렌지 생산량을 살펴봐야 한다. 우리는 플로리다 오렌지만 추적해도 괜찮을 것이다.

플로리다의 오렌지 수확기는 12월에 시작한다. 오렌지의 가격은 11월에 고점을 찍고 12월에 급락한다. 거의 한 달 만에 연중 최저점으로 떨어진다. 이것이 오렌지주스시장의 독특한 현상이다. 12월에 콜옵션매도로 진입한다면 상당한 수익을 낼 수 있을 것이다.

좀 더 공격적인 투자자라면 11월에 콜옵션매도로 진입하면 더 많은 프리미엄을 취할 수도 있을 것이다.

한편 냉동농축오렌지주스는 거래소에서 거래량이 적은 편이다. 물론 개인들이 거래하는 데는 무리 없다. 오히려 거래량이 적은 종목들이 효자 노릇을 톡톡히 할 때가 많다.

어떤 종목에서나 계절성과 반대로 갈 때가 존재하기 마련이다. 오렌지 생산에 영향을 미치는 요인은 서리와 허리케인이다. 1980년대와 1990년대에 서리가 플로리다 북부 오렌지 농장을 강타해 농가에 큰 타격을 준 후 대부분의 농가들은 더 따뜻한 남쪽으로 이동해 그후 안정적으로 최대치에 육박하는 생산량을 보였다. 이제는 서리의 피해는 없어진 것이다. 그러다 2004년 여름, 대형 허리케인들이 플로리다 오렌지 농장을 초토화시켰다. 나무가 통째로 뽑혀나간 것이다. 그 사이 오렌지의 가격은 급등했다.

오렌지도 커피와 마찬가지로 나무에서 자란다. 오렌지 나무가 상품성 있는 열매를 맺으려면 3~4년 소요된다. 허리케인의 아픔을 딛고 다시 심은 오렌지 나무는 2007년이 되어야 비로소 열매를 맺었다. 이때까지 오렌지 가격은 급등하다 2007년이 되어서야 하락하기 시작했다.

서리와 허리케인이 오렌지 생산에 영향을 끼치는 시기는 언제든지 계절성과는 반대로 갈 수 있다는 사실을 염두하고 있어야 한다. 요즘은 서리 문제보다는 주로 허리케인에 신경쓰면서 냉동농축오렌지주스옵션을 거래하면 된다. 그만큼 기본적 요인을 분석할 내용이 적다보니 옵션매도자는 부담이 덜하다.

결론 : 냉동농축오렌지주스는 12월에 콜옵션매도로 진입하라.

[2015년 냉동농축오렌지주스 연결선물의 주봉차트]

12월에 콜옵션매도가 일반적인 상황이지만 항상 맞지는 않는다는 것을 확인해야 한다.

6. 비육우(Feeder Cattle)

미국에서 생산되는 쇠고기의 90%는 미국 내에서 소비된다. 비육우(Feeder Cattle)와 생우(Live Cattle)는 미국만 고려하면 되는 '지역 원자재(regional commodities)' 상품이다. 비육우옵션도 현재 우리나라에서는 매매할 수 없지만 조만간 이용할 수 있을 것이다.

쇠고기 수요가 가장 많은 계절은 언제인가? 여름철일 것 같지만 그렇지 않다. 한여름에는 쇠고기 수요가 감소하는 경향이 있다. 여름철에는 간단한 음식으로 식사를 마치고 야외활동을 즐기려 하기 때문이다. 따라서 여름철에는 수요가 소폭 하락하면서 쇠고기의 가격도 하락한다.

하지만 여름철 비육우의 가격은 쇠고기 수요와는 정반대로 움직인다. 여름철은 비육 송아지의 공급이 연중 최저치로 떨어지는 시기다. 반면 비육장 운영업자들은 송아지 확보 경쟁에 나서기 시작한다. 햇곡이 가장 낮은 가격에 공급되는 8~9월에 비육장에 들이기 위해서다. 비육 송아지의 공급 감소와 송아지 확보 경쟁이라는 두 가지 요인이 함께 작용하면서 늦여름부터 가을 비육우선물의 가격은 4~5월에 바닥을 친 다음 반등해 여름 내내 상승세를 지속한다. 따라서 4월말이나 5월초에 풋옵션매도로 진입하면 안정적인 수익을 창출할 수 있을 것이다.

결론 : 비육우는 4월말이나 5월초에 풋옵션매도로 진입하라.

7. 생우(Live Cattle)

생우옵션도 현재는 우리에서는 이용할 수 없다. 송아지가 비육장에 들어온 다음 고기를 생산하기 위한 최적의 무게로 소가 자라기까지는 대개 4~5개월이 걸린다. 8월 이후 비육장에 들어온 후 2월이 지나야 시장에 나온다.

겨울은 북미지역에서 쇠고기의 수요가 높은 시기다. 여름과는 반대로 온 가족이 식탁에 앉아 쇠고기 요리를 즐긴다. 따라서 생우선물의 가격은 9월부터 이듬해 1월까지 꾸준히 상승하는 경향이 있다. 그래서 9월경에 풋옵션을 매도하면 좋은 성과를 낼 수 있다.

결론 : 9월에 생우 풋옵션을 매도 진입하라.

[6월물 생우선물의 15년 계절평균]

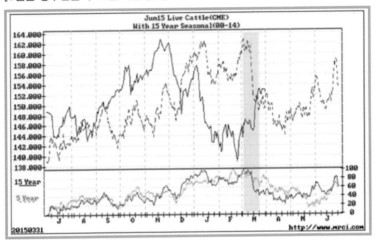

[출처 : www.mrci.com]

8. 천연가스

천연가스의 최대 소비 시기는 난방 연료가 필요한 겨울철이다. 또한 냉방장치의 연료가 필요한 여름철도 천연가스의 수요가 많다. 수요가 많은 겨울부터 천연가스의 가격은 5월~6월까지 꾸준히 상승한다. 따라서 겨울에 천연가스를 풋옵션매도한다면 훌륭한 수익을 달성할 수 있을 것이다.

5월~6월까지 천연가스의 가격이 꾸준히 오르는 이유는 여름에 대비하기 위해 비축을 하기 때문이다. 여름에 소비할 천연가스의 비축이 어느 정도 끝나면 5월부터, 늦으면 6월부터 천연가스의 가격은 하락한다. 이때 콜옵션매도로 진입하면 좋은 성과를 낼 수 있을 것이다.

다시 여름이 지나고 9월부터 겨울에 대비해 비축을 시작한다. 이때 서서히 천연가스의 가격은 상승한다. 대략 11월경까지 비축이 끝나면 겨울이 시작되기 전까지 가격은 하락한다. 그리고 본격적으로 겨울이 시작하면 천연가스의 가격은 상승한다.

좀 복잡한 것처럼 보이지만 천연가스는 1년을 주기로 일정한 사이클로 움직인다.

결론 : 천연가스는 2월이나 9월에 풋옵션매도로 진입하라. 좀 더 공격적인 투자자라면 1월에 진입해도 괜찮다. 6월에 콜옵션매도로 진입하라. 좀 더 공격적인 투자자라면 5월에 진입해도 괜찮다.

[2015년 천연가스 연결선물의 일봉차트]

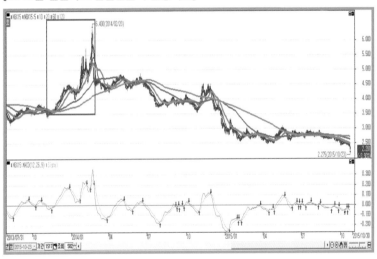

어디까지나 평균이라고 했다. 차트를 보라. 2013년 말부터 천연가스시장에 무슨 일이 발생했는가? 2014년 2월 중순까지 거의 두 배가 상승했다. 필자도 이때 천연가스 때문에 혼줄났다. 처음 경험해보는 상황이라 급등 초기에는 손실을 보기도 했지만 서서히 이런 급등을 즐길 줄 알게 되었다. 결국은 큰 수익으로 마감지었지만

초보자들은 패닉상태가 되었으리라. 그럼 대체 무슨 일이 일어났는가? 바로 러시아와 우크라이나의 전쟁이다. 유럽 천연가스의 상당량이 러시아에서 생산된 것이다. 천연가스는 우크라이나에 있는 파이프라인을 통해서 유럽에 도달한다. 유럽 대부분의 나라들은 러시아의 입장에 반대한다. 러시아는 우크라이나의 친서방정책에 항의하며 천연가스로 우크라이나와 유럽을 위협한다. 하루에도 몇 번씩 출렁거림이 심했다. 하루에 10% 변동은 흔한 일이었다.

여기서 하고 싶은 말은 옵션매도에 있어서 계절성만을 맹신해서는 안 된다는 것이다. 국지적인 사건이 천연가스의 가격을 급등시킬 수 있다는 점을 반드시 인지해야 한다.

9. 원유

원유를 정제해서 휘발유가 나온다. 따라서 원유의 소비량은 휘발유의 소비량이라고 해도 무방하다. 휘발유는 여름철에 소비가 최고치에 도달한다. 미국의 휴가철이 여름에 몰려 있다 보니 자동차 여행이 많을 수밖에 없다. 유럽도 마찬가지다. 아니 북반구 대부분의 국가가 여름에 휴가를 많이 보낸다. 그러다보니 자연스럽게 자동차 여행이 많아지고 그에 따른 휘발유의 사용이 증가하는 것은 당연하다.

여름철 수요에 발맞추어 거래자들은 1월경부터 휘발유 재고를 비축하기 시작한다. 5월 무렵까지 꾸준히 재고를 비축한다. 당연히 이 기간에 휘발유의 가격이 상승한다. 따라서 1월 무렵에 원유를 풋옵션매도로 진입하는 것이 상식이다. 좀 더 공격적인 투자자라면 12월에 풋옵션매도를 진입해도 괜찮다.

비축이 마무리 단계인 5월 무렵부터 휘발유 비축 수요도 감소한다. 자연스럽게 휘발유의 가격도 하락한다. 어떤 해는 원유의 수요가 감소해 한여름에 원유의 가격이 저점에 도달하기도 한다. 따라서 정작 여름철에는 4~5월에 비해 원유의 가격이 낮은 편이다.

결론 : 원유는 12~1월에 풋옵션매도로 진입하라.

MEMO

초보 옵션매도자들이
주의해야 할 것들

1. 과도하게 많은 포지션을
보유하지 마라

초보 옵션매도거래자들은 일반적으로 처음에는 수익을 낸다. 그러다 자만에 빠진다. 이렇게 쉬운 것이 있었구나. 나는 월 단위로 따져 엄청나게 수익을 낼 수 있다. 10%를 넘어 20%도 가능하다. 하지만 그러기 위해서는 엄청난 모험을 해야 한다. 자금을 90% 이상 투자해야 할 상황이 될지도 모른다. 또 이런 수익을 위해서는 현재 우리나라 시스템으로는 등가격에 가까운 외가격을 공략해야 한다. 서너 번 수익을 내다가도 한두 번 예상과 어긋나면 여태껏 만들어 놓은 수익이 모조리 날아갈 수 있다.

일반적인 거래자라면 총 자금의 50%만 활용하기를 바란다. 이때 의문이 생긴다. 나머지 50%는 왜 남겨 놓느냐? 여러 가지 이유가 있을 수 있겠으나 두 가지로 요약하면, 첫째, 심리적 안정감 때문이다. 50%의 자금이 남아 있으면 혹 한두 개가 실패하더라도 여유가 생긴다. 둘째, 실패했을 경우 추가로 두 배 혹은 세 배로 진입할 수 있다. 이때는 50%를 초과할 수도 있다. 하지만 이는 이미 진입 전에 계산이 되어있는 부분이기 때문에 자연스럽게 감수할 수 있다.

필자도 초보자일 때 처음 몇 번의 거래에서 수익이 나자 거의 몰빵 수준으로 과도하게 진입했다가 완전히 망가진 적이 있다. 그 이후는 절대 이런 과오를 되풀이 하지 않으려 노력 중이다.

2. 자금이 충분한 계좌로 거래하라

대부분의 옵션매도거래자들은 옵션매수를 거쳐서 오는 경우가 많다. 그 결과 수중에 자금이 얼마 없다. 이미 옵션매수에서 깡통을 경험하고 난 후 옵션매도로 흘러온 터라 수중에 자금이 부족할 수밖에 없다. 필자의 경우 여러 계좌를 운영하면서 한 번은 3백만 원짜리 계좌를 운영해보기로 한 적이 있다. 자금이 적은 관계로 증거금이 적게 들어가는 밀옵션을 거래했다. 양매도를 구축해서 기다리는 중 밀선물이 급락한다. 실은 이때도 얼른 조치를 취했으면 살아남았을 수 있었는데 자만심에, 또 자금이 얼마 되지 않은 계좌라는 핑계로 귀찮아서 방치해버렸더니 결국은 깡통계좌로 전락한 적이 있다.

그럼 대체 얼마의 자금이 적정한가? 정답은 없지만 최소 5,000만 원에서 1억 원은 있어야 되지 않을까? 그 이유는 자금이 많으면 다양한 전략을 구사할 수 있기 때문이다. 자금이 적으면 증거금이 적게 드는 종목만 공략하게 되는데, 예상과 어긋났을 때 어려움에 봉착할 수 있다. 손절하고 또 진입하기가 어려워진다. 하지만 자금이 많으면 분산투자가 가능하다. 비록 증거금이 많이 들지만 방향이 확실한 종목이 보일 때가 있다. 이때는 이런 종목을 진입해야 한다. 그런데 자금이 적다면 기회를 눈앞에서 놓치는 경우도 종종 있다.

  개인들이 이런 자금을 모으기는 쉽지 않을 것이지만 기왕 옵션 매도를 하기로 맘먹었다면 이 정도의 자금은 모은 상태에서 시작하는 것이 장기적으로 수익 내는 비결이다.

3. 진입 전에 계획을 세우고 탈출 전략도 세워라
(기록하는 습관을 기르자)

  일반적인 주식거래자든 파생상품거래자든 처음 진입 시부터 손절, 익절 계획을 세우는 경우는 드물다. 하지만 옵션매도는 말 그대로 '손실은 무제한'인 상품이다. 예상과 어긋나게 움직이는데,

방치했다가는 소위 깡통계좌로 전락할 가능성이 농후하다. 특히 초보 옵션매도자들은 철저히 계획을 세워야 한다. 노트가 되었든 엑셀이 되었든 기록하는 습관을 기르자. 머리 속에 있는 것과 실제 눈으로 보는 것은 천지 차이다.

거래에 익숙한 거래자라면 그때는 모니터만 보면서도 손절과 익절을 수행할 수 있다. 하지만 이때도 처음부터 계획을 세워야 한다. 밀선물이 지금쯤 반드시 하락해야 하는데 상승이 계속된다면, 나의 예측에 무슨 변수가 생긴 것이 틀림없다. 진입 전 계획한 대로 얼른 손절하고 좀 떨어져서 볼 필요가 있다. 그런데 계획이 없다면 우왕좌왕하면서 뼈아픈 경험만을 하게 될 것이다. 옵션매도자들은 진입 전에 반드시 손절 계획과 익절 계획을 세우고 진입해야 한다. 이것만 지켜도 절반은 이기고 시작하는 것이다.

필자도 엑셀에 기록하는 습관이 있다. 진입 시 기록에 남긴다. 날짜, 종목, 기초자산, 월물, 행사가, 진입가, 청산가, 손절가, 수수료, 수익금, 수익률, 진입의 이유, 손절의 이유, 손절 후 재진입 여부 등을 기록하고 있다. 초보들은 반드시 진입 시부터 계획을 세우고 반드시 기록을 남겨야 한다. 이 기록을 바탕으로 앞으로의 거래에서 같은 실수를 할 확률을 줄일 수 있다.

4. 특정 시장에 애증을 갖지 마라
(너무 사랑하지도, 복수심에 불타지도 마라)

[2015년 Crude Oll 연결선물의 일봉차트]

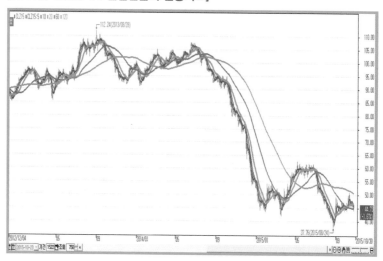

차트를 보자. 앞에서도 언급한 내용이다. 워낙 대표적인 예다보니 자주 언급하게 된다. 2014년 4월경 원유 풋옵션매도를 진입한거래자가 있다고 생각해보자. 6월부터 이듬해 3월 중순까지 줄기차게 60%가 하락을 했다. 상식적인 거래자라면 풋옵션매도로 진입한 것은 손절했을 것이다. 그리고 그 배수를 또 풋옵션매도로 진

입했다. 그러나 곧바로 하루 이틀 만에 손절했을지도 모른다. 이 상황에서 풋옵션매도자는 생각한다. '어, 원유, 반드시 너에게서 내 손실 난 자금을 모조리 빼앗아 오겠어. 그것도 반드시 풋옵션매도로.' 곧바로 또 다시 풋옵션매도로 3번째 진입한다. 두 번의 손실을 커버할 수 있는 계약수로. 하지만 이번에도 또 곧바로 손절이다. 고민한다. '기어코 복수하고 말겠어. 많이 하락했으니 더 이상은 하락하지 않을 거야'라고 생각하면서 이번에도 엄청난 계약수로 풋옵션매도를 진입한다. 하지만 또 손절이다. 아니 손절이 아닐지도 모른다. 자기도 모르는 사이에 계좌가 텅 비었을지도 모른다.

아마 작년 원유의 거래에서 많은 풋옵션매도자들이 고생을 했을 것이다. 복수심에 불탄 거래자들은 거의 나가 떨어졌을 확률이 높다. 그렇지 않고 한 박자 쉬거나 냉정히 판단해 반대 포지션으로 진입한 거래자들은 느긋하게 이 무서운 하락을 즐겼을 것이다.

[2015년 Wheat 연결선물의 일봉차트]

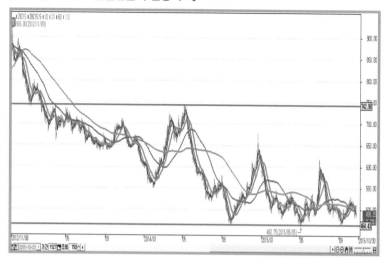

또 하나의 예를 보자. 2014년 1월 밀을 풋옵션매도로 진입한 거래자들은 5월초까지는 편하게 수익을 챙겼을 것이다. 이때 거래자는 생각한다. '밀이 나와 잘 맞아. 밀은 나를 위해 존재하는 것이야. 특히 풋옵션매도는 나하고 찰떡궁합이야'라고 생각하면서 밀에 대한 애착을 드러낸다. 5월초, 밀선물이 하락을 시작하지만 신경을 쓰지 않는다. '하락해도 금방 상승할 거야'라고 생각하면서 계속해서 풋옵션매도만 공략한다. 차트를 보라. 9월말까지 줄곧 하락하지 않는가?

두 예는 초보 거래자들이 보이는 전형적인 현상이다. 복수심과 애착이 전체 계좌의 수익을 망칠 수 있다. 특정 종목을 너무 사랑하지도 말고 그렇다고 너무 미워하지도 마라. 사랑도 미움도 변하는 것이다.

5. 고점이나 저점을 잡으려고 하지 마라

초보 옵션매도거래자들은 처음부터 완벽함을 추구하려 한다. 완벽하게 고점이나 저점을 잡아내려 노력한다. 그래야만 손실을 줄인다고 생각한다. 당연히 고점이나 저점을 잡아내면 손실은 제로가 될 수 있다. 하지만 이게 어디 쉽던가. 주식을 생각해보라. 어느 주식의 고점과 저점을 잡아낸 적이 몇 번이나 있는가? 선물도 마찬가지다. 신이 아닌 이상 아무리 뛰어난 거래자라도 고점과 저점을 잡아내기는 어렵다. 우리는 '이 정도가 고점이 될 만하겠다', 또는 '이 정도가 저점이 될 만하겠다'만 알면 그만이다. 그렇게 해도 수익이 난다. 고점과 저점을 잡으려다 거래는 평생 못할 수도 있다. 사람도 너무 완벽하면 매력이 떨어지지 않던가? 적당한 범위에서 수용하는 습관을 기르자.

6. 전문가의 도움을 청하라

누구든 초보의 시절이 있기 마련이다. 일반적으로 옵션매도는 개념자체가 좀 까다로워 전문가의 도움을 받는 것이 특징이다. 잘 모르는 상태에서 모든 것을 혼자서 해결하려 하지마라. 전업 투자자라면 당연히 어서 빨리 옵션에 대해 통달해서 스스로 컨트롤하는 위치까지 와야 하지만 전업 투자자가 아닌 부업으로 투자하는 투자자라면, 또 은퇴 후 노후 대책으로 투자를 맡기고 싶은 사람이라면 전문가의 도움을 받기를 권한다. 하지만 이 부분은 우리나라의 실정에서는 좀 애매한 면이 있다. 우리나라에 해외옵션이 들어온 지 몇 년 되지 않았다. 그리고 해외옵션을 이용하도록 제대로 HTS가 구축된 증권사는 극소수다. 그러기에 아직 우리나라에는 해외옵션 전문가가 거의 없는 상태다. 개인으로서는 필자를 선봉으로 해서 단지 소수만이 해외옵션을 하고 있는 실정이다. 필자의 까페가 아직까지는 해외옵션매도거래자들에게 큰 도움을 주고 있는 실정이다. 해외옵션을 배우고자 하는 분들은 필자의 까페에 들어와 이것저것 탐색하다보면 좋은 정보도 얻어 갈 수 있을 것이다. 이 책 앞날개에 필자의 까페주소가 있으니 참고하길 바란다.

chapter

09

코스피옵션의
합성전략

01

합성전략의 의의

옵션의 전략은 무궁무진하다. 개개인의 전략을 기본서에 모두 기술한다는 것 자체가 불가능할 정도로 방대할 것이다. 하지만 그 많은 전략 중 수익을 꾸준히 가져다주는 전략은 몇 개나 될까? 어떤 타짜들은 네이키드매수만으로도 큰 수익을 낼 수도 있을 것이다. 개인적으로 옵션매수에서 수익 내는 영역을 타짜의 영역으로 인정하고 싶다. 분명 이런 투자자가 존재할 것이다. 그런데 이상하다. 분명 존재해야 할 옵션매수에서의 타짜는 어느 때는 존재했는데 찾아보려고 하면 사라진다. 찾을 수가 없다. 이들은 모두 어디로 간 것일까. 두 가지 가정이 가능하다. 하나는, 실제로 정말 잘해서 아무에게도 비법을 안 가르쳐주고 자신들만 하고 있을지도 모른다. 또 하나는, 모든 것을 잃고 쓸쓸히 무대 뒤편으로 사라졌을지도 모른다. 아마 후자의 경우가 더 많지 않을까 추측해본다.

우리의 목표는 적더라도 꾸준히 수익을 내는 것이다. 이런 전략이 존재할까? 분명 존재한다. 그것이 바로 옵션매도 위주의 합성전략이다. 거창하게 합성전략을 구사하지 않고 네이키드매도 또는 양매도만 구사해도 꾸준히 수익을 올릴 수 있다. 이 두 가지 방법을 기본으로 삼고서 어떤 경우는 보수적으로, 또 어떤 경우는 좀 더 공격적으로 전략을 구사할 수 있다. 이때 필요한 전략이 옵션매도 위주의 합성전략이다.

　이제 우리는 가능한 네이키드옵션매수는 지양해야 한다. 수익이 줄어드는 고통을 감수하면서 일부러 옵션매도 위주의 합성전략을 구사하는 연습을 해야 한다. 옵션매수와 비교하면 당장 수익이 현저하게 줄어들지만 결국에는 마지막에 웃을 수 있는 전략이기에 앞으로 옵션거래자들은 합성전략으로 진입하는 훈련을 해야 한다. 여태껏 옵션매수만 해오던 거래자들은 생각을 바꿔야 한다. 파생시장에서 투자자들은 합성전략만이 살아남을 수 있는 방법이라는 것을 인정하고 배워서 자신의 것으로 만들어야 한다.

　우리나라의 선물은 외부 변수에 너무나 취약해 바깥 세상에서 조금만 기침을 해도 독감에 걸릴 지경이다. 그 결과 옵션매도도 쉽지 않다. 그렇다고 옵션매수가 돈이 되는 것도 아니다. 어렵지만 확률적으로 옵션매도가 유리하다. 카지노에서 일반 개인이 처음 한 시간 정도는 수익을 내기도 하겠지만 몇 시간, 하루, 이틀 계속

하면 결국은 딜러가 판돈을 모두 가져갈 수 밖에 없는 것과 같다. 그렇기 때문에 우리는 옵션매도를 공부하는 것이다.

여기서는 네이키드매도도 소개한다. 그 이유는 비록 합성은 아니지만 합성의 기본 모태는 네이키드매도기 때문이다. 그 후 양매도를 포함해서 여러 옵션의 합성전략을 소개한다.

02

구체적인 합성전략

1. 외가격 콜옵션매도

1-1. 외가격 콜옵션매도의 개념

기본적으로 지수의 하락을 염두하고서 진입하는 전략이다. 지수가 급하게 오른 후 당분간은 숨고르기를 하거나 지수가 서서히 올랐지만 그동안 많이 올라 한동안은 어느 지수 위까지는 오르지 않을 것을 예상하고서 진입하는 전략이다.

하지만 외가격 콜옵션매도를 꼭 이런 경우에만 써 먹을 수 있는 것만은 아니다. 다음 차트의 코스피선물을 보라.

[2015년 코스피 연결선물의 일봉차트]

2015년 4월 24일 고점을 찍은 이후 얼마나 하락했는가? 6월 동안 메르스 때문에 한국의 경제가 마비될 정도였다. 게다가 그리스 디폴트 문제까지 불거져 어제(2015년 6월 29일)는 갭하락이 발생했다. 이 상황에서 판단해볼 수 있다. 아마 선물이 쉽게는 위쪽으로 방향을 틀지는 못할 것이다. 이렇게 생각한다면 외가격 콜옵션매도를 구사할 수도 있다. 비록 많이 하락한 상태지만 그렇다고 쉽게 상방으로 방향을 바꾸지 않을 것을 확신하면 외가격 콜옵션매도

가 여전히 유효하다. 현재(2015년 6월 30일) 9월물 선물이 252.00인 상태에서 8월물 옵션 만기일인 8월 13일(목)에 기초자산인 코스피200지수가 267.50에는 도달하지 못할 것이라고 확신이 들면 행사가 267.50을 콜옵션매도로 진입하면 된다.

다른 말로 표현해보자. 외가격 콜옵션매도를 진입한다는 말은 만기일에 기초자산이 절대 행사가 위쪽으로 상승하지 않을 것에 배팅하는 것이다. 옵션매수의 경우 행사가 267.50에 콜옵션매수 진입을 했다면 만기일에 기초자산이 267.50을 넘어서 상승해야 이익이 발생한다. 콜옵션매수가 반드시 지수가 여기까지는 상승해야 한다에 배팅하는 것이라면 콜옵션매도는 지수가 반드시 여기까지는 상승하지 않을 것이라는 점에 배팅하는 것이다.

상식적인 선에서 확률을 논해보자. 주식을 예로 들어보자. 주식을 매수한 후 한두 달 사이에 어느 정도 상승하는 경우가 많든가? 아니면 횡보나 하락하는 경우가 많던가? 선물도 비슷하지 않을까? 옵션매수는 어떠하겠는가? 이미 진입 때부터 프리미엄을 주고 진입한다. 콜옵션매수라면 프리미엄 준 것까지 감안해서 기초자산이 행사가보다 더 위쪽까지 상승해야 이익이 남을 수 있다. 풋옵션매수라면 기초자산이 행사가보다 더 아래까지 하락해야 이득이 남는다.

하지만 옵션매도는 한결 여유 있다. 콜옵션매도의 경우 기초자산이 행사가까지만 상승하지 않으면 이득이다. 정확히 행사가에 도달해도 처음 받은 프리미엄을 고스란히 모두 가져간다. 풋옵션 매도의 경우 기초자산이 행사가까지 하락하지 않으면 이득이다. 행사가에 도달해도 괜찮다. 처음 받은 프리미엄을 손상 없이 모두 취할 수 있다. 이처럼 상식을 동원한 확률에 있어서 옵션매도가 옵션매수에 비해 유리함을 알 수 있다. 고등학교나 대학교에서 확률을 구하는 공식을 한번쯤은 공부해봤을 것이다. 좀 어렵지 않던가? 여기서 논하는 확률은 그런 복잡한 확률이 아니다. 지극히 상식적인 선에서 바라보는 확률이라는 것을 이해하자. **'상식적 확률'**이라는 용어로 표현하고 싶다.

1-2. 외가격 콜옵션매도 진입의 예

보통 일반 거래자들은 선물의 현재가에서 10~15포인트 위쪽이나 아래쪽을 공략한다. 2015년 6월 30일 현재, 9월물 선물이 252.00일 때 대략 15포인트 위는 267.50 정도 된다. 행사가는 투자성향에 따라 결정한다. 당연히 행사가에 따른 옵션의 가치(프리미엄)도 확인해야 한다. 또한 옵션의 만기일까지 남은 기간과 증거금을 고려해 프리미엄이 적당한지를 판단해야 한다.

이제 모든 판단이 마무리되어 8월물 옵션 행사가 267.50 콜옵션을 매도로 진입한다고 가정하자. 옵션의 만기일은 8월 13일(목요일)이고 만기까지 45일 남았다. 가격은 0.35에 움직인다. 금액으로 환산하면 175,000원(0.35 × 500,000원)이다. 증거금은 3,494,068원이다. 증거금 대비 수익률은 5.00%이다. 한 달 환산 수익률은 3.33% 정도 된다. 이 정도의 수익이 적당하다고 생각하다면 이대로 진행하면 된다. 좀 더 적극적인 투자자는 행사가를 더 낮추어서 진입하면 되고, 좀 더 보수적인 투자자는 행사가를 더 높여서 진입하면 된다. 어디까지나 자신의 투자성향에 달렸다.

다 아는 사항일수도 있지만 혹시나 궁금해하는 투자자가 있을 것 같아 만기일에 옵션의 결제가 어떻게 이루어지는지 알아보자. 8월물 옵션을 만기일 전에 매수나 매도 진입했다고 가정하자. 이 옵션의 가치는 9월물 선물의 움직임에 따라 연동해서 움직일 것이다. 만기일 전에는 늘 옵션의 가치가 살아 움직여서 이득이든 손실이든 언제든지 청산하고 빠져나올 수 있다. 하지만 만기일에는 어떠한가? 진입한 8월물 옵션의 운명은 9월물 코스피선물의 가격에 좌우되는 것이 아니라 코스피200지수에 따라 결정된다.

앞에서 예로 든 8월물 콜옵션매도를 보자. 만기일 전에 8월물 콜옵션 행사가 267.50을 0.35의 프리미엄에 매도 진입했다. 도중에 청산하지 않고서 만기일까지 가지고 간다. 그런데 만기일에 9월물 선물의 가격은 268.00에 끝났다. 하지만 코스피200지수는 267.00에 끝났을 경우 나의 콜옵션매도는 온전히 성공을 거둔 것이다. 비록 선물의 가격과 비교해 나의 옵션은 내가격이 되었지만 기초자산인 코스피200지수와 비교하면 나의 옵션은 여전히 외가격으로 존재한다. 따라서 나의 콜옵션매도는 온전히 수익으로 남는 것이다. 정리해보자. 만기일에 자신의 옵션거래에서 손익을 판단하는 기준은 코스피선물의 가격이 아니라 코스피200지수라는 점이다.

[코스피 8월물 콜옵션 행사가 267.50 콜옵션매도 진입 시 만기손익 그래프와 증거금]

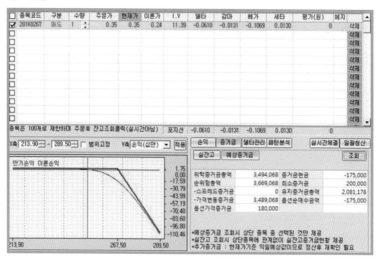

구체적으로 외가격 콜옵션매도의 진입 상황을 살펴보자.

종목 : 2015년 코스피 8월물 옵션

기초자산 : 코스피200지수

진입 전략 : 콜옵션매도

행사가 : 267.50

진입가(프리미엄) : 0.35(175,000원)

증거금 : 3,494,068원

만기일 : 8월 13일(목요일)

옵션의 잔존일 : 45일

예상 수익금 : 175,000원

예상 수익률(45일 동안) : 5%(175,000÷3,494,068×100)

예상 수익률(한 달 30일) : 3.33%

손절의 원칙 : 200% 원칙 또는 300% 원칙 또는 행사가 원칙
(자신의 투자 성향에 따라 선택할 수 있다)

1-3. 외가격 콜옵션매도의 장점

첫째, 진입이 단순하다는 점이다. 지수가 하락할 것이라고 예상한다면, 또는 하락하지 않더라도 큰 폭의 상승만 없다고 생각하고 진입하면 된다. 머리 아파 할 이유가 없다. 온갖 경제지표, 기술적 분석 등 여러 요소들을 취합해서 분석하고 연구하지 않아도 된다. 어림잡아 지수가 여기까지는 상승하지 않을 거라고 생각하고 진입하면 된다.

둘째, 이익과 손실이 어느 정도 될지 예측할 수 있다는 점이다. 이익은 처음 진입 시 받은 프리미엄으로 한정되어 있다는 것을 안다. 그래서 무리해서 욕심을 낼 필요도 없고 낼 수도 없다. 또한 손절의 원칙을 정했다면 손실도 이미 정해진 상황이다. 200% 원칙을 구사할 경우 진입 당시 받은 프리미엄만큼만 손실이다. 물론 이론상으로 손실은 무한정이지만 우리는 그렇게 방치하지 않는다. 정해진 어느 선에서 손실을 끊고 나오면 그만이다. 옵션매수하면서 취하지 못했던 숙면을 취할 수 있다. 머리가 아프지 않으니 맑은 정신으로 파생시장에서 계속해서 게임을 할 수 있다. 한번쯤 옵션매수를 경험해본 거래자라면 이 말이 무슨 의미인지 금방 알아차릴 것이다.

셋째, 지수의 웬만한 상승에도 견딜 수 있다. 우리는 처음 진입 때부터 현재가에서 위쪽으로 10~15포인트 떨어진 행사가를 공략하기 때문에 급격한 상승만 아니라면 충분히 견뎌낼 여유가 있다.

여기서 말한 외가격 콜옵션매도의 장점은 다음에 설명할 외가격 풋옵션매도에도 그대로 적용된다.

2. 외가격 풋옵션매도

2-1. 외가격 풋옵션매도의 개념

기본적으로 지수의 상승을 예상하고 진입하는 전략이다. 지수가 단기간에 급락해서 더 이상의 급락은 없을 것이라고 예상하거나 또는 지수가 완만하게 하락했지만 이제부터는 서서히 상승할 것을 예상할 때 사용하는 전략이다.

한편 지수가 하락 중이고 또 하락했지만 절대 어느 선까지는 하락하지 않을 거라고 확신할 때도 구사할 수 있다. 현재 지수가 250이지만 240까지는 또는 235까지는 하락하지 않을 거라고 확신하는 경우에 풋옵션매도를 구사할 수 있다. 당연히 그에 합당한 이유는 존재해야 한다.

[2015년 코스피 연결선물의 주봉차트]

최근 몇 주 동안 선물이 큰 폭으로 하락한 후 이제 서서히 상승의 기운이 돌고 있다. 비록 그리스 문제가 월요일(6월 29일)에 터져 단기적으로 더 하락 할 수도 있지만 상당한 하락은 하지 않을 것이라고 생각하면 외가격 풋옵션매도를 검토해볼 수 있다.

2-2. 외가격 풋옵션매도 진입의 예

차트에서 보듯이 2015년 6월 30일 현재, 코스피 9월물 선물의 가격이 252.25로 장을 마쳤다. 여기서 판단을 해보는 것이다. 8월물 옵션의 만기일인 8월 13일에 기초자산인 코스피200지수가 235까지 하락할 수 있을까? 현재의 상황으로 보아 하니 현재가보다 더 하락할 수도 있을 것 같다. 하지만 절대로 235까지는 하락하지 않을 것을 확신한다면 행사가 235를 기준으로 풋옵션매도를 진입할 수 있는 것이다. 혹시 하락하더라도 완만하게 하락한 결과 만기일에 235를 하회하지 않으면 매도 진입 때 받은 프리미엄은 고스란히 수익으로 남는다.

이제 좀 더 구체적으로 살펴보자. 월물은 8월물을 선택한다. 행사가는 앞에서 예로 들었듯이 235.00가 적당할 것 같다. 프리미엄도 0.75로 적당하다. 콜옵션에 비해서 프리미엄이 상당하다. 늘 지수옵션은 풋옵션의 프리미엄이 더 많이 형성되어 있는 것이 특징이다. 증거금에 비해 수익률도 엄청나다.

다른 측면에서 풋옵션매도를 살펴보자. 현재 지수가 252.25다. 풋옵션매도는 기본적으로 지수의 상승을 예상하고 진입한 것인데, 하락해서 만기일에 240이 되었다고 해서, 분명 진입 때보다는 기초자산의 가격이 하락했다고 해서 내가 처음에 진입한 풋옵션매도가 손실인가? 아니다. 10포인트 이상이 하락했는데도 손실이 아니다. 선물의 가격이 만기일에 235.00가 되어도 손실이 아니다. 처음에 받은 프리미엄을 모두 취한다. 만기일에 기초자산이 행사가보다 더 하락해서 234.25에 끝났을 경우 비로소 손익은 제로가 된다. 행사가에서 처음 받은 프리미엄을 뺀 지수가 손익 분기점이 된다. 기초자산인 코스피200지수가 234.25 아래로 하락하면 그때부터 손실이 발생한다. 행사가는 235.00이지만 만기일에 기초자산이 행사가 밑으로 하락해도 어느 정도까지는 수익이라는 점이 옵션매수와 비교해 크게 다른 점이다.

기본적으로 외가격 풋옵션매도는 기초자산의 상승을 기대하고 취하는 전략이지만 기초자산이 하락해도 행사가 아래로만 하락하지 않으면 처음 기대했던 대로 수익을 가져가는 전략이다. 또한 행사가 아래로 하락해도 손익 분기점 아래로만 하락하지 않으면 손실은 없는 전략이다. 수수료만 부담하면 된다. 이처럼 외가격 풋옵션매도는 앞에서 설명한 외가격 콜옵션매도와 마찬가지로 확률적으로 유리한 게임이다. 처음부터 이기면서 시작하는 게임이다.

외가격 풋옵션매도의 장점은 위에서 설명한 외가격 콜옵션매도의 장점과 똑같이 설명할 수 있다. 다만 방향만 다를 뿐이다.

[코스피 8월물 풋옵션 행사가 235.00 풋옵션매도 진입 시 만기손익 그래프와 증거금]

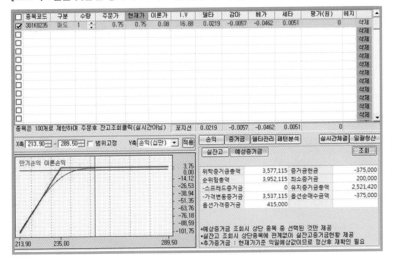

구체적으로 외가격 풋옵션매도의 진입 현황을 살펴보자.

종목 : 2015년 코스피 8월물 옵션

기초자산 : 코스피 200지수

진입 전략 : 풋옵션매도

행사가 : 235.00

진입가(프리미엄) : 0.75(375,000원)

증거금 : 3,577,115원

만기일 : 8월 13일(목요일)

옵션의 잔존일 : 45일

예상 수익금 : 375,000원

예상 수익률(45일 동안) : 10.48%(375,000÷3,577,115×100)

예상 수익률(한 달 30일) : 6.98%

손절의 원칙 : 200% 원칙 또는 300% 원칙 또는 행사가
　　　　　원칙(자신의 투자 성향에 따라 선택할 수 있다)

3. 외가격 양매도

3-1. 외가격 양매도의 개념

기본적으로 외가격 양매도는 외가격 콜옵션매도와 외가격 풋옵
션매도의 결합으로, 지수가 큰 변동 없이 일정 범위 안에서 움직일
거라고 예측할 때 구사하는 전략이다. 만기일까지 자잘한 변동은
있겠지만 한쪽으로 쏠리는 상황은 없을 것을 예상하는 것이다.

[2015년 코스피 연결선물의 일봉차트]

2015년 7월 1일, 코스피 9월물 선물이 255.75에 장을 마쳤다. 비록 선물이 급등과 급락을 하지만 결국에는 40~50일 이후 현재의 가격에서 10~15포인트 안에서만 움직일 거라고 확신이 들면 차트의 선을 중심으로 외가격 양매도를 진입할 수 있다.

3-2. 외가격 양매도 진입의 예

나름대로 분석한다. 위쪽으로는, 즉 콜옵션 행사가는 267.50을 선택하고 아래쪽으로는, 즉 풋옵션 행사가는 240.00을 정해 양매도로 진입하기로 결정한다. 만기일이 8월 13일로 옵션의 잔존일이 44일 남은 8월물 옵션으로 정한다고 생각하자. 7월물도 있고 9월물도 있는데 왜 하필이면 8월물인가? 오늘 현재(2015년 7월 1일) 7월물은 만기가 9일밖에 남지 않아 프리미엄도 별로 붙어 있지 않다. 그렇다면 9월물은 어떠한가? 프리미엄은 많이 붙어 있지만 거래량이 많지 않아 매도, 매수 호가 공백이 좀 큰 편이다. 기왕이면 기간이 많이 남아 있어 옵션의 프리미엄이 큰 90일 정도 남은 월물을 선택하면 좋겠지만, 반드시 그렇게 해야만 하는 것은 아니다. 여건상 그런 옵션의 진입이 어렵다면 하나 양보해서 전월물을 선택해도 무방하다. 현 시점에서 7월물의 거래량이 가장 많다. 하지만 8월물도 진입하는 데는 큰 무리 없을 만큼 거래량과 호가는 적당하다.

월물을 8월물로 결정했으면 동시에 행사가별로 프리미엄을 살펴야 한다. 위에서 말한 대로 콜옵션은 행사가 267.50의 가격이 0.64고, 풋옵션은 행사가 240.00의 가격이 0.73이다. 투자자의 성향에 따라 행사가는 현재가에서 더 멀리 달아날 수도, 더 가까이 올 수도 있다.

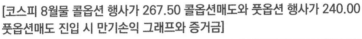

[코스피 8월물 콜옵션 행사가 267.50 콜옵션매도와 풋옵션 행사가 240.00 풋옵션매도 진입 시 만기손익 그래프와 증거금]

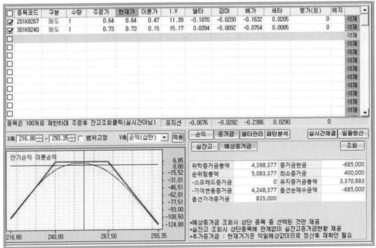

구체적으로 외가격 양매도의 진입 현황을 살펴보자.

종목 : 2015년 코스피 8월물 옵션

기초자산 : 코스피 200지수

진입 전략 : 외가 양매도

행사가 : 콜옵션은 267.50, 풋옵션은 240.00

진입가(프리미엄) : 콜옵션은 0.64(320,000원), 풋옵션은
0.73(365,000원), (합) 685,000원

증거금 : 4,398,377원

만기일 : 8월 13일(목요일)

옵션의 잔존일 : 44일

예상 수익금 : 685,000원

예상 수익률(44일 동안) : 15.57%(685,000÷4,398,377×100)

예상 수익률(한 달 30일) : 10.61%

손절의 원칙 : 200% 원칙 또는 300% 원칙 또는 행사가
원칙(자신의 투자성향에 따라 선택할 수 있다)

3-3. 외가격 양매도의 장점

장점은 네이키드매도에 비해 더 다양한 것 같다. 첫째, 예상과 어긋나도 손실을 제로로 만들 수 있다. 원래 외가격 양매도는 기초자산이 크게 어느 한쪽으로 쏠리지 않을 것을 예측하고 진입하는 전략인데, 예상과 어긋나게 어느 한 쪽으로 움직인다고 가정해보자.

이와 같은 상황에서 네이키드매도는 손절라인에 도달해 손절하면 어느 정도는 손실이 불가피하다. 200% 손절 원칙을 따랐다면 처음 진입 시 받은 프리미엄만큼 손실이다. 하지만 외가격 양매도는 똑같이 200% 손절 원칙을 따른다고 해도 수수료 외에 손실은 제로로 할 수 있다.

무슨 말인가? 갑자기 혹은 서서히 기초자산이 상승한다고 가정하자. 서서히 올라 콜옵션매도의 행사가가 267.50에 근접하고 있다. 기간이 좀 남은 상태라면 260~262 정도만 되어도 콜옵션의 가치는 진입한 가격의 두 배에 근접할 것이다. 그러면 기계적으로 콜옵션매도 진입한 것을 손절하면 된다. 또한 콜옵션의 손절 이후 기초자산이 240 아래로는 하락하지 않을 것을 예상한다면 남은 풋옵션은 그대로 들고 간다. 만약 진입 시 콜옵션과 풋옵션을 같은 가격으로 진입했다면 콜옵션은 손실이지만 풋옵션은 처음 받은 프리미엄을 온전히 취하기 때문에 결국은 이번 거래에서는 수수료 외에 손실은 없게 된다. 다만, 진입 가격의 차이 때문에 약간의 이익과 손실은 발생할 수 있다. 어디까지나 풋옵션이 만기에 성공한다는 가정 하에서 성립하는 논리다.

둘째, 심리적으로 안정적인 상태에서 거래에 임할 수 있다. 외가격 양매도는 웬만한 기초자산의 변동에 견딜 힘이 충만하다. 첫 번째 장점의 연장선으로써 지수가 어느 한쪽으로 쏠려도 헤지로 작용하는 반대편이 있기 때문이다. 예상과 어긋나 한쪽을 손절한 것은 가슴 아프지만 조금만 견디면 그 손실은 극복할 수 있다는 심리적인 안정감이야말로 옵션매도거래자들에게는 반드시 필요한 요인이다.

셋째, 증거금이 서로 상쇄되기 때문에 증거금 측면에서 네이키드매도에 비해서 훨씬 유리하다. 앞에서 예로 든 외가격 양매도를 각각 네이키드로 진입했을 경우 증거금과 증거금 대비 수익률을 비교해보자. 행사가 267.50 콜옵션매도를 0.64(320,000원)의 프리미엄에 네이키드로 진입하면 2015년 7월 1일 증거금(증거금은 매일 바뀐다)은 3,546,387원이 필요하다. 또 행사가 240.00 풋옵션매도를 0.73(365,000원)의 프리미엄에 네이키드로 진입하면 4,712,829원이 필요하다. 증거금이 상쇄되지 않을 경우 이 둘의 증거금을 합한 8,259,216원이 필요하다. 이때의 수익률은 8.29%다(685,000 ÷ 8,259,216원 × 100).

하지만 양매도는 증거금이 상쇄되는 효과 때문에 4,398,377원만 있으면 된다. 수익률은 무려 15.57%이다. 바로 이 점 때문에 네이키드매도에 비해서 양매도가 훨씬 유리해보이기도 하다.

4. 등가격 양매도

4-1. 등가격 양매도의 개념

등가격 양매도는 기본적으로 기초자산의 움직임이 크지 않을 것을 예상하고 진입하는 전략이다. 외가격 양매도에 비해서 변동폭이 더 작을 것을 예상하는 전략이다. 또한 기초자산이 어느 한쪽으로 움직여도 결국에는 만기 전이나 만기 근처에서 제자리로 돌아올 것을 확신하면 진입하기에 정말 좋은 전략이다. 정확히 제자리로 오지 않아도 된다. 그 부근에서만 지수가 머무르면 옵션의 가치는 저절로 작아져 있다. 바로 시간가치라는 옵션매도 특유의 성질을 이용해서 수익을 낼 목적으로 등가격 양매도를 진입한다.

기초자산이 조금만 어느 한쪽으로 움직여도 위험하다고 할 수 있는데, 굳이 외가격 양매도를 진입하지 않고 등가격 양매도를 진입한 이유는 무엇인가? 바로 시간가치 때문이다. 일반적으로 시간가치는 등가격이나 등가격 바로 다음 단계에서 가장 크다. 시간가치가 크다보니 지수가 큰 변동 없이 시간이 흐르다 보면 자연스럽게 처음 진입한 옵션의 가치는 작아질 수밖에 없다. 혹시 지수가

한쪽으로 크게 움직였다가 다시 제자리로 돌아오면 이때도 역시
옵션의 가치는 작아진다. 시간이 흐르면서 옵션의 가치는 서서히
시간가치를 소멸해간다. 옵션매도자에게는 시간은 나의 편인 것이
다.

4-2. 등가격 양매도 진입의 예

[2015년 코스피 연결선물의 일봉차트]

　　2015년 7월 2일 목요일, 코스피 9월물 선물이 255.75에 장
을 마쳤다. 코스피200지수는 255.50으로 끝났다. 등가격은 255
로 볼 수 있다. 이때 행사가 255 콜옵션의 가격은 4.45고, 행사가
255 풋옵션의 가격은 4.00이다. 비록 지수가 오르고 있는 추세지

만 단기적으로는 상승할지라도 한 달 정도 후에는 지수가 255부근에서 맴돌고 있지 않을까 고민해본다. 그렇다면 등가격 양매도를 진입해볼 만하다. 월물은 만기가 8월 13일로 옵션의 잔존일이 43일 남은 8월물 옵션으로 택한다.

[코스피 8월물 콜옵션 행사가 255.00 콜옵션매도와 풋옵션 행사가 255.00 풋옵션매도 진입 시 만기손익 그래프와 증거금]

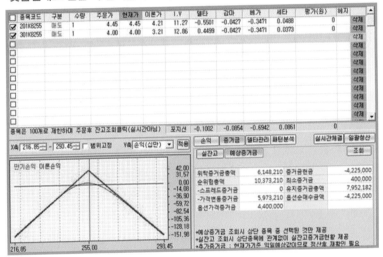

	종목코드	구분	수량	주문가	현재가	이론가	I.V	델타	감마	베가	세타	평가(원)	헤지
☑	201K8255	매도	1	4.45	4.45	4.21	11.27	-0.5501	-0.0427	-0.3471	0.0488	0	삭제
☑	301K8255	매도	1	4.00	4.00	3.21	12.86	0.4499	-0.0427	-0.3471	0.0373	0	삭제

종목은 100개로 제한하며 주문후 잔고조회클릭(실시간아님)   포지션   -0.1002   -0.0854   -0.6942   0.0061   0

X축 216.85 ~ 293.45 □ 범위고정   Y축 손익(십만) ▼ 적용

	금액		금액
위탁증거금총액	6,148,210	증거금현금	-4,225,000
순위험증거금	10,373,210	최소증거금	400,000
-스프레드증거금	0	유지증거금총액	7,952,182
-가격변동증거금	5,973,210	옵션순매수금액	-4,225,000
옵션가격증거금	4,400,000		

• 예상증거금 조회시 상단 종목 중 선택된 것만 제공
• 실잔고 조회시 상단종목에 관계없이 실잔고증거금현황 제공
• 추가증거금 : 현재가가주 익일예상값이므로 정산후 재확인 필요

구체적으로 등가격 풋옵션매도의 진입 현황을 살펴보자.

종목 : 2015년 코스피 8월물 옵션

기초자산 : 코스피200지수

진입 전략 : 등가격 양매도

행사가 : 콜옵션, 풋옵션 동일한 행사가 255.00

진입가(프리미엄) : 콜옵션은 4.45(2,225,000원), 풋옵션은 4.00(2,000,000원), (합)4,225,000원

증거금 : 6,148,210원

만기일 : 8월 13일(목요일)

옵션의 잔존일 : 43일

예상 수익률 : 적당한 선에서 청산한다.

손절의 원칙 : 200% 원칙 또는 300% 원칙 또는 행사가 원칙(자신의 투자 성향에 따라 선택할 수 있다)

4-3. 등가격 양매도의 청산 시점은 언제가 좋은가?

등가격 양매도 진입 시 청산은 언제 단행하는 것이 좋은가에 대해 서로 다른 의견이 많다. 일부는 만기까지 가지고 가자고 한다. 그 이유는 진입 시 지수가 행사가 근처에서 움직일 거라고 확신을 했으므로 만기까지 들고 가야 시간가치를 최대한 활용할 수 있기 때문이다. 만기 때 지수가 행사가 근방에서 끝난다면 이처럼 좋은 일은 없을 것이다.

또한 만기까지 들고 가도 된다고 주장하는 이들은 확률에 근거해 이야기한다. 분명 확률적으로 만기 때 행사가를 좀 벗어나도 결국은 이득으로 끝날 확률이 높다. 앞의 진입 예에서 보면 등가격 양매도 진입 시 받은 프리미엄의 합은 8.45다. 만약 만기 때 지수가 위쪽으로 쏠려 263.45까지만 상승하지 않으면 손실은 아니다. 또 아래쪽으로는 246.55 밑으로만 하락하지 않으면 손실은 아니다. 즉 만기의 지수가 246.55~263.45 범위 안에 있으면 손실은 아니라는 점을 강조한다. 운이 좋게도 255 부근에서 만기의 지수가 결정되면 최상의 거래가 되는 것이다.

한편 일부는 조기 청산을 권유한다. 우리는 신이 아니라 평범한 개인일 뿐이다. 신도 모르는 지수를 어떻게 개인이 2~3개월 후의 지수를 예측할 수 있겠는가? 확률적으로도 짐작만 할 뿐 그 이상은 모른다. 만약 지수가 만기 근처에서 한쪽으로 쏠리면 상당한 출혈이 있을 수도 있다. 그래서 이들은 다음과 같이 주장한다. 진입 시 받은 프리미엄의 합과 시간이 흐른 후 프리미엄의 합을 비교해서 나중의 프리미엄의 합이 처음 프리미엄의 합보다 적다면 적당히 청산하고 빠져 나오기를 권장한다. 위의 예에서 보면 처음 받은 양매도 프리미엄의 합은 8.45다. 나중에 프리미엄의 합이 8이나 7, 혹은 6 정도로 작아지면 적당히 빠져 나오면 된다. 1만큼만 먹어도, 즉 프리미엄의 합이 7.45가 되었을 때 청산하면 증거금 대비 8.13%(500,000원÷6,148,210원×100)의 수익이다. 결코 적은 것이 아니다. 프리미엄의 합이 7.45가 되었을 때 청산하면 증거금 대비 수익률은 16.26%가 된다.

　필자의 경우 등가격 양매도를 구사했을 경우 실패의 확률보다 성공의 확률이 더 많은 것 같다. 혹시 실패한다면 그 다음은 어떻게 할지 미리 계획을 세우고 진입하기 때문에 손절을 한다 해도 심리적으로 불안감이 덜 찾아온다. 늘 계획대로 진행되는 것은 아니기에 손실이 있을 수도 있지만 결과적으로 보면 승리의 확률이 훨씬 더 높은 전략인 것 같다. 또한 필자의 경우, 조기 청산을 권장한다. 어느 정도 수익을 얻으면 빠져나오는 것도 옵션매도의 현명한 방법 중 하나다. 욕심을 과하게 내다 피눈물이 날 수도 있다는 것을 명심하자.

5. 약세 콜 스프레드

5-1. 약세 콜 스프레드의 개념

약세 콜 스프레드는 등가격에서 가까운 행사가의 콜옵션을 매도하고 매도한 것보다 한두 단계 더 멀리 떨어진 행사가의 콜옵션을 매수하는 전략이다. 그런데 조심할 것이 하나 있다. '등가에서 가까운'이라는 용어를 사용했지만 이때의 등가격은 실제로는 등가격에서 멀리 떨어진 외가격에서 등가격쪽에 가까운 것을 말한다. 여기서 말하는 약세 콜 스프레드는 기본적으로 외가격을 두고 하는 말이다. 아무 단서 없이 약세 콜 스프레드라고 하면 등가격에서 가까운 것도 해당하기 때문에 구분할 필요가 있다. 이 책에서 다루는 네이키드매도든 스프레드매도든 원칙적으로 모두 외가를 두고 하는 말이다. 등가에서 가까운 행사가를 가지고 약세 콜 스프레드를 진입해도 용어 사용은 똑같다. 따라서 굳이 구분하자면 **'외가격 약세 콜 스프레드'**라고 해도 무방하다.

약세 콜 스프레드는 지수의 하락을 예상하고 진입하는 전략이다. 또한 하락하지 않더라도 어느 정도까지는 상승하지 않을 것을 예상하고 진입하는 전략이다. 여기까지는 콜옵션매도와 같다. 하지만 콜옵션매도와 다른 점은 헤지 차원에서 콜옵션매수를 진입해준다는 것이다. 먼 외가격에서 콜옵션매도를 진입한 후, 곧바로 그보다 한두 단계 더 먼 외가격으로 콜옵션매수를 진입한다는 점에서 네이키드콜옵션매도와 다르다.

[2015년 코스피 연결선물의 일봉차트]

차트는 2015년 7월 2일 장 마감 후, 2015년 코스피 9월물 연결선물의 일봉차트다. 코스피선물의 가격이 255.75로 마쳤다. 코스피200지수는 255.50에 마쳤다. 생각해보자. 앞으로 한두 달 안에 기초자산의 가격이 265까지 오를 수 있을까? 그렇지 못할 것을 확신하면 단순하게 행사가 265.00로 네이키드콜옵션매도를 진입하면 된다. 하지만 혹시나 예상과 어긋나게 지수가 움직일 수가 있

다. 이런 경우를 대비해서 그보다 한 단계 위쪽인 행사가 267.50
로 콜옵션매수를 진입한다. 보험을 들어놓는 것이다. 이제 약세 콜
스프레드가 구성된 것이다.

5-2. 약세 콜 스프레드 진입의 예

앞에서 말한 대로 행사가 265.00을 콜옵션매도 진입하고 행사
가 267.50을 콜옵션매수 진입하기로 맘먹었다. 2015년 7월 2일
현재, 만기일이 8월 13일로 옵션의 잔존일이 43일 남은 8월물 옵
션시세표를 보니 각각의 프리미엄도 적당하다. 행사가 265.00
의 콜옵션의 가격은 0.93이고 행사가 267.50의 콜옵션의 가격
은 0.57이다. 네이키드콜옵션매도로 행사가 265.00을 진입하면
465,000원의 수익이 발생한다(0.93×500,000원). 하지만 그와 동시
에 행사가 267.50을 0.57에 콜옵션매수 진입하면 285,000원이라
는 프리미엄을 주어야 한다(0.57×500,000원). 네이키드 콜옵션매도
만 진입하면 465,000원이라는 수익이 발생하지만 혹시나 모를 기
초자산의 상승에 대비해서 헤지 차원으로 행사가 267.50을 콜옵
션매수 진입함으로써 285,000원이라는 이익을 포기하게 된다. 그
결과 약세 콜 스프레드 구성에서 얻는 총 이익은 180,000원뿐이
다(465,000원-285,000원).

465,000원을 먹으려고 진입했다가 285,000원을 포기한다는 것이 쉬운 결정이겠는가? 하지만 이 말은 오히려 약세 콜 스프레드의 장점으로 작용할 수도 있다는 뜻이다.

[코스피 8월물 행사가 265.00 콜옵션매도와 행사가 267.50 콜옵션매수 진입 시 만기손익 그래프와 증거금]

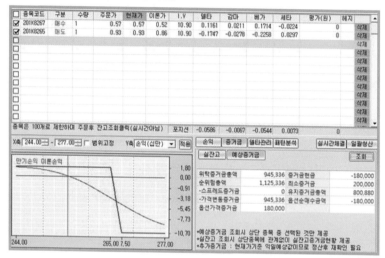

구체적으로 약세 콜 스프레드의 진입 현황을 살펴보자.

종목 : 2015년 코스피 8월물 옵션

기초자산 : 코스피200지수

진입 전략 : 약세 콜 스프레드

행사가 : 콜옵션매도는 265.00 / 콜옵션매수는 276.50

진입가(프리미엄) : 콜옵션매도는 0.93(465,000원),

콜옵션매수는 0.57(285,000원),

(수익의 합)180,000원(465,000-285,000)

증거금 : 945,336원

만기일 : 8월 13일(목요일)

옵션의 잔존일 : 43일

예상 수익금 : 180,000원

예상 수익률(43일) : 19.04%(180,000÷945,336×100)

예상 수익률(한 달 30일 기준) : 13.28%

손절의 원칙 : 200% 원칙 또는 300% 원칙 또는 행사가

원칙(자신의 투자 성향에 따라 선택할 수 있다)

5-3. 약세 콜 스프레드의 장점

약세 콜 스프레드는 다음에 설명할 강세 풋 스프레드와 더불어 그 어떤 전략보다도 장점이 많은 방식 같다.

첫째, 증거금 활용면에서 탁월하다. 앞에서 예로 든 행사가 265.00을 0.93의 프리미엄에 콜옵션매도 진입하는 데 2015년 7월 2일 현재 증거금(증거금은 매일 바뀐다)은 5,361,893원이다. 그런데 동시에 행사가 267.50을 0.57에 콜옵션매수로 진입해주면 증거금은 945,336원밖에 들지 않는다. 합성으로 진입함으로써 서로 상쇄가 되니 증거금이 급격하게 줄어들었다. 같은 자금으로 그 자금을 모두 사용한다고 가정하면 약세 콜 스프레드가 네이키드콜옵션매도보다 훨씬 많은 수익을 달성할 수 있다. 그리고 네이키드콜옵션매도와 같은 수익률을 원한다고 할 때 일부 자금만을 사용함으로써 그 효과를 달성할 수 있다.

둘째, 심리적인 측면에서 네이키드콜옵션매도에 비해서 안정적이 될 수 있다. 단순 콜옵션매도만 진입했는데 기초자산이 상승하고 있다고 생각해보자. 손절의 원칙을 200%로 정했는데 손절 상황이 와서 손절했다고 하자. 콜옵션매도의 옵션가치가 0.93의 두 배인 1.86이 되면 손절한다. 그때의 손실은 진입 시 받은 프리미엄만큼의 손실이다. 즉 0.93만큼 손실이다.

하지만 약세 콜 스프레드의 경우는 어떠한가? 기초자산이 상승해 똑같이 200% 원칙에 근거해 손절을 한다고 정했는데 약세 콜 스프레드는 두 개의 서로 다른 옵션이 구축되어 있는 관계로 어떤 옵션을 먼저 200% 원칙을 적용할 것인가? 당연히 등가격과 가까운 콜옵션매도로 진입한 것이다. 기본적으로 약세 콜 스프레드는 옵션매도 위주의 스프레드다. 콜옵션매도로 진입한 것이 200% 원칙에 의거해 손절라인에 도달하면 손절하면 된다. 동시에 남아 있는 콜옵션매수로 진입한 것을 보라. 이 옵션도 가치가 덩달아서 상승해 있을 것이다. 정확히 200%까지는 상승하지 않았지만 아마도 180%까지는 상승하지 않았을까 생각해본다. 이 수치는 상승 속도와 옵션의 만기까지 남은 기간에 따라서 달라지지만 일반적으로 보면 150~200% 상승해 있을 것이다. 적당히 잡아서 180% 상승했다고 치자. 진입 당시 0.57이라는 가격에 진입했다. 이제 가격이 1.03 정도 되어 청산하면 콜옵션매수 거래에서는 0.46만큼 이득이 생긴다. 두 거래에서 손실을 따져보면, 콜옵션매도에서는 0.93만큼 손실이고 콜옵션매수에서는 0.46만큼 이득이다. 0.93에서 0.46을 빼준 0.47만큼이 이 거래에서 발생한 최종 손실이다. 단순히 네이키드콜옵션매도만 했을 경우는 0.93만큼 손실인데, 약세 콜 스프레드에서는 0.47만큼만 손실이다. 만약 콜옵션매수의 가치가 180% 이상 상승했다면 최종 손실은 더 줄어들었을 것이다.

이처럼 약세 콜 스프레드는 네이키드콜옵션매도에 비해서 위험부담을 줄이는 효과가 있다. 그래서 다소 보수적이고 안정적인 거래를 하고자 하는 투자자들이 선호하는 전략이다. 기꺼이 콜옵션매도에서 벌어들이는 이익을 차감하면서까지 콜옵션매수를 진입함으로써 위험을 분산시키는 효과가 있다. 비록 이 거래에서 손실을 입었지만 약간의 손실, 즉 수용할 만한 손실만 입었기에 다음에 계속 될 옵션매도거래에서 심리적으로 동요되지 않고 느긋하게 새로 진입할 수 있는 여유가 생긴다.

네이키드 콜옵션매도만 있을 경우, 기초자산이 상승하면 옵션의 가치가 상승하는 것을 바라보는 것이 가슴 아플 것이다. 하지만 약세 콜 스프레드에서는 기초자산이 상승하고 있어 콜옵션매도의 가치가 상승해 속이 상하지만 콜옵션매수의 가치도 덩달아 함께 상승해서 어느 정도 상쇄해주니 얼마나 기쁘지 아니한가.

5-4. 약세 콜 스프레드의 변칙 운영

약세 콜 스프레드를 자주 진입하다보면, 항상 그런 것은 아니지만 거래자의 수익 본능을 자극하는 현상을 자주 목격하게 된다. 그게 무슨 말인가? 애초에 약세 콜 스프레드를 진입할 때 생각한 것은 콜옵션매도로 진입한 행사가까지는 기초자산이 절대 상승하지 않을 거라는 것이다. 비록 헤지 차원에서 콜옵션매수를 진입했지만 결국에는 만기일에 기초자산이 콜옵션매도로 진입한 행사가에 오지 않고 끝나는 경우가 너무 많다는 사실은 인정하고 진입한 것이다. 이런 현상을 자주 목격하게 되면 욕심이 생기기 시작한다. 어느 시점에 콜옵션매수 진입한 것을 청산한다면 어떻게 될까? 비록 처음 의도한 바와는 다르지만 이런 경우가 훨씬 많기에 어떻게 해서라도 조금이나마 콜옵션매수에서 손실을 줄일 수 있지 않을까?

자신이 약세 콜 스프레드 포지션을 구축한 후 기초자산의 흐름을 세 가지 정도로 구분해서 살펴볼 필요가 있다. 첫째, 그때부터 기초자산이 계속해서 하락하는 경우와, 둘째, 기초자산이 어느 정도 상승하다가 다시 하락하는 경우, 셋째, 기초자산이 계속해서 상승하는 경우로 구분해서 살펴보자. 여기서 우리가 고민하는 경우는 첫 번째와 두 번째의 경우다.

먼저 첫 번째의 경우에는 급격하게 두 옵션의 가치는 동시에 하락할 것이다. 두 옵션의 가치가 절반 정도 감소한 상황에서 만약 이 시점에서 절대로 기초자산이 콜옵션매도의 행사가까지는 상승하지 못할 것을 확신한다면 과감히 콜옵션매수 진입한 것을 청산해도 큰 무리는 없을 듯하다. 진입 당시 0.57만큼의 손실을 예상하고 진입했는데, 현재 옵션의 가치가 0.28 정도까지 하락한 상태에서 청산해버리면 절반 정도는 건지는 셈이다. 아직 만기가 도달하지 않아 불확실하지만 기초자산이 많이 하락한 상태에서 다시 상당한 수준까지 상승하리라고는 예상하지 않을 때 구사할 수 있는 전략이다. 당연히 이때도 언제든지 예상과는 반대로 기초자산이 급상승할 수 있다는 점을 명심하고 있어야 한다.

두 번째의 경우가 문제가 된다. 일반적으로 기초자산은 상승과 하락을 반복한다. 진입 후 초기 단계에서는 기초자산이 상승하면 옵션의 가치도 덩달아 상승한다. 그러다 만기가 얼마 남지 않은 상태에서는 기초자산이 어지간히 상승하지 않으면 진입한 포지션의 옵션의 가치는 큰 변동을 겪지 않고 서서히 하락한다. 초기에 기초자산이 상승하면 진입한 두 콜옵션의 가치가 함께 상승한다. 콜옵션매도 진입한 것이 아직 두 배까지는 되지 않고 1.5배나 1.8배 정도 되면 콜옵션매수 진입한 것도 거의 그 정도로 아니면 약간 적게 움직일 것이다. 그런데 애초에 생각한 대로 기초자산이 다시 하락하기 시작한다. 바로 이때 고민이 생긴다. 지금 콜옵션매수 진입한 것을 청산하면 이것에서도 수익을 남길 수 있을 텐데. 원래는 꽝이 되는 것을 지켜보기로 하고 진입한 것인데 나의 예측이 맞다면, 즉 결국에는 기초자산이 하락할 것을 확신한다면, 그래서 지금 콜옵션매수를 청산하면 오히려 이득이 생기는 것이다. 꿩먹고 알먹고 일거양득 아닌가. 도박용어로 일타쌍피 아닌가. 이제 서서히 기초자산이 하락하면 콜옵션매도의 프리미엄은 온전히 나의 것이 된다. 버릴 패였던 콜옵션매수에서도 수익이고 콜옵션매도에서도 수익이다.

　왜 이런 유혹을 자주 느끼는가? 약세 콜 스프레드 포지션 구축 시 대부분의 경우 기초자산은 콜옵션매도 진입한 행사가에 미치지 못하고 끝나는 경우가 많기 때문이다. 왜 그러냐고? 진입 처음부터 기초자산이 매도한 행사가에는 오지 못할 것을 예상하고 진입했기 때문이다. 확률적으로 유리하게 진입했기 때문이다. 하지만 이 경우, 즉 도중에 콜옵션매수를 청산할 경우는 신중에 신중을 기해야 한다. 콜옵션매수로 진입한 것을 청산했는데 예상과 어긋나게 기초자산이 상승해버리면 어떻게 하겠는가? 그래서 초보 거래자들에게는 권하지 않는 전략이다. 예상과 반대로 움직일 경우 능동적으로 대처 가능한 거래자만 이 방법을 구사해야 한다.

6. 강세 풋 스프레드

6-1. 강세 풋 스프레드의 개념

강세 풋 스프레드의 개념은 앞에서 설명한 약세 콜 스프레드의 설명과 유사하다. 다만 진입 방향만 반대일 뿐이다. 따라서 여기서는 기본적인 개념 위주로만 설명하겠다.

강세 풋 스프레드는 기본적으로 시장의 상승을 기대하고 진입하는 전략이다. 시장이 현재의 가격보다 좀 더 상승할 것을 예상하거나 혹은 하락하더라도 큰 폭의 하락만 없으면 진입할 수 있는 전략이다. 상승을 기대하고 진입한다고 했는데 하락해도 괜찮다니 무슨 말인가? 위에서 설명한 약세 콜 스프레드와 비슷한 방식으로 설명할 수 있다. 우리는 처음 진입 시부터 먼 외가격을 풋옵션매도로 진입하기에 시장이 어느 정도 하락해도 버틸 여력이 충분하다는 것이다.

강세 풋 스프레드는 먼저 먼 외가격으로 풋옵션매도를 진입한 후 곧바로 그보다 한 단계 더 외가격을 풋옵션매수로 진입하는 전략이다. 시장의 상승을 예상하거나 큰 폭의 하락이 없을 것을 예상하고서 먼저 먼 외가격으로 풋옵션매도를 진입하지만 예상과 어긋나게 시장이 큰 폭으로 하락할 것에 대비해서 헤지 차원에서 그보다 한 단계 더 먼 외가격으로 풋옵션매수를 진입하는 것이다.

시장이 큰 폭으로 하락한다면 당연히 풋옵션매도로 진입한 것의 가치는 상승할 것이다. 그와 동시에 헤지 차원에서 진입한 풋옵션매수의 가치도 덩달아서 함께 상승한다. 어쩔 수 없이 풋옵션매도로 진입한 것을 손절하게 되면 그것에서는 손실이지만 풋옵션매수의 가치도 상승한 상태라 이것을 청산한다면 이 거래에서는 이득이다. 따라서 총 손실은 충분히 수용할 만한 범위 내에 있어 심리적으로 안정적인 거래를 할 수 있다.

6-2. 강세 풋 스프레드 진입 예

2015년 7월 3일 장 마감 후, 코스피 9월물 선물의 종가는 255.10, 코스피200지수는 254.66으로 끝났다. 앞으로 40~50일 이후 코스피200지수가 하락한다면 어디까지 하락할 수 있을까? 차트를 보면 상승의 기운이 감도는 것 같지만 혹시나 하락할 수도 있지 않을까? 기본적으로 지수의 상승을 예상해서 외가격 풋옵션매도를 진입하지만 혹시라도 예상과 어긋나게 지수가 하락을 할 경우를 대비해 한 단계 더 외가격으로 헤지 차원에서 외가격 풋옵션매수를 진입한다. 이때 구사할 수 있는 전략이 강세 풋 스프레드다.

[2015년 코스피 연결선물의 일봉차트]

2015년 7월 3일, 9월물 선물의 가격이 255.10인 상태에서 8월물 옵션을 살펴보자. 만기일이 8월 13일로 42일 남았다. 이 시점에서 판단해보는 것이다. 남은 42일 동안 현재의 가격에서 10포인트 이상 하락할 수 있을까? 기초자산인 코스피200지수는 254.66이다. 여기서 10포인트 아래면 244.66인데 이보다 더 하락할 수 있을까? 회의적으로 생각한다면 행사가 242.50을 풋옵션매도로 먼저 진입하자. 이미 진입 때부터 확신을 하는 것이다. 기초자산이 남은 42일 동안 절대 242.50 아래로는 하락하지 않을 것이라고. 하지만 굳게 확신을 했지만 시장의 실제 방향은 아무도 모른다. 상식적인 확률의 관점에서 보면 기초자산이 242.50까지는 하락하지 않을 것 같지만 혹시라도 더 하락한다면 어떡하지? 바로 이때 보험으로 진입하는 것이 한 단계 아래에 있는 행사가 240.00을 풋옵션매수로 진입하는 것이다.

[코스피 8월물 행사가 242.50 풋옵션매도와 행사가 240.00 풋옵션매수 진입 시 만기손익 그래프와 증거금]

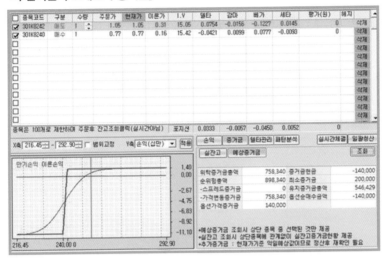

8월물 옵션시세표를 살펴보니 행사가 242.50 풋옵션의 가격은 1.05, 행사가 240.00 풋옵션의 가격은 0.77이다. 행사가 242.50 풋옵션매도 증거금은 4,346,010원이고, 행사가 240.00 풋옵션매수의 증거금(매수 대금)은 385,000원이다. 하지만 이 둘이 서로 상쇄효과를 일으켜 동시에 진입할 경우 증거금은 758,340원밖에 들지 않는다. 위에서 살펴 본 약세 콜 스프레드와 비슷한 원리로 증거금은 작게 잡힌다.

구체적으로 강세 풋 스프레드의 진입 현황을 살펴보자.

종목 : 2015년 코스피 8월물 옵션

기초자산 : 코스피200지수

진입 전략 : 강세 풋 스프레드

행사가 : 풋옵션매도는 242.50/ 풋옵션매수는 240.00

진입가(프리미엄) : 풋옵션매도는 1.05(525,000원),

　　　　　　　　풋옵션매수는 0.77(385,000원),

　　　　　　　　(수익 합)140,000원(525,000-385,000)

증거금 : 758,340원

만기일 : 8월 13일(목요일)

옵션의 잔존일 : 42일

예상수 익금 : 140,000원

예상 수익률(42일) : 18.46%(140,000÷758,340×100)

예상 수익률(한 달 30일 기준) : 13.18%

손절의 원칙 : 200% 원칙 또는 300% 원칙 또는 행사가

　　　　　원칙(자신의 투자 성향에 따라 선택할 수 있다)

7. 콘돌(약세 콜 스프레드+강세 풋 스프레드)

7-1. 콘돌의 개념

원래 콘돌은 아메리카대륙에 서식하고 있는 Condor라는 새의 모양을 따서 지어진 이름이다. 맹금류 중 왕의 자리를 차지할 수 있어서 누군가 따다 붙였나 보다. 아마 날고 있을 때의 모습을 보고 지은 것 같은데, 필자는 이 새의 나는 모습과 콘돌의 모습이 일치하지 않는 느낌이 든다. 하여튼 우리는 다음에 설명할 합성전략을 콘돌이라고 부르자.

콘돌 전략은 거래자에 따라 다양하게 구사할 수 있다. 콜옵션만으로도 콘돌 전략을 짤 수 있고 풋옵션만으로도 콘돌 전략을 구사할 수 있다. 하지만 여기서 다루는 콘돌 전략은 위에서 설명한 약세 콜 스프레드와 강세 풋 스프레드의 결합이다. 우리나라에서 옵션의 합성전략을 구사하는 거래자들이 가장 많이 구사하는 전략 중 하나다. 필자도 변동폭이 줄어들었다고 판단할 때 이 전략을 자주 사용하는 편이다.

[2015년 코스피 연결선물의 일봉차트]

　　2015년 7월 3일 장 마감 후의 차트다. 코스피 9월물 선물의 지수가 255.10으로 끝났다. 코스피200지수는 254.66으로 끝났다. 이 상황에서 생각해보자. 앞으로 40~45일 동안 코스피 200지수가 위로는 265.00까지 상승할 수 있을까? 또한 아래로는 242.50까지 하락할 수 있을까? 그러지 않을 것을 확신한다면 위로는 265.00을 중심으로 약세 콜 스프레드를 구사하고, 아래로는 242.50을 중심으로 강세 풋 스프레드를 구사해 콘돌을 구축한다. 이 두 거래를 각각 별개의 거래라고 생각해도 된다. 별개의 거래라고 진입했는데 결국에는 증거금 면에서 엄청난 상쇄효과가 생겨난다.

기본적으로 콘돌전략은 시장이 큰 변동이 없을 것을 가정하고 진입하는 전략이다. 하지만 혹시라도 시장이 어느 한 쪽으로 움직일 경우를 대비해서 위쪽과 아래쪽을 각각 매도 위주의 스프레드로 진입하는 다소 보수적인 진입 방식이다.

7-2. 콘돌의 장점

기초자산이 242.50~265.00 범위에서 머무를 것을 확신하면 가장 먼저 생각할 수 있는 것은 양매도를 구사하는 것이다. 그런데 왜 콘돌인가? 두 가지 측면에서 살펴볼 수 있다.

첫째, 심리적인 안정을 가져다 줄 수 있다. 네이키드매도를 진입하지 않고 만약을 대비해 약세 콜 스프레드나 강세 풋 스프레드를 진입한 것과 같은 이유로 설명할 수 있다. 게다가 현재가를 중심으로 위, 아래 양쪽에 포진해 있는 관계로, 예상과 어긋나게 지수가 움직일 경우, 어느 한쪽에서는 손실이 발생할 수 있지만 다른 한쪽에서는 수익이 발생해서 전체적으로는 손실을 어느 정도 상쇄할 수 있거나 또는 손실을 제로로 만들 수 있다.

둘째, 총 투자금 대비 수익률에 있어서 양매도보다 훨씬 유리하다는 점이다. 즉 증거금 면에서 양매도와 비교할 수 없을 정도로 유리하다. 비록 증거금이 적게 잡힌다는 것은 양날의 칼이지만 그래도 같은 수익금을 바라고 합성을 진입할 때 양매도뿐만 아니라 약세 콜 스프레드, 강세 풋 스프레드에 비해서도 유리하다고 말할 수 있다. 약세 콜 스프레드와 강세 풋 스프레드도 증거금 면에서는 상당히 유리하다. 하지만 콘돌 전략은 이 두 전략을 각각 진입할 때의 증거금밖에 들지 않는다. 그러면서 투자금 대비 수익률은 훌륭하다.

7-3. 콘돌 진입의 예

[코스피 8월물 옵션 행사가 267.50 콜옵션매수와 행사가 265.00 콜옵션매도 + 행사가 242.50 풋옵션매도와 행사가 240.00 풋옵션매수 진입 시 만기손익 그래프와 증거금]

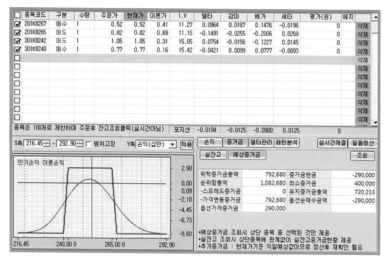

해외옵션매도 월 10% 수익내기

콘돌 전략의 만기손익 그래프다. 실제 Condor처럼 보이는가? 이 만기손익 그래프를 유심히 살펴보자. 이미 시작부터 기초자산은 손익분기점 안에 들어와 있다. 앞으로 42일 동안 현재 255.66인 기초자산이 242.50~265.00 범위 안에만 있으면 792,680원을 투자해서 290,000원의 수익이 생긴다. 실로 엄청난 수익이 아닐 수 없다. 다른 어떤 전략보다 훌륭한 전략임에 틀림없다. 비록 최대 이익 금액인 290,000원에 비해서 최대 손실 금액이 960,000원으로 훨씬 크지만 그럼에도 불구하고 훌륭한 전략이다. 혹시라도 예상과 어긋나게 지수가 움직이면 진입 전 세운 계획대로 손절하면 그만이다. 그리고 다시 재진입할 수도 있다.

투자 성향에 따라서 이익 구간을 넓힐 수도 있다. 좀 더 보수적인 투자자라면 등가에서 훨씬 더 먼 외가격으로 이동해서 콘돌을 구성하면 왠만한 잔파동에는 흔들리지 않을 것이다. 먼 외가격으로 진입했지만 투자금 대비 수익률 면에서 보면 다른 어떤 전략에 비해서 훌륭한 전략임에 틀림없다.

좀 더 구체적으로 살펴보자.

[콘돌의 증거금]

콘돌 진입	행사가	진입방향	진입가격	매매대금 (증거금)	개별 전략의 증거금	콘돌의 증거금
약세 콜 스프레드	267.5	매수	0.52	260,000원	932,629원	792,680원
	265.0	매도	0.82	5,019,330원		
강세 풋 스프레드	242.5	매도	1.05	4,346,010원	758,340원	
	240.0	매수	0.77	385,000원		

표에서 콘돌 진입 시 증거금과 개별 전략의 증거금을 비교해보라. 같은 금액을 투자하고 훨씬 더 많은 수익을 취할 수 있는 전략임을 알 수 있다.

종목 : 2015년 코스피 8월물 옵션

기초자산 : 코스피200지수

진입 전략 : 콘돌(약세 콜 스프레드+강세 풋 스프레드)

만기일 : 8월 13일(목요일)

옵션의 잔존일 : 42일

예상 수익금 : 290,000원

예상 수익률(42일) : 36.58%(290,000÷792,680×100)

예상 수익률(한 달 30일 기준) : 26.13%

손절의 원칙 : 200% 원칙 또는 300% 원칙 또는 행사가
원칙(자신의 투자 성향에 따라 선택할 수 있다)

8. 강세 콜 스프레드

8-1. 강세 콜 스프레드의 개념

강세 콜 스프레드는 옵션매도 위주의 합성전략이 아니라 매수 위주의 합성전략이다. 우리의 주된 목적은 옵션매도 위주의 합성전략인데, 굳이 매수 위주의 합성전략인 강세 콜 스프레드를 소개하는 이유는, 우리나라만의 독특한 시장의 출렁거림을 이용하고 싶어서다. 네이키드매수보다는 그나마 확률적으로 더 가능성이 있을 것으로 판단해서 이 전략을 소개한다.

강세 콜 스프레드는 기본적으로 시장의 상승을 예상하고 진입하는 방향성 전략이다. 시장의 상승을 예상하고서 등가격에서 가까운 외가격을 먼저 콜옵션매수하지만, 혹시나 예상과 어긋나게 시장이 하락할 경우를 대비해서 헤지 차원에서 그보다 한 단계 먼 외가격으로 콜옵션매도를 진입하는 전략이다. 진입 자체만 두고 보면 약세 콜 스프레드와 반대로 진행한다.

강세 콜 스프레드 전략을 구사할 때는 예상 수익과 예상 손실을 미리 조절하면서 진입할 수 있다. 등가격에 가깝게 이 전략을 구사할 때는 예상 수익금은 줄어들고 예상 손실금은 늘어나지만 등가격에서 멀어져서 이 전략을 구사할 때는 예상 수익금은 늘어나고 예상 손실금은 줄어든다. 따라서 거래자의 투자 성향에 따라 등가격에서 가까운 스프레드를 구성할 수도 있고 등가격에서 먼 스프레드를 구성할 수도 있다. 등가격에서 가까운 강세 콜 스프레드 전략을 구사한 거래자들은 가급적 단기간에 수익을 보고 철수하려는 성향이 강하고 등가격에서 먼 강세 콜 스프레드 전략을 구사한 거래자들은 가급적 만기까지 끌고 가려는 성향이 강하다. 등가격에서 먼 강세 콜 스프레드 전략을 구사해서 만기까지 가지고 갈 경우 이익은 상당한 반면, 손실은 예상 이익금에 비해서 불과 얼마 되지 않기 때문에 그 정도의 손실은 감수할 각오를 하는 경향이 있다.

개인적으로 강세 콜 스프레드 전략을 구사할 때는 등가격에서 가까운 스프레드로 진입한 후 짧게 먹고 빠져나오는 작전을 구사하라고 권하고 싶다. 그 이유는 무엇인가? 우리나라의 장은 외부의 요인에 의해 흔들림이 잦다. 하루에도 지수의 출렁거림이 심하다. 미국이 기침만 해도 독감에 걸리는 형국이다. 이런 출렁거림을 이용해서 짧게 먹고 나오는 전략도 유효하다는 것이다. 특히 큰 폭의 하락 이후에 사용할 만한 전략이다.

하지만 이 전략은 남용해서는 안 된다. 확률적으로 매도 위주의 스프레드에 비해 실패할 가능성이 더 크기 때문이다. 특히 먼 외가격을 중심으로 이 전략을 구사했을 때는 더욱 그렇다.

8-2. 강세 콜 스프레드 진입의 예

[2015년 코스피 연결선물의 일봉차트]

2015년 7월 7일 장 마감 후 코스피 9월물 선물의 종가는 249.10으로 끝났고, 코스피200지수의 종가는 248.05에 끝났다. 그리스발 충격으로 7월 6일(월)에 3년 만에 최대폭으로 하락하고 오늘(7월 7일)도 장중 출렁거림이 심하더니 결국 하락으로 끝났다. 이처럼 우리나라의 장은 외부의 충격에 심하게 흔들리는 경향이 있기에 지금 설명하는 강세 콜 스프레드 전략이 유효할 수도 있다.

　2015년 7월 7일 현재, 만기일이 8월 13일로 38일 남은 8월물 옵션시세표를 보고 강세 콜 스프레드 전략을 구사할 행사가를 점검해본다. 현재 선물의 종가가 249.10이니 바로 위쪽 행사가는 250.00이 된다. 그렇다면 250.00을 매수로 진입하고 행사가 252.50을 매도로 진입해서 강세 콜 스프레드를 구축해보자. 행사가 250.00 콜옵션의 가격은 3.75고, 행사가 252.50 콜옵션의 가격은 2.63이다. 증거금은 560,000원이다. 최대 이익은 690,000원이고 최대 손실은 560,000원이다. 현재 기초자산은 손실구간에 위치해 있다. 매도 위주의 합성전략은 처음부터 기초자산이 이익구간 안에 위치해 있지만 매수 위주의 합성전략은 그와는 반대의 상황이다.

[코스피 8월물 옵션 행사가 252.50 콜옵션매도와 행사가 250.00 콜옵션매수 진입 시 만기손익 그래프와 증거금]

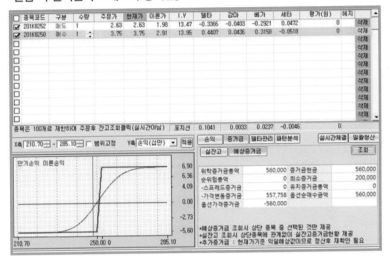

8-3. 강세 콜 스프레드 청산과 손절 시점

그럼 언제 청산해야 하는가? 그리고 언제 손절해야 하는가? 이에 대한 정답은 없다. 다분히 개인적인 성향에 달려 있다. 최대 이익금과 최대 손실금은 비슷하다, 다만 현재 기초자산의 위치가 손실 구간에 위치하고 있다. 당장 내일 지수가 상승할지, 하락할지 아무도 모른다. 현재는 중립적인 견지에 서 있다. 이런 상황에서 개인적인 생각으로는 짧게 이익을 보고 나오기를 권한다. 손실도 짧게 끊고 나오기를 권한다. 혹시 손절을 했을 경우 기회를 보고 있다 다시 진입해도 괜찮다. 맘속으로 이익과 손실의 범위를 정하고서 능동적으로 대처하면 된다.

혹시나 지수가 하락해서 손실이 늘어나면 소위 물타기를 단행하려 할 수도 있겠지만 이것은 타짜의 영역으로 남겨두고 싶다. 초보 거래자들은 절대 그렇게 해서는 안 된다. 필자의 경우도 강세 콜 스프레드를 진입했는데, 지수가 하락하면 두 가지를 병행한다. 미련 없이 손절해서 손실을 줄이고 다시 기회를 보고 재진입할 수도 있고, 또 어떨 때는 물타기를 감행하기도 한다. 손절 후 재진입을 하든, 물타기를 하든 확실한 마인트 컨트롤을 가지고 진행한다. 부화뇌동해서는 안 된다. 왜 물타기를 하는지, 이번 물타기까지 실패하면 어떻게 해야 하는지, 미리 계획을 세운 후에 실행해야 한다.

9. 약세 풋 스프레드

9-1. 약세 풋 스프레드의 개념

약세 풋 스프레드는 위에서 설명한 강세 콜 스프레드와 대비되는 개념으로, 기본적으로 지수의 하락을 염두해두고서 진입하는 방향성 전략이다. 약세 풋 스프레드는 강세 콜 스프레드와 비교해 지수의 방향만 다를 뿐 접근 방법은 모두 같기에 여기서는 기본적인 사항만 설명한다.

약세 풋 스프레드는 매수 위주의 합성전략으로 먼저 지수의 하락을 예상하고서 외가격의 행사가를 풋옵션매수한 후 곧바로 그보다 한 단계 더 먼 외가격으로 풋옵션매도를 진입한다. 지수의 하락을 예상하고서 외가격 풋옵션을 매수하지만 혹시나 모를 지수의 상승에 대비해서 헤지 차원에서 한 단계 더 먼 외가격으로 풋옵션을 매도하는 것이다.

등가격에서 가까운 지점에서 약세 풋 스프레드를 구축할 경우 최대 예상 이익금과 최대 예상 손실금이 비슷하지만 등가격에서 먼 외가격에서 약세 풋 스프레드 구축할 경우 최대 예상 이익금은 최대 예상 손실금에 비해 월등히 높다. 다시 말하면 먼 외가격 쪽으로 이동해서 약세 풋 스프레드를 구축할 경우 확률적으로 불리할 수도 있다는 말이다.

따라서 약세 풋 스프레드를 구축하려고 맘을 먹는다면 가능한 등가격 쪽에서 구축하고 이익이든 손실이든 가급적 짧게 끊고 나오기를 권장한다. 단, 먼 외가격에서 진입하려고 할 경우 어느 정도의 손실을 감내할 수 있으면 얼마든지 가능하다. 손실이 이익에 비해서 얼마 되지 않기 때문이다.

9-2. 약세 풋 스프레드 진입의 예

2015년 7월 7일 장마감 후, 코스피 9월물 선물의 지수는 249.10이고, 코스피200지수는 248.05다. 이틀 동안 큰 폭으로 하락한 상태로서 당장 내일 반등할지 아니면 추가 하락할지를 모르는 상태에서 추가 하락에 무게를 두고 약세 풋 스프레드를 구축해보자.

[2015년 코스피 연결선물의 일봉차트]

만기가 8월 13일인 8월물 옵션은 만기일까지 38일 남았다. 등가격에서 가까운 약세 풋 스프레드를 구축해보자. 먼저 지수의 하락을 예상하고서 행사가 247.50을 풋옵션매수로 진입한 후, 곧바로 그보다 한 단계 더 외가격에 있는 행사가 245.00을 풋옵션매도로

진입한다. 기본적으로 매수 위주의 합성전략이다. 행사가 247.50 은 3.80의 프리미엄에 거래되고 있고, 행사가 245.00은 2.87의 프리미엄에 거래되고 있다. 이번 약세 풋 스프레드를 진입하는 데 필요한 증거금은 465,000원이다. 최대 이익은 785,000원이고 최대 손실은 465,000원이다. 증거금은 최대 손실금과 같다.

[코스피 8월물 옵션 행사가 247.50 풋옵션매수와 행사가 245.00 풋옵션매도 진입 시 만기손익 그래프와 증거금]

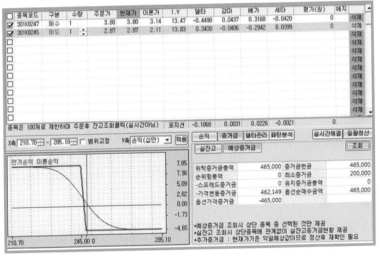

약세 풋 스프레드를 진입한 후 가장 좋은 시나리오는 다음 날 시장이 곧바로 큰 폭으로 하락하는 것이다. 가장 안 좋은 시나리오는 시장이 곧바로 큰 폭으로 상승하는 것이다. 하지만 이익이든 손실이든 진입 후 초반에는 크게 나타나지 않는다. 그래서 손절의 경우 짧게 끊고 나올 여지가 많다는 느낌이 들 것이다. 어디까지나 거래자의 성향에 따라 이익금과 손실금을 결정하면 된다.

10. 외가격 양매수

10-1. 왜 옵션매수를 하는가?

무수한 옵션의 전략 중 네이키드매수 전략이든, 매수 위주의 합성전략이든, 단기전이 아닌 장기전으로 운영했을 경우 기본적으로 매수 전략에서 성공할 확률은 얼마나 될까? 글쎄다. 분명 단기전은 성공할 확률이 높을 수도 있겠지만 장기전은 쉽지 않을 것 같다. 단 매수만을 위주로 하는 진정한 타짜는 예외로 치자. 단기와 장기로 구분했는데 확실한 근거는 있는가? 없다. 하지만 주위에 옵션매수만을 주로 한 사람 중에 살아남은 사람들을 보지 못해서 확신하는 것이다. 그렇다면 타짜가 아니라면 단기전에서는 옵션매수로 승리할 가능성이 없단 말인가? 있다고 생각한다. 분명 단기전에서 옵션매수로 큰돈을 번 사람들은 존재한다.

이 책의 기본 목적은 옵션매도에 있지만 가끔 옵션매수도 대박을 가져다 줄 때가 있으므로 전략 차원에서 다루고자 한다. 우리나라의 선물시장은 등락폭이 심한 편이라 가끔 옵션매수시장에서 대박을 터뜨릴 때가 있다. 특히 풋옵션에서 가끔 잭팟을 터뜨릴 때가 있다. 이런 기회를 포착하고자 옵션매수를 살펴보는 것이다.

옵션매수 전략에는 가장 단순한 네이키드매수가 있고 또한 등가격 양매수, 외가격 양매수가 있다. 여기서는 외가격 양매수를 살펴보자.

10-2. 언제 양매수를 구사하는가?

옵션매수는 옵션매도에 비해서 확률적으로 불리하다고 했는데, 그렇다면 언제 양매수를 구사해야 하는가? 참 어려운 문제다. 그 시점을 알면 누구든지 부자가 될 수 있을 것이다. 하지만 현실적으로 정확한 매수 시점을 알아내는 것은 불가능하다. 시장 상황과 기술적 지표 등 여러 요인들을 분석하고 종합해서 매수 시점을 포착해야 한다.

일반적으로 시장이 한동안 큰 변동 없이 조용히 흘러가면 조만간 위쪽으로든 아래쪽으로든 크게 움직일 거라고 예측할 수 있다. 바로 이 시점이 옵션 양매수의 진입 시점이다. 또한 대외적인 변수가 큰 영향을 끼칠 것이라고 예상할 때 양매수를 진입할 수 있다.

현재 세계는 그리스 문제로 인해 혼란스럽다. 디폴트 가능성이 나올 때마다 급락한다. 또 타협의 가능성이 나올 때마다 급등한다. 바로 이런 시점이 양매수의 진입 타이밍일 것이다. 시장이 어느 쪽으로든 한 방향으로 크게 움직이면 된다. 양매수 진입 후 가장 좋은 시나리오는 시장이 어느 한 쪽으로 급등하거나 급락하는 것이다.

10-3. 왜 외가격 양매수인가?

양매수를 진입하는 가장 큰 이유는 시장이 어느 한쪽으로 크게 움직이기를 바라는 것이다. 그런데 진입 후 시장이 크게 움직이지 않으면 진입한 양매수는 꽝이 된다. 어찌 보면 큰 모험을 하는 것이다. 흔한 말로 도박을 하는 것이다. 도박을 하는 데 자신의 자금을 전부 걸 수 없다. 이 자금은 없어도 생활하는 데 아무 타격을 가하지 않을 자금이어야 한다. 즉 전부 잃을 각오를 하고 양매수를 진입해야 한다. 그런데 등가격 양매수나 등가격에서 가까운 옵션은 가격이 비싸다. 확률적으로 손실을 볼 확률이 높은데 많은 자금을 투입할 수 없는 것이다. 그래서 자금이 조금만 필요한 먼 외가격을 양매수로 진입해야 한다. 그렇다고 너무 먼 외가격은 정말이지 꽝이 될 확률이 높다.

그러면 어느 정도의 행사가를 진입하는 것이 좋은가? 정해진 룰은 없지만 대략 만기가 한 달 이상 남은 월물로 등가격에서 5~10 포인트 정도 떨어진 행사가라면 어떨까? 가격으로 보자면 대략 0.3~0.7 정도의 가격대가 어떨까? 이에 대한 정답은 없다. 하지만 너무 많은 자금을 투입해서는 안 되는 것만은 확실한 것 같다.

또한 비록 몇 번 성공했다 할지라도 양매수를 너무 좋아해서는 안 된다. 평상 시는 옵션매도 위주의 플레이를 구사 하다가 가끔씩 기회가 포착되면 그때 양매수를 하면 될 것이다. 이 기회를 포착하는 것은 개인의 실력으로 남겨두고자 한다. 그래야 공평하지 않겠는가.

10-4. 외가격 양매수 진입의 예

2015년 7월 8일 장 마감 후 상황을 보니 코스피200지수는 244.94에 장을 마쳤고, 코스피 9월물 선물은 245.55에 장을 마쳤다. 3일 연속 큰 폭으로 하락했다. 그리스 문제로 인해 전 세계 주식시장이 요동을 치는 상황이다. 앞으로도 며칠간 지수의 등락폭이 클 것을 예상하고 양매수를 진입해보자.

[2015년 코스피 연결선물의 주봉차트]

　　이번 주가 시작한 지 3일이 지났건만 파란색 봉이 꽤 크다. 그만
큼 하락의 폭이 심하다는 말이다. 앞으로도 변동폭이 심할 것을 예
상하고 양매수 전략을 구사해보자. 그리스 문제가 해결이 돼도, 혹
해결이 안 돼도 변동폭이 심할 거라고 예상하면 양매수 전략이 유
효할 것이다.

[양매수 전략 : 8월물 옵션 행사가 257.50 콜옵션매수와 행사가 227.50 풋옵션매수 진입 시 만기손익 그래프와 증거금]

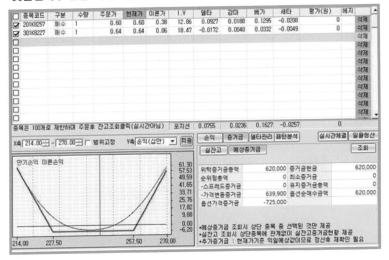

만기일이 8월 13일로 만기가 37일 남은 8월물 옵션시세표를 보니 행사가 257.50 콜옵션의 가격이 0.60이고, 행사가 227.50 풋옵션의 가격이 0.64다. 최근 크게 하락하고 있는 중이라 풋옵션의 프리미엄이 콜옵션에 비해서 상당히 높다. 증거금은 매수 대금인 620,000으로 최대 손실폭과 같다. 만기손익 그래프를 보라. 지수가 어느 한쪽으로 크게 움직이면 수익은 무한정으로 불어난다. 하지만 만기일에 지수가 227.50~257.50 사이에 머무르면 매수 대금만큼 손실이다. 이미 시작 단계부터 지수는 손실 구간에 들어와 있어 확률적으로 불리한 상황이지만 혹시나 하는 생각에 이 자금을 손해 볼 각오하고 진입하는 것이다.

10-5. 외가격 양매수의 청산 시점

진입 후 청산은 언제 해야 하는가. 두 가지 측면에서 볼 필요가 있다.

첫째, 만기까지 가지고 가는 것이다. 기왕 적은 자금으로 대박을 노리는 것이기 때문에 충분히 만기까지 가지고 갈 필요성이 있는 것이다. 예상과 어긋나면 매수 대금만큼만 손실이니 이 정도는 처음부터 감당할 각오를 하고 진입한 것이기 때문이다.

둘째, 만기 전에라도 언제든지 청산이 가능하다. 도중에 양매수의 프리미엄을 합해 보니 플러스가 되어 있을 수도 있고, 마이너스가 되어 있을 수도 있다. 적당한 이익이 발생했다고 생각하면 언제든지 청산하고 빠져 나올 수 있다. 또한 진입 시 스스로 손실의 한도를 정해 놓았다면 그 정도 선에서 손실을 끊고 빠져 나올 수 있다. 조금이나마 건지는 것이다. 자신의 예측이 틀렸다는 것을 인정하고 빨리 빠져나오는 것도 한 방법이다. 빠져나왔는데 곧바로 큰 폭으로 지수가 움직일 때도 있을 것이다. 이런 부분은 나의 영역이 아닌 것이라고 인정할 줄도 알아야 한다.

국내
개별주식선물

주식선물의 개요

국내에서 선물이라고 말하면 흔히 코스피선물을 말한다. 옵션도 코스피옵션만 생각하지, 개별주식옵션은 생각하지 않는다. 하지만 근래에 개별주식선물이 많은 사람들에게 사랑받고 있다. 당연히 그럴 만한 이유가 있지 않겠는가? 앞으로도 점점 많은 거래자들이 개별주식선물에 관심을 가질 것이다.

필자도 개별주식선물이 처음 등장했을 때 너무나 흥분했다. 그 전까지는 오직 주식이라고 하면 상승해야 수익을 낼 수 있었는데 이제는 하락에도 배팅할 수 있다니 이 얼마나 좋은 기회인가? 초창기에는 15개 종목 정도밖에 되지 않았는데 차츰 60개 종목으로 늘어나더니 최근에는 코스닥의 일부 종목도 편입되어 91개 종목으로 늘었다. 점점 투자자에게 기회는 나아지고 있다.

선물·옵션이 부담스러운 거래자라면 개별주식선물이 충분히 매력적인 시장이 될 것이다. 여기서는 주식선물 투자기법을 논하지는 않겠다. 주식에 비해서 장점이라고 하는 요소들을 몇 가지 살펴보고자 한다. 당연히 장점의 이면에는 단점도 함께 존재한다. 늘 장점이 있으면 단점은 짝으로 따라 다닌다. 우리는 장점이 단점을 능가하는 전략을 구사하려고 노력해야 한다.

이 책 전반부에서 선물의 개념을 설명했다. 똑같이 생각하면 된다. 예를 들어, 삼성전자 주식선물은 삼성전자의 주식(현물)을 기초자산으로 하는 것이다. 우리은행 주식선물의 기초자산은 우리은행 주식이다.

결제월물, 만기일, 만기월

주식선물도 코스피선물과 마찬가지로 3개월 단위로 월물이 존재하고, 만기도 3개월 단위로 존재한다. 3월, 6월, 9월, 12월마다 만기가 존재한다. 만기일은 코스피선물의 만기일과 같다. 즉 3월, 6월, 9월, 12월 두 번째 목요일이다. 2015년 6월물 강원랜드 주식선물의 만기일은 6월 11일(목요일)이다.

거래시간

주식선물의 거래시간은 선물·옵션의 거래시간과 같다. 즉 09:00~15:15까지 거래가 가능하다. 하지만 만기일에 만기월물은 14:50까지만 거래가 가능하다.

거래단위(승수)

주식선물의 거래단위는 10이다. 즉, 삼성전자 주식선물 1계약을 매수했다면 10주의 삼성전자 주식을 매수한 효과가 있다. 10주를 한 묶음으로 1계약이라고 생각하면 된다.

만기결제

기초자산의 가격에 의해 결정된다. 상승에 배팅한 경우를 보자. 만약 우리은행 주식선물 1계약을 만기일 이전에 10,000원에 매수한 후, 만기까지 들고 간 경우 주식선물의 거래는 만기일 14:50까지만 가능하다. 15:00에 장이 끝나고 우리은행 주식(현물)의 가격에 따라 차액을 현금결제한다. 우리은행 주식이 11,000원에 끝났다면 10,000원(승수제 고려) 이득이고 9,000원에 끝났다면 10,000원 손실이다.

또, 하락에 배팅한 경우를 보자. 우리은행 주식선물 1계약을 만기일 이전에 10,000원에 매도 후, 만기까지 들고 간 경우 우리은행 주식이 9,000원에 끝났다면 10,000원 이득이고 11,000원에 끝났다면 10,000원 손실이다.

신규 거래 시 필요조건

신규로 주식선물을 거래하고자 하는 자는 선물의 신규 거래 조건을 충족해야 한다. 30시간 사전 교육과 진도 이수 시험을 보아 통과해야 한다. 그리고 50시간의 모의거래를 해야 한다. 예탁금은 3천만 원이 있어야 한다. 혹시 주식옵션을 거래하고자 하는 사람은 선물거래를 시작한 지 1년이 지나고 그 1년 동안 10거래일의 실적이 있어야 한다. 예탁금은 5천만 원이 있어야 한다. 한마디로 신규 거래자들은 선물이든 주식선물이든 옵션이든 거래하지 마라는 의미가 강한 것 같다. 개별주식선물을 거래하고자 하는 분들은 이 힘든 조건을 충족해야 한다. 그럼에도 불구하고 개별주식선물을 하기 위해서는 이런 조건을 감수할 가치가 있다고 생각한다.

02

개별주식선물의 장점

1. 양방향거래

선물·옵션거래와 마찬가지로 상승에도 배팅할 수 있고, 하락에도 배팅할 수 있다. 오른다고 생각하면 매수하면 되고(나중에 매도 청산), 하락한다고 생각하면 매도하면 된다(나중에 매수 청산).

오늘(2015년 6월 10일)도 뉴스를 보니 공매도 이야기가 나온다. 삼성물산 주식의 공매도 물량이 최근 사흘간 100만 주 넘게 쏟아졌다는 기사가 타이틀을 장식한다. 그 여파로 삼성물산의 주가는 큰 폭으로 하락했다. 최근 미국계 헤지펀드 엘리엇매니지먼트의 경영 참여 선언 이후 엄청나게 삼성물산의 주가가 상승했지만 공매도로 인해 상승분을 고스란히 반납했다. 이런 상황에서 상승을 기대하고 따라붙은 개인들은 속수무책으로 당할 수밖에 없다.

그럼 공매도가 무엇인가? 주가가 하락할 것으로 예상하고 주식을 빌려서 매도 주문을 내는 투자기법이다. 기관 투자가에 허용되어 있다. 개인들은 거의 이용할 수 없다. 삼성물산처럼 급등한 주식은 반드시 하락을 할 것이다. 비록 제일모직과의 합병 요인으로 어느 정도는 상승을 하겠지만 결국은 조금이나마 내려오지 않겠는가?누구나 상식적으로 생각한다면 예상할 수 있다. 그런데 이런 뻔한 상황에서 개인은 보고만 있어야 한다. 이게 공매도의 현실이다. 기관 투자가들만 하락을 즐기는 상황이다.

하지만 이제는 슬퍼하지 마라. 개인들에게도 주식선물이 있지 않은가? 주가는 급등이 있으면 급락은 아닐지라도 하락은 있기 마련이다. 또 급락이 있으면 급등은 아니더라도 상승이 있기 마련이다. 꼭 급등과 급락이 아니더라도 상승과 하락은 있기 마련이다. 게다가 우량주일 경우라면 안심하고 상승과 하락에 배팅할 수 있다. 이제 어느 주식이 상승한다고 확신하면 주식선물을 매수하자. 또 어느 주식이 하락한다고 생각하면 주식선물을 매도하자. 그 다음의 전략은 여기서 논하지는 않겠다.

주식이 하락할 때 바라만 보던 시절은 끝났다. 적극적으로 진입해서 주가 하락을 즐기자. 상승을 즐기는 것 못지않게 하락도 나의 무대로 만들어야 한다.

2. 낮은 증거금, 높은 레버리지 효과

주식선물의 또 하나의 매력은 높은 레버리지 효과다. 이는 엄밀히 말하면 양날의 칼이지만 잘 활용한다는 가정 하에 논하면 그 어떤 투자 방법보다 낫다. 증거금이 대략 15% 정도 된다. 우리은행 주식선물 1계약을 10,000원에 매수했다고 하자. 거래승수가 10이니 주식을 10주 매수한 것이다. 주식의 경우라면 총 100,000원이 필요할 것이다. 하지만 우리은행 주식선물 1계약을 매수하는 데에는 15,000원만 있으면 된다. 증거금률이 15%기 때문이다. 100,000원의 15%만 있으면 우리은행 주식선물을 10개 매수한 효과를 발휘한다. 엄청난 레버리지 효과 아닌가? 우리은행 주식선물의 가격이 11,000원으로 상승하면 총 10,000원의 이익이 발생한다. 15,000원을 투자해 10,000원의 수익을 달성한 것이다. 대략 투자금 대비 66%의 수익을 달성할 수 있다.

하지만 증거금은 양날의 칼이라고 했다. 만약 9,000원으로 하락한다면 66%의 손실이 발생한다. 이런 위험성에도 불구하고 증거금 체제를 잘 활용하면 주식보다 훨씬 효과적인 수익을 달성할 수 있을 것이다.

3. 종목의 집중

현재 주식선물은 91개 종목이 거래가 가능하다. 초기보다 많이 늘었다. 주로 우량주 위주로 구성되어 있어서 분석이 어렵지는 않다. 현재 코스피, 코스닥 업체수는 합해서 대략 1,900개 정도 된다. 언제 이 많은 종목을 분석하는가? 우리는 우량주 91종목만 분석하면 된다. 당연히 종목이 더 늘어나면 좋은 일이다. 그렇다고 모든 거래 종목으로 확대될 필요는 없다. 앞으로 종목이 더 늘어난다면 100~150개 정도면 충분할 것 같다.

03

초보 거래자에 대한 당부

1. 가격이 저렴한 종목 위주로 거래

초보 거래자들은 가급적이면 삼성전자와 같은 대형주는 피하라고 하고 싶다. 처음에는 가격이 비싸지 않는 종목 위주로 거래를 한 이후 서서히 익숙해지면 좀 더 비싼 종목으로 확대하라. 처음부터 대형주를 시도했다가 방향이 어긋나면 심리적으로 불안해질 수 있기 때문이다. 종목이 많은데, 처음부터 무리해서 대형주 위주로 할 이유는 없다.

2. 증거금이 낮은 종목 위주로 거래

또 기왕이면 위탁증거금률이 낮은 종목 위주로 거래를 해야 한다. 그래야 한정된 예산 안에서 계획을 세우는 데 좀 더 유리할 것이다. 자금이 많은 기관이나 개인은 대형주를 거래해도 상관없지만 개인들은 자금이 넉넉하지 않기 때문에 기왕이면 증거금이 낮은 종목을 하기를 권한다.

3. 거래량이 많은 종목 위주로 거래

모든 거래에 통용되는 말이겠지만 어느 정도의 거래량이 있어야 한다. 단타 위주가 아니라면 큰 상관이 없겠지만 그래도 거래량이 좀 있다면 진입과 퇴각이 좀 수월할 것이다. 간혹 거래량이 말도 안 되게 부족한 종목이 있다. 이런 종목에 들어가서 잘 되면 좋지만 예상과 어긋난 방향으로 갈 경우 만기까지 가서 손실보고 현금 결제받는 방법밖에 없다. 무리하게 만기 전 장중에 손절을 하려 할 경우 더 큰 손실을 볼 수도 있다. 혹시나 이런 종목을 진입해서 예상과 어긋나서 손절을 단행하려 할 경우 본인이 수용할 수 있는 가격에 내놓는 것이 현명한 방법이다. 체결되면 다행이고 안 되면 만기까지 가지고 간다고 생각해야 한다.

04

주식선물의 종목, 위탁증거금률(%), 유지증거금률(%)

위탁증거금률과 유지증거금률은 변동할 수 있다는 점을 염두해 두고서 거래해야 한다.

번호	종목	위탁 증거금률 (%)	유지 증거금률 (%)	번호	종목	위탁 증거금률 (%)	유지 증거금률 (%)
1	CJ	19.50	13.00	10	LG전자	10.50	7.00
2	GS	10.50	7.00	11	LG화학	24.00	16.00
3	GS건설	21.00	14.00	12	NAVER	16.50	11.00
4	KB금융지주	12.75	8.50	13	POSCO	14.25	9.50
5	KT	10.50	7.50	14	SK	14.25	9.50
6	KT&G	15.00	10.00	15	SK이노베이션	20.25	13.50
7	LG	11.25	7.50	16	SK텔레콤	14.25	9.50
8	LG디스플레이	13.50	9.00	17	SK하이닉스	13.50	9.00
9	LG유플러스	15.00	10.00	18	S-Oil	19.50	13.00

번호	종목	위탁 증거금률 (%)	유지 증거금률 (%)	번호	종목	위탁 증거금률 (%)	유지 증거금률 (%)
19	강원랜드	12.00	8.00	48	하이트진로	12.00	8.00
20	고려아연	12.00	8.00	49	한국가스공사	14.25	9.50
21	기아자동차	13.50	9.00	50	한국금융지주	15.00	10.00
22	기업은행	16.50	11.00	51	한국전력	12.75	8.50
23	대림산업	18.00	12.00	52	한국타이어	16.50	11.00
24	대상	24.00	16.00	53	한국항공우주	16.50	11.00
25	대우인터내셔널	14.25	9.50	54	현대건설	17.25	11.50
26	대우조선해양	24.00	16.00	55	현대모비스	15.00	10.00
27	대우증권	18.75	12.50	56	현대위아	18.00	12.00
28	대한항공	16.50	11.00	57	현대자동차	18.75	12.50
29	두산인프라코어	18.00	12.00	58	현대제철	12.75	8.50
30	두산중공업	21.75	14.50	59	현대중공업	23.25	15.50
31	롯데쇼핑	14.25	9.50	60	호텔신라	24.00	16.00
32	롯데케미칼	25.50	17.00	61	CJ E&M	21.00	14.00
33	미래에셋증권	18.75	12.50	62	다음카카오	20.25	13.50
34	삼성SDI	19.50	13.00	63	서울반도체	23.25	15.50
35	삼성물산	21.00	14.00	64	셀트리온	29.25	19.50
36	삼성생명	13.50	9.00	65	씨젠	18.75	12.50
37	삼성전기	21.75	14.50	66	와이지엔터네인먼트	16.50	11.00
38	삼성전자	14.25	9.50	67	원익IPS	26.25	17.50
38	삼성중공업	18.00	12.00	68	웹젠	37.50	25.00
40	삼성증권	17.25	11.50	69	파라다이스	28.50	19.00
41	삼성카드	15.00	10.00	70	포스코ICT	12.00	8.00
42	삼성테크윈	24.75	16.50	71	BNK금융지주	12.00	8.00
43	신한금융지주	13.50	9.00	72	DGB금융지주	12.75	8.50
44	엔씨소프트	19.50	13.00	73	GKL	23.25	15.50
45	우리은행	15.00	10.00	74	LG상사	15.75	10.50
46	이마트	13.50	9.00	75	LG이노텍	19.50	13.00
47	하나금융지주	10.50	7.00	76	NH투자증권	21.00	14.00

번호	종목	위탁 증거금률 (%)	유지 증거금률 (%)	번호	종목	위탁 증거금률 (%)	유지 증거금률 (%)
77	OCI	21.00	14.00	85	제일모직	25.50	17.00
78	SK C&C	17.25	11.50	86	한화	15.75	10.50
79	SK네트웍스	16.50	11.00	87	한화생명	9.75	6.50
80	금호석유	11.25	7.50	88	한화케미칼	24.00	16.00
81	넥센타이어	13.50	9.00	89	현대글로비스	20.25	13.50
82	삼성SDS	21.75	14.50	90	현대미포조선	22.50	15.00
83	아모레퍼시픽	18.75	12.50	91	현대해상	13.50	9.00
84	제일기획	16.50	11.00				

[2015년 8월 5일 한국투자증권 기준]

MEMO

해외옵션매도
따라하기

01. 먼저 증권사나 은행에 가서 해외선물계좌를 만든다. 증권사는 이베스트증권이나 한국투자증권이 이용하기에 편하다. 여기서는 한국투자증권 HTS를 중심으로 설명한다.

02. 컴퓨터에서 한국투자증권 홈페이지에 들어가 eFriend Force를 설치하고 인증서 등 거래에 필요한 절차를 마무리한다. 한국투자증권에 전화해서 문의하면 친절하게 알려준다.

03. PC에 설치한 eFriend Force를 클릭하면 다음과 같은 창이 뜬다. 고객 ID, 비밀번호, 공인인증서의 비밀번호를 입력한 후 로그인 창을 클릭한다.

04. 로그인을 하고 나면 다음과 같은 창이 뜬다. 이제 매매에 필요한 최소한의 창을 만들어 보겠다. 말 그대로 최소한의 창이다. 경험이 쌓이면 점점 더 많은 창을 띄워서 공부할 수 있다.

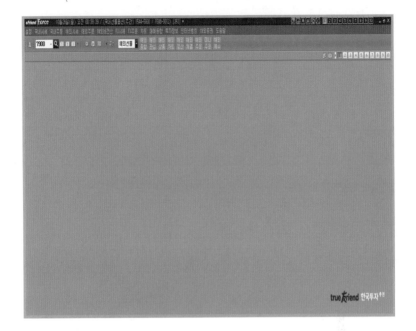

05. 다음처럼 '차트'를 왼쪽 마우스로 클릭한다. 그러면 여러 메뉴가
등장한다. 그 중 '[3400] 해외선물·옵션 종합차트'를 클릭한다.

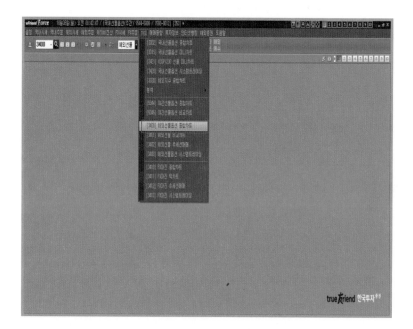

06. 5번을 실행하면 다음과 같은 화면이 나온다. '해외선물·옵션 종합차트' 화면을 본인이 원하는 크기로 조정한다. 가장 일반적으로 보는 크기로 만들어 보겠다. 빨간색으로 된 오른쪽 라인에 커서를 대면 창을 확대할 수 있는 화살표가 생긴다. 잡아 늘려 화면 전체로 키운다.

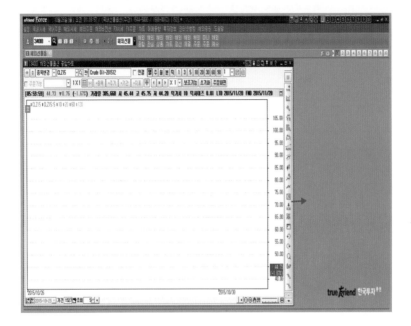

07. '[3400] 해외선물·옵션 종합차트'를 확대했다.

08. 이제 종목을 하나 골라 화면에 띄어보겠다. 아래의 빨간색으로 된 돋보기를 클릭한다.

09. 8번을 실행하면 다음과 같이 '종목안내창'이 뜬다. '해외선물'과 '해외옵션'이 보인다. 그 옆에 '옵션 우선표시'가 보인다. 이 화면이 뜰 때부터 '해외선물'에 세팅이 되어 있다. 그 아래에 '상품'과 '거래소'가 보이는데, 처음부터 '상품'에 세팅 되어 있다. 그 옆으로 '월물코드'와 '월물명'이 있는데 처음부터 '월물코드'에 세팅되어 있다. 시작 단계니 처음에 세팅된 대로 보겠다. 바로 아래 라인에 '통화, 금리, 지수, 농산물, 축산물, 금속, 에너지'가 보인다. 각 상품군별로 종목들이 보인다. '에너지'를 클릭하자, 그 아래로 '에너지'에 소속된 선물들이 보인다. 그 중 가장 거래량이 많은 'Crude Oil'을 검토해보자.

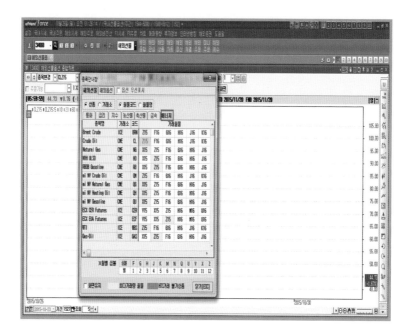

10. 종목명 두 번째에 Crude Oil이 보인다. 거래월물란을 보면 'Z15, F16, G16, H16, J16, K16' 보인다. 아래쪽 '월별 심볼'을 보면 F는 1월, G는 2월, H는 3월을 가리킨다. 이런 식으로 거래월물 앞의 대문자는 '월'을 의미한다. 뒤쪽의 '15'라는 숫자는 연도다. 즉 2015년이다. 'Z15'는 '2015년 12월물'을 가르키고, 'F16'은 '2016년 1월물'을 가르킨다. 여기서 '월물'이라는 개념은 간단하게 그 달이나 전 월에 수명이 다하는 선물이나 옵션을 말한다. '6월물'은 6월이나 5월에 수명이 다 하는 선물이나 옵션을 가리키는 용어다.

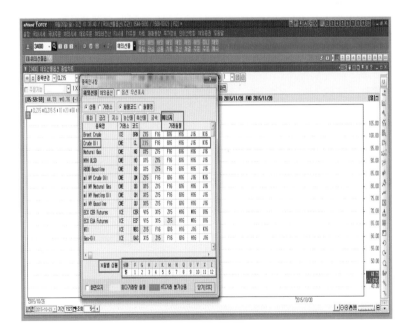

Tip.

선물은 주식과는 다르게 수명이 정해져 있다. 예를 들면, 삼성전자 주식은 삼성전자가 상장폐지 되지 않는 한 계속해서 거래가 되는데, 선물은 태어날 때부터 이미 자신의 수명이 다하는 날이 정해져 있다. 'Crude Oil M15'는 'Crude Oil 2015년 6월물'로 정확히는 5월 19일에 사라진다. '사라진다'는 용어를 사용했지만 엄밀한 의미에서는 올바른 말은 아니다. 5월 19일이 최종통보일이다. 개인들은 이날까지만 거래할 수 있다. 다만, 우리 개인들이 5월 19일 이후에는 6월물 선물을 거래할 수 없기 때문에 옵션처럼 소멸한다는 표현을 쓴 것뿐이다. 6월물인데 왜 5월에 소멸하나? 대부분의 선물은 앞의 대문자에 맞게 그달에 소멸하는데, 일부 종목은 한 달 먼저 소멸한다. Crude Oil은 이런 식으로 자신의 월보다 한 달 먼저 소멸한다. 또한 어떤 종목의 선물은 매달 만기가 다가오는 것도 있지만 어떤 선물은 석 달 만에 만기가 오는 것도 있다. 시작 단계에서는 여기까지만 알아도 된다.

11. 이제 구체적으로 Crude Oil 12월물 선물을 창에 나타내보자. Crude Oil 12월물 선물을 화면에 나타나게 하려면 'Z15'를 클릭하면 된다.

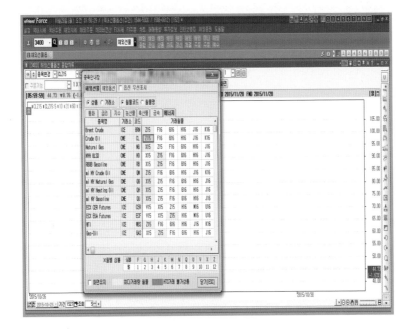

12. 'Z15'를 클릭했는데, 화면에 아무것도 나타나지 않을 수가 있다.

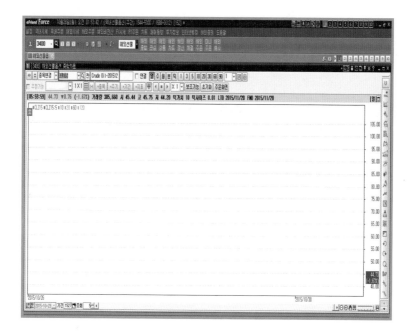

13. 'Z15'를 클릭했는데, 화면상에 아무것도 나타나지 않으면 화면 하단의 바를 왼쪽으로 움직이면 다음과 같은 화면이 나타난다. 위쪽 빨간색처럼 자동적으로 '일'에 세팅이 되어 있다. 봉 하나가 하루의 시가, 고가, 저가, 종가를 나타낸다(이런 화면 구성도 증권사에 전화하면 친절히 가르쳐준다. 처음에는 콜센터의 도움을 받는 것도 좋은 방법이다. 그러다 익숙해지면 자기만의 차트를 만들 수도 있다).

14. 이제 또 다른 창을 만들어 보겠다. '해외주문'탭을 클릭하면 여러 항목이 나타나는데 그 중 '[8602] 해외선물·옵션 종합주문(1)'을 클릭한다.

15. '[8602] 해외선물·옵션 종합주문(1)'을 활성화하면 다음과 같은
화면이 나타난다. 적절히 배열을 조정한다. [8602] 화면에서 오른쪽을
보면 상품테마군들이 보인다. 항상 '통화'로 세팅되어 있다.

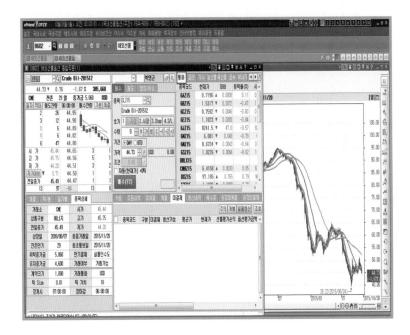

16. 이제 우리가 필요로 하는 Crude Oil을 세팅해보자. [8602] 화면에서 왼쪽 빨간색 돋보기 모양을 클릭한다.

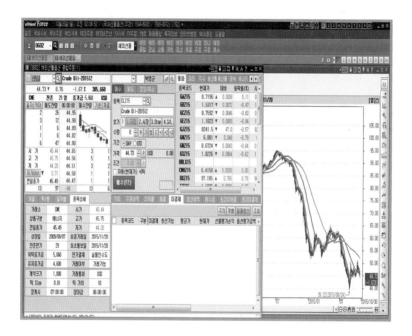

해외옵션매도 월 10% 수익내기

17. 돋보기 모양을 클릭하면 다시 '종목안내창'이 나타난다. 여기서 '에너지'를 클릭하고, Crude Oil 중 최근월물(현재시점에서 가장 빨리 소멸하는 선물)인 'Z15'(2015년 12월물)를 클릭한다. 단순히 가장 최근의 Crude Oil선물의 가격을 알아보기 위함이다.

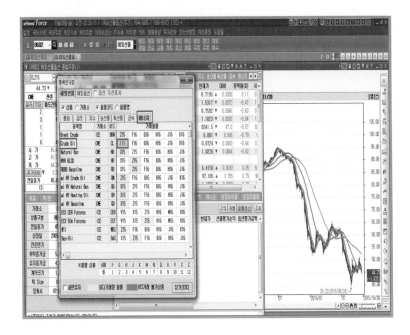

18. 17번을 실행했는데 아마 16번 화면과 같은 화면이 나타날 것이다. 그 이유는 필자의 화면에서는 이미 세팅이 되어 있기 때문이다. 여기서는 확인하는 절차니 세팅이 되어 있는 분들은 건너뛰어도 된다.

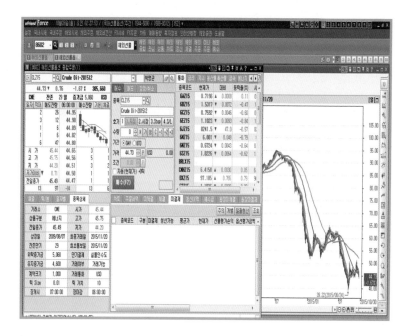

해외옵션매도 월 10% 수익내기

19. [8602] 화면 오른쪽 상품테마군을 보면 '통화'로 세팅되어 있다. 그대로 둬도 무방하지만 이 화면도 에너지와 관련된 종목들을 보고 싶으면 '에너지'를 클릭하면 된다.

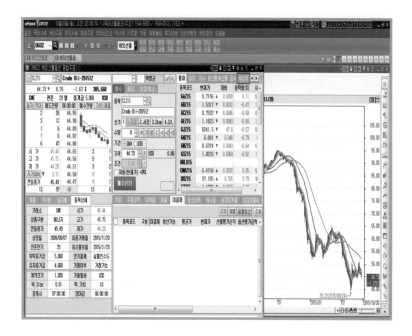

20. '에너지'를 클릭하면 '에너지군'에 포함된 종목들이 보인다. 세 번째가 Crude Oil이다. 이제 [8602] 화면 왼쪽과 오른쪽이 본인이 의도한 종목을 보도록 세팅 되었다.

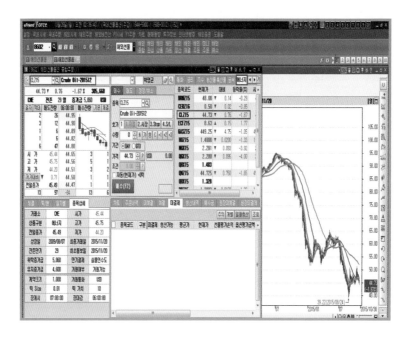

21. [8602] 화면 가운데를 보면 계좌번호(숫자로 표기 : 여기서는 보이지 않게 지운 상태다), 계좌번호 옆에 비밀번호 입력란(공란), 이름이 보인다. 바로 아래 라인에 '매수, 매도, 정정/취소'란이 보인다. 처음부터 '매수'에 세팅이 되어 있다. 비밀번호를 입력해보자.

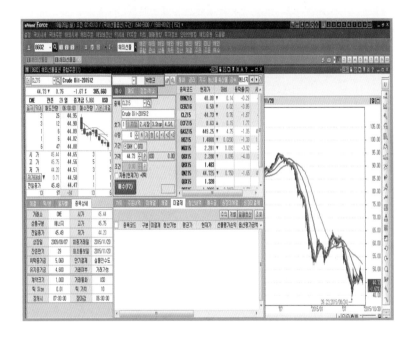

22. 비밀번호를 입력한 화면이다. 비밀번호는 노출이 되지 않는다. '****'로 표기된다.

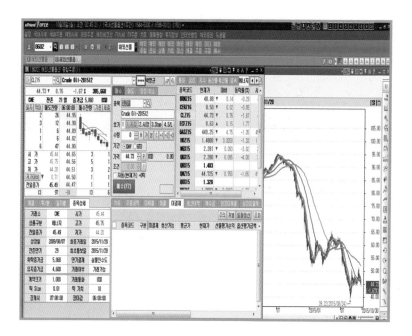

23. '미결제'가 보이는 부분은 아직 매입한 것이 없어 공란으로 보인
다. 그곳에서도 '차트'를 클릭하면 현재 세팅돼 있는 Crude Oil(원유)의
차트가 보인다. 그리고 자금을 투입한 상태라면 '예수금'란에서 자금 관
련 사항이 보일 것이다. 하지만 나머지는 매입 전이라 아무것도 보이지
않는다.

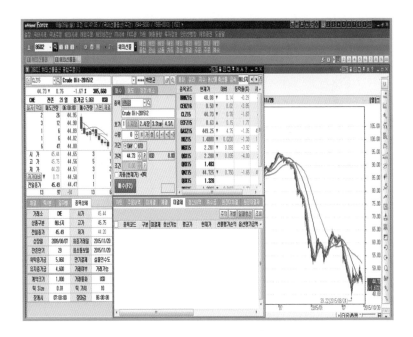

24. 자, 이제 옵션매도에 필요한 화면을 하나 나타내보겠다. '해외시세'를 클릭하면 아래에 여러 항목들이 보인다. 여기서 '[5504] 해외옵션 종합시세'를 클릭한다. 굳이 이 화면만을 볼 필요는 없다. 다른 창도 많이 있으나 초보자가 보기에 쉽다고 생각해서 이 창을 확인해보는 것이다.

25. [5504] 해외옵션 종합시세 창을 활성화하면 다음과 같은 화면이 나타난다. 드디어 옵션에 관한 화면을 보게 된다.

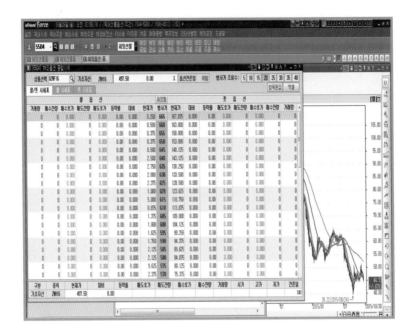

26. 옵션에도 월물별로 여러 옵션이 존재하기 때문에 먼저 옵션의 월물을 보는 방법부터 알아보자. [5504] 화면의 해외옵션 종합시세 창의 돋보기 모양을 클릭한다.

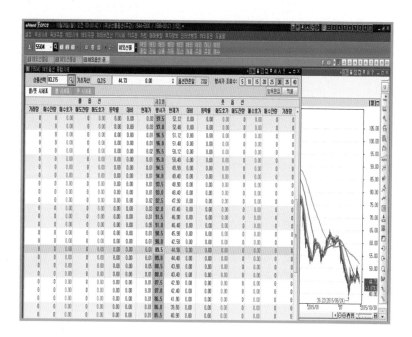

해외옵션매도 월 10% 수익내기

27. 돋보기 모양을 클릭하면 '해외옵션 월물안내창'이 나타난다. '지수옵션'과 '기타옵션'이 보일 것이다. 이렇게 구분한 이유는 보기에 편하도록 하기 위함이다. 그 옆에 '월물코드'와 '월물명'도 보인다. 지수옵션은 미국 E-Mini S&P500지수, 미국 E-Mini 나스닥지수, 독일 DAX지수 등 각 나라의 지수와 관련된 옵션이다.

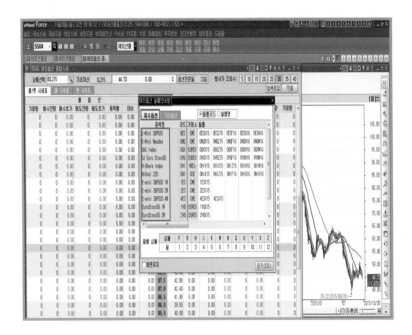

28. 기타옵션은 호주달러, 금, Crude Oil, 천연가스, 옥수수, 대두, 밀 등 상품과 관련된 옵션이다. 여기서 한 가지 주의 할 점은 현재 우리나라 증권사 시스템에서 우리가 이용할 수 있는 옵션의 종목이 한정되어 있다는 점이다. 선물은 많이 있지만 옵션은 몇 종목 안 된다는 점이 좀 아쉽다. 하지만 꾸준히 늘어나고 있는 추세다.

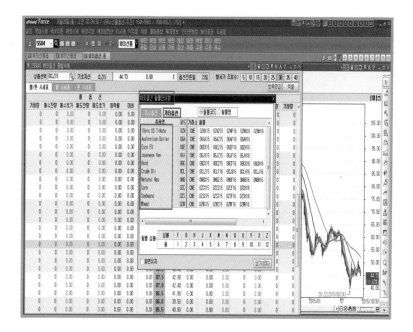

29. 월물코드는 영어와 숫자로 표기되어 있다. 처음에는 좀 불편할 수도 있지만 자주 보다 보면 금방 익숙해진다. 'OESX15'는 '2015년 E-Mini S&P500 11월물 옵션'을 나타낸다.

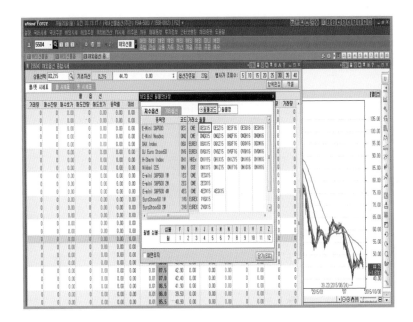

30. 월물명은 옵션을 숫자로 보기 편하게 표기해놓은 것이다. 초보자는 이 표를 보고 옵션을 고르는 것이 더 편할 것이다. '2015/11'은 '2015년 11월물 옵션'이다.

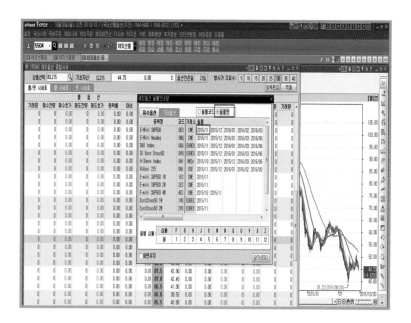

앞에서 설명했듯이, 선물과 옵션의 큰 차이점 중의 하나는 바로 종목(구체적으로는 행가가)이 많다는 점이다. 6월물 원유선물 하나에 수십 개의 옵션이 존재한다. 다음 화면을 보고 이 점을 살펴보겠다.

31. Crude Oil 12월물 옵션을 확인해보자. '기타옵션'의 Crude Oil을
따라 오른쪽으로 이동한 후, '월물코드'에서 'OCLZ15'를 클릭한다.

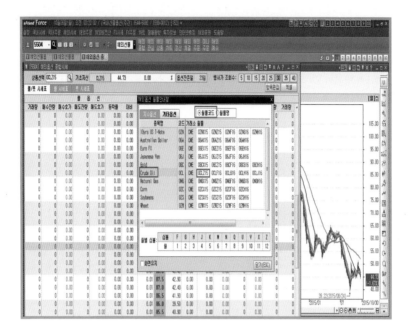

32. 'OCLZ15'를 클릭하면 다음과 같은 화면이 나타난다.

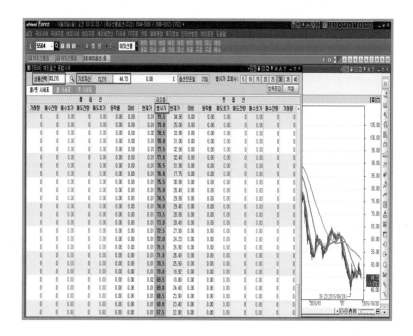

이것이 바로 Crude Oil 12월물 옵션의 종류들이다. 실로 엄청나다. 가운데를 보면 '행사가'가 보인다. 행사가별로 79.5, 79.0, 78.5 등 수많은 옵션이 보인다. 화면상에는 나타나지 않았지만 0.5 단위로 위쪽으로도, 아래쪽으로도 많은 옵션이 존재한다. 이처럼 하나의 선물에는 엄청난 수의 옵션이 존재한다. 여기서도 그냥 옵션이 이렇게 많이 존재한다고만 이해해도 된다. 왼쪽 빨간색 '상품선택'이 바로 이 옵션을 구체적으로 나타내준다. 이 옵션의 이름은 'OCLZ15', 즉 'Crude Oil 2015년 12월물 옵션'이라는 것이다.

여기서 한 가지 더 알고 갈 것이 '기초자산'이다. 이 옵션은 'CLZ15' (2015년 원유 12월물)라는 선물을 기초자산으로 한다는 뜻이다. 앞에서 언급했듯이 옵션의 주인은 선물이라고 했다. 이 옵션의 주인이 바로 2015년 원유 12월물 선물이다. 원유 2015년 12월물 옵션은 원유 2015년 12월물 원유선물이 가는 방향에 따라 자신의 방향도 결정된다. 주인을 충실히 추종한다. 여기서는 이 정도만 알아도 된다.

33. 화면을 정리해보겠다. [5504] 화면의 오른쪽 상단 빨간색을 클릭하면 이 화면이 사라진다. 하지만 언제든지 켤 수 있도록 왼쪽 상단 탭에 숨겨져 있다. 다른 화면도 이곳을 클릭하면 화면에서 사라진다.

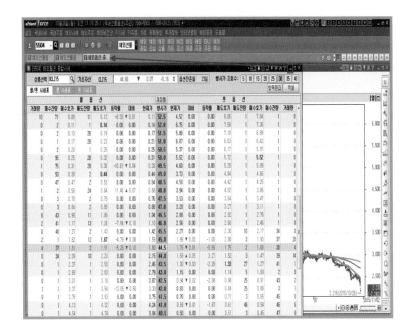

34. 33번을 실행하니 다음과 같은 화면이 나타난다. 1번 빨간색은 '[3400] 해외선물·옵션 종합차트'로 항상 화면 전체에 크게 배경으로 설정해 뒀다. 2번 빨간색은 '[8602] 해외선물옵션 종합주문(1)'을, 3번 빨간색은 '[5504] 해외옵션 종합시세'를 나타낸다. 일단 화면상에는 [3400] 화면 위로 [8602] 화면이 나타난다. [5504] 화면은 필요할 때 클릭해서 보면 된다.

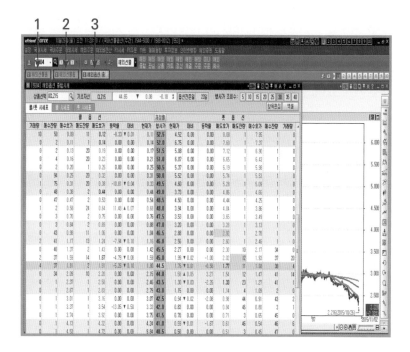

자, 이제 거래에 필요한 최소한의 화면을 구축했다. 이 화면은 초보자에게 필자가 설명하기 위해서 최소한으로 구성한 화면이다. HTS를 자주 이용하다 보면 자신에게 잘 맞는 화면을 구성할 수 있다. 그리고 화면

구성에 있어서 궁금한 사항이 있으면 콜센터에 문의하는 것이 가장 빠른 길이다.

35. 이제 거래에 필요한 최소한의 화면을 구축했으니 구체적으로 옵션매도를 실행해보도록 하겠다. 간단한 옵션매도 방법을 익혀보도록 하자.

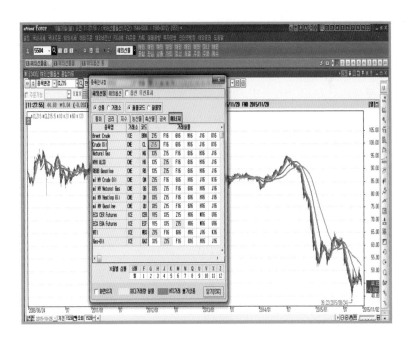

계속해서 Crude Oil선물과 옵션으로 살펴보겠다. 먼저 해야 할 일은 선물의 가격을 아는 것이다. 이것을 보면서 가격의 흐름을 예측하는 것이다.

화면을 [3400]만 띄운 채로 Crude Oil 12월물 선물의 차트를 확인해 보자. [3400] 화면에서 빨간색 '종목변경'란의 돋보기를 클릭하면 '종목안내창'이 나타난다. 여기서 우리가 찾고자 하는 Crude Oil 선물 중 'Z15(Crude Oil 2015년 12월물 선물)'을 클릭한다. 그러면 Crude Oil 12월물 선물의 차트가 나타난다.

36. 선물의 차트를 보고 예측을 해야 한다. 현재 12월물 선물의 가격이 44.69 정도 된다. 이 가격이 2~3개월 후에 또는 3~5개월 후에 어떻게 변해 있을까를 예측해보는 작업이다. 예측 단계에서는 기본적 요인을 포함해서 여러 변수들이 있다. 여기서는 매도의 방법만을 알아보는 단계기 때문에 구체적인 예측 과정은 생략하고 실전처럼 실행해보겠다.

일반적으로 옵션매도에서는 만기일(수명이 다하는 날)이 3~5개월 남은 종
목을 진입하게 된다. 따라서 선물도 만기가 3~5개월 남은 것들을 살펴
봐야 한다. 3개월 남은 것으로 진입하기로 결정했다고 가정하자. 다시
말하면 대략 3개월 정도 후면 본인이 진입한 옵션은 소멸한다는 뜻이
다.

이렇게 결정했으면, 즉 만기가 3개월 정도 남은 Crude Oil 옵션을 진입
하기로(매도하기로) 결정했으면 먼저 만기가 3개월 정도 남은 Crude Oil
선물을 검토해야 한다.

37. '[8602] 해외선물·옵션 종합주문(1)'에서 돋보기 모양을 클릭하면 '종목안내창'이 나타난다. 여기서 해외선물 〉 에너지 〉 Crude Oil 〉 G16을 확인한 후 'G16(2016년 2월물 선물)'을 클릭한다.

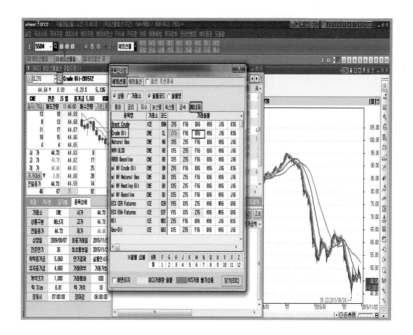

38. 'G16(2016년 2월물 선물)'을 클릭하면 [8602]에서 다음과 같은 화면이 나온다.

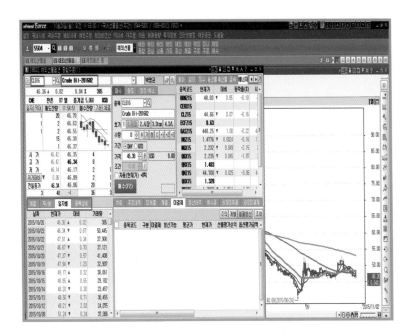

화면을 보면 상단 왼쪽에 'Crude Oil-201602'가 보인다. 즉, 우리는 Crude Oil 2016년 2월물 선물을 보고 있는 것이다. 좀 더 아래쪽을 보면 '체결, 틱/분, 일자별, 종목상세'가 보인다. 현재의 화면은 '일자별'로 2016년 2월물 선물의 종가가 표시되어 있다. 여기서 우리가 알아야 할 것은 2016년 2월물 선물의 현재가다. 현재가는 46.36이다.

2015년 10월 26일 현재, 2015년 12월 선물은 약 44.67인데, 2016
년 2월물 선물은 46.36으로 1.69포인트 정도 더 높은 가격에 거래되
고 있다. 이런 선물간의 가격 차이 때문에 원하는 선물의 월물 가격을
확인해야 하는 것이다. 좀 더 자세히 2016년 1월물, 2016년 3월물 선
물의 가격을 살펴볼 필요가 있다. 이것들이 어떤 식으로 차이가 나는 지
를 확인하는 것도 필요하다. 그 다음으로 알아야 할 것은 2016년 2월
물 선물이 언제 만기가 돌아오느냐 하는 것이다. '종목상세'를 클릭하면
알 수 있다.

39. 종목상세를 클릭하니 [8602]에 다음과 같은 화면이 나타난다.

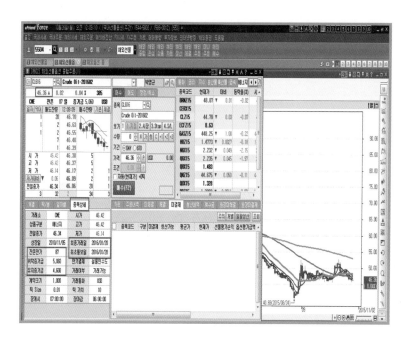

'최종거래일', '최초통보일' 중 우리는 '최초통보일'을 봐야 한다. 혹시 선물을 매입한 상태로 있다면 최초통보일까지 청산해야 한다. 선물을 공략한다면 '위탁증거금'도 확인해야 한다. 하지만 우리는 선물이 아니라 옵션을 공략하기 때문에 여기서 필요한 것은 2016년 2월물 선물의 현재가와 최초통보일이다. 다시 한 번 정리하면 2016년 Crude Oil 2월물 선물의 현재가는 46.36이고 최초통보일은 2016년 11월 20일이다.

40. 자, 이제 2016년 2월물 선물을 보면서 가격을 예측해보자. 앞에서 연습했지만 다시 한 번 차트를 띄우는 방법을 연습해보자. Crude Oil 2016년 2월물 선물을 화면에 띄어보자. '[3400] 해외선물·옵션 종합차트' 창에서 '돋보기 > 종목안내창 > 해외선물 > 에너지'를 클릭하면 에너지군에 소속된 종목들이 나타난다. 이 중 Crude Oil을 찾아 2016년 2월물 선물(G16)을 클릭한다.

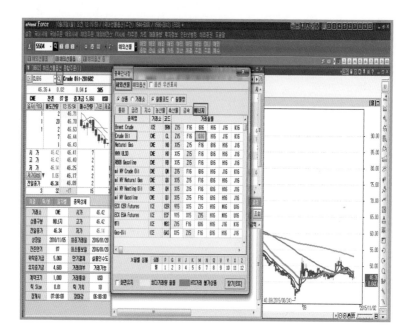

41. 'G16'을 클릭하면 Crude Oil 2016년 2월물 선물이 나타난다. 여기서부터 본 게임이 시작된다. 현재 2016년 2월물 Crude Oil선물의 가격이 46.36이다.

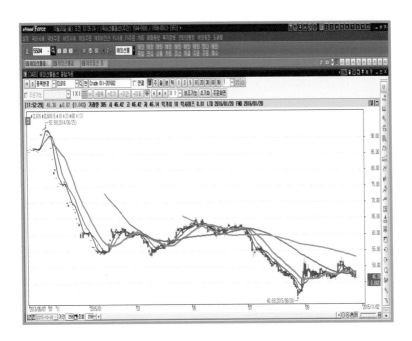

최근 두 달 동안 원유의 가격이 박스권에서 움직이고 있는 느낌이 든다. 누군가는 20달러까지 하락한다고 하더니 아직까지는 멀었나 보다. 또 누군가는 60달러를 이야기하던데, 그 가격도 아직은 멀었다. 그럼 여기서 스스로 예측해보자. 앞으로 3개월 후 원유의 가격은 어느 선에서 머무를까. 제 아무리 상승해도 65달러까지는 오르지 못할 것 같다. 그렇다면 우리는 65달러를 기준으로 삼고 옵션매도를 진행한다.

여기서 옵션매수를 하는 사람들과의 생각의 차이점을 발견할 수 있다. 옵션매수를 한 사람들은 선물의 가격이 3개월 후에는 65달러에는 반드시 도달할 거라고 예상한다. (이 부분도 이해가 되지 않는 분들은 그냥 넘겨도 된다. 옵션매도만 신경 쓰면 된다.) 하지만 옵션매도하는 사람들은 3개월 후에 원유의 가격이 65달러까지는 절대 오지 않을 거라고 예상한다. 즉, 생각하는 관점이 완전히 달라지게 된다. 같은 65달러지만 사물을 보는 눈에 따라서 생각하는 방식이 달라진다.

다시 한 번, 3개월 정도 후에 원유의 가격이 절대 65달러까지는 오지 않을 거라고 예상한다면 행사가 65를 콜옵션매도로 진입한다.

42. 이제 Crude Oil 2016년 2월물 선물을 살펴보았으니 본격적으로 Crude Oil옵션을 살펴보자. '[5504] 해외옵션 종합시세'창에서 돋보기 모양을 클릭하면 '해외옵션 월물안내창'이 나타난다. '기타옵션 〉 Crude Oil 〉 OCLG16' 순서로 검토한다. 'OCLG16'은 'Crude Oil 2016년 2월물 옵션'을 가르킨다. 'OCLG16'을 클릭한다.

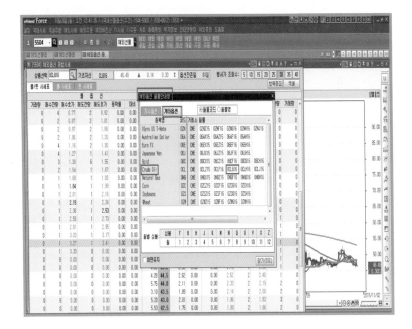

43. 또는 '해외옵션 월물안내창'에서 '월물명'을 클릭하면 좀 더 보기 쉽게 표기가 되어 있다. '2016/02'를 클릭하면 이는 'Crude Oil 2016 년 2월물 옵션'을 클릭한다는 뜻이다. 이제 클릭해보자.

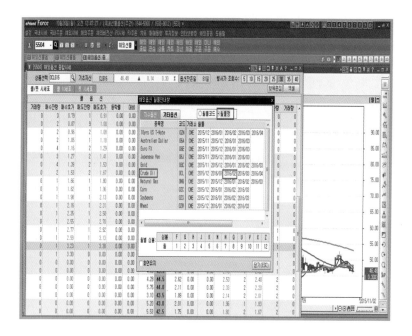

44. [5504] 화면에 Crude Oil 2016년 2월물 옵션이 행사가별로 다양하게 존재한다. 이때 [5504] 화면 바로 밑바탕에는 [8602] 화면이 있다. 즉, [8602] 화면 위에 [5504] 화면을 띄어 놓는다. 한 화면에서 한꺼번에 보기 위함이다. 이 두 화면을 서로 연동시켜 놓아 [5504] 화면에서 어느 행사가를 누르면 자동적으로 [8602] 화면에서도 구현할 수 있다. 여러 창들을 연동시키는 부분도 잘 모르겠으면 콜센터에 연락하면 친절히 가르쳐준다.

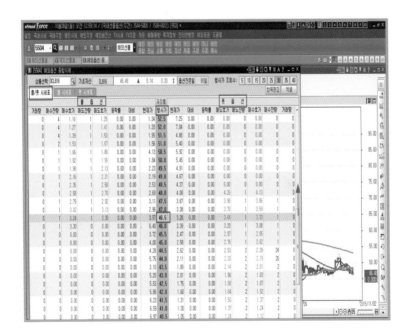

'[5504] 해외옵션 종합시세' 창을 보면 크게 가운데(행사가)를 중심으로 왼쪽은 '콜옵션', 오른쪽은 '풋옵션'이 나타난다. 행사가 46.5(등가격)를 중심으로 위아래로 여러 개가 나타난다.

우리가 선택한 옵션을 찾아보자. 그런데 우리가 찾는 행사가 65.0이 보이지 않는다. [5504] 화면의 오른쪽 바를 위쪽으로 끌어올려서 행사가 65.0을 찾을 수 있다.

45. [5504] 화면에서 행사가 65.0의 왼쪽, 즉 '콜옵션 현재가 0.14'를 클릭하면 [8602] 화면에 이 옵션에 관한 구체적인 내용들이 나타난다. 먼저 [5504] 화면에서 보면 '상품선택란'에 이 옵션의 이름이 보인다. 이 옵션의 이름은 'OCLG16'(Crude Oil 2016년 2월물 옵션)이고, 기초자산(옵션의 주인)은 'CLG16'(Crude Oil 2016년 2월물 선물)이고, 현재가는 46.48이고, 옵션잔존일(만기일까지 남은 기간)은 81일이다. 행사가 65.0 콜옵션 현재가는 0.14다. 좀 더 자세히 보고 싶다면 [8602] 화면에서 종목상세를 클릭하면 된다.

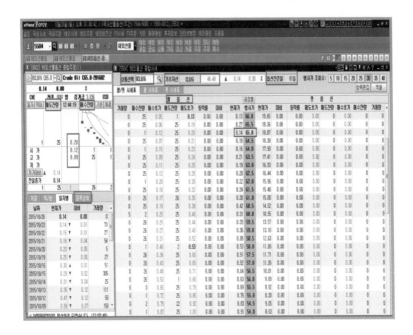

46. 위쪽 빨간 박스의 'Crude Oil C65.0-201602'는 옵션의 이름이다. 여기서 'C65.0'의 'C'는 콜옵션을 의미한다. 풋옵션은 'P'로 표시된다. '65.0'은 행사가를 의미한다. 즉, 'Crude Oil 2016년 2월물 옵션 행사가 65.0 콜옵션'을 뜻한다. 현재가는 0.14다. '종목상세'란을 보면 여러 사항들이 있지만 우리가 눈여겨봐야 할 사항은 승수와 위탁증거금, 그리고 최종거래일이다.

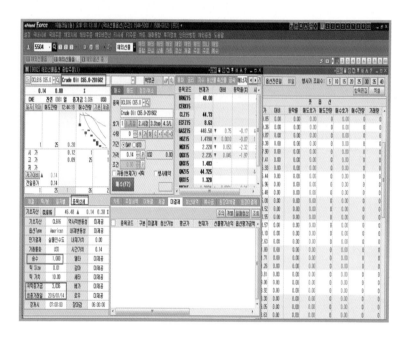

최종거래일은 2016년 1월 14일이다. 오늘이 10월 26일이니 만기일까지 81일 남았다. 즉 옵션잔존일이 81일이다. 위탁증거금은 3,036달러다. 이 옵션을 1계약 매도 진입하려면 3,036달러가 필요하다는 뜻이다.

승수는 달러 가치로 표시하기 위함이다. 이 옵션은 승수가 1,000이다. 만약 0.14에 매도 진입했다면 0.14에 1,000을 곱한 것이 달러 가치다. 0.14×1,000=140달러. 이 옵션을 0.14에 매도 진입함으로써 140달러의 프리미엄을 받는다는 뜻이다.

Tip.

앞에서 Crude Oil 2016년 2월물 선물의 최초통보일은 2016년 1월 20일이라고 했다. 그런데 Crude Oil 2016년 2월물 옵션의 만기일은 2016년 1월 14일이다. 이렇듯 선물과 옵션이 같은 월물일 경우 반드시 옵션의 만기일이 먼저 온다. 그 이유는 콜옵션매도나 풋옵션매도를 진입했는데 혹시라도 예측과 어긋나는 상황이 생기면 2016년 1월 14일에 선물로 배정받아 5~6일 동안 적절히 처리하도록 하기 위함이다. 이 부분은 좀 복잡한 부분이기 때문에 설명을 하지 않겠다.

47. 자, 이제 본격적으로 옵션매도를 진입해보자. 이번에는 행사가를 다른 방식으로 찾아보자. [8602] 화면에서 '돋보기'를 클릭하면 '종목안내창'이 나타난다. 여기서 '해외옵션'을 클릭한다. 다시 '기타옵션'을 선택한다. 여기서 'Crude Oil'를 클릭하면 오른쪽에 콜옵션, 풋옵션별로 여러 월물이 보인다. 각 월물은 다양한 행사가가 존재한다. 우리가 선택하려는 것이 2016년 2월물 콜옵션 행사가 65.0이니 찾아서 클릭한다.

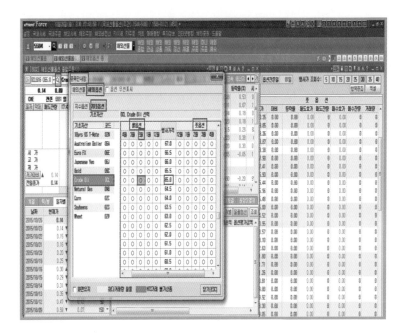

48. 47번을 실행하면 [8602] 화면에 다음과 같은 창이 나타난다. 가운데를 보면 처음부터 '매수'에 세팅이 되어 있다. 우리는 옵션매수가 아니라 옵션매도를 하는 것이니 '매도'를 클릭해 '매도' 창을 활성화해야 한다.

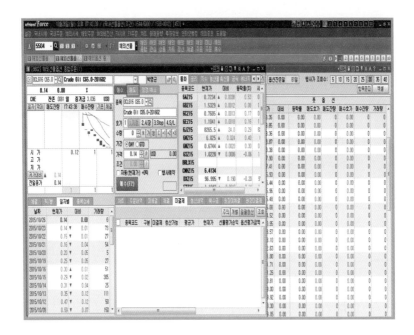

49. '매도' 창을 클릭하면 다음과 같은 화면이 보인다. 우리가 거래하고자 하는 최종 단계에 왔다.

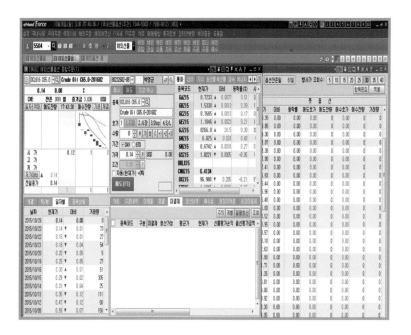

그 사이에 매수, 매도 창의 가격이 바뀌었다. 미국 장이 시작하기 전에는 특히 만기가 많이 남은 옵션은 매수, 매도의 호가 차이가 많이 난다. 지금의 화면처럼 매도 호가가 나타나지 않을 수도 있다.

50. 이제 Crude Oil 2016년 2월물 콜옵션 행사가 65.0을 매도로 진입해보자. 원래는 종가인 0.14에 진입하려 했으나 선물의 가격이 상승해 곧바로 체결될 수도 있으니 좀 높여서 진입해보자. 연습이니 체결은 안 될 가격에 진입을 시도해보자. 0.30정도면 적당할 것 같다.

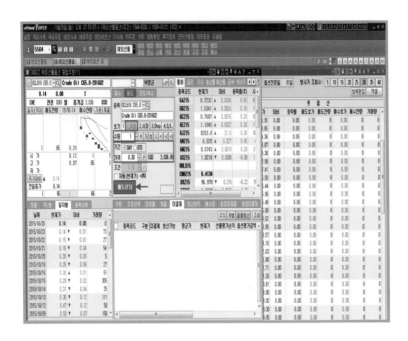

[8602] 화면의 가운데 '매도' 창에서 '수량'을 조정한다. 1계약만 진입해보자. 기간은 처음부터 'DAY'에 세팅되어 있다. 이는 0.30에 지정가로 매도하겠다고 걸어 놓았을 경우 오늘 하루만 이 가격이 유효하다는 것이다. 혹시 체결이 되지 않은 채로 지나가면 다음 날에는 없는 것으로 된다. 'GTD'에 표시를 해두면 옵션이 거래되는 날은 계속 이 가격에 매도를 걸어 둔다는 뜻이다. 초보자는 'DAY'를 이용해야 한다. 마지막으

로 파란색으로 된 '매도'를 클릭하면 주문전송 화면이 나타난다.

51. 마지막으로 '주문전송'을 클릭하면 본인의 주문이 거래소에 전송된다. 이때 곧바로 체결이 될 수도 있고 체결이 안 된 채로 장이 끝날 수도 있다.

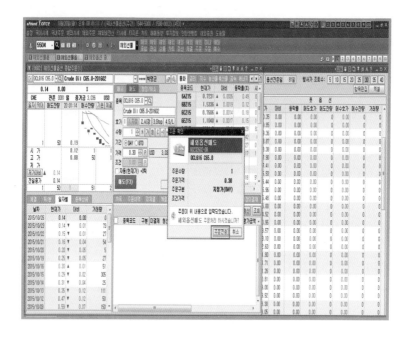

혹시 도중에 정정을 해야 할 상황이면 '정정/취소'를 클릭해서 조정하면 된다.

52. 결론 : 지금까지 해외옵션매도하는 방법에 대해 개략적으로 살펴보았다. 옵션매도 방법론에 초점을 맞추다 보니 설명이 부족한 부분이 많을 것이다. 하지만 초보자도 다른 어려운 용어를 이해할 필요 없이 앞에서 말한 개념만 가지고도 훌륭하게 옵션매도를 실행할 수 있을 것이다. 결론은 간단하다. 처음부터 프리미엄을 받고 시작하는 옵션매도만이 수익을 낼 수 있는 지름길이라는 것이다.

본 책의 내용에 대해 의견이나 질문이 있으면
전화(02)360-4565, 이메일 dodreamedia@naver.com을 이용해
주십시오.
의견을 적극 수렴하겠습니다.

해외옵션매도 월 10% 수익내기

제1판 1쇄 인쇄 | 2015년 12월 7일
제1판 1쇄 발행 | 2015년 12월 15일

지은이 | 박명균
펴낸이 | 고광철
펴낸곳 | 한국경제신문 *i*
기획·편집 | 두드림미디어

주소 | 서울특별시 중구 청파로 463
기획출판팀 | 02-3604-565
영업마케팅팀 | 02-3604-595, 583 FAX | 02-3604-599
E | dodreamedia@naver.com
등록 | 제 2-315(1967. 5. 15)

ISBN 978-89-475-4049-0 03320